빈마음 가득한
행복

> 국제제자훈련원은 건강한 교회를 꿈꾸는 목회의 동반자로서 제자 삼는 사역을 중심으로 성경적 목회 모델을 제시함으로 세계 교회를 섬기는 전문 사역 기관입니다.

빈 마음 가득한 행복

초판 발행 2001년 7월 25일
개정판 9쇄 발행 2016년 9월 7일

지은이 옥한흠

펴낸이 박주성
펴낸곳 국제제자훈련원
등록번호 제2013-000170호(2013년 9월 25일)
주소 서울시 서초구 효령로68길 98(서초동)
전화 02)3489-4300 **팩스** 02)3489-4329
이메일 dmipress@sarang.org

저작권자 (C) 옥한흠, 2001, *Printed in Korea*.
이 책은 저작권법에 의해 보호를 받는 저작물이므로 저자와 출판사의 허락 없이 내용의 일부를 인용하거나 발췌하는 것을 금합니다.

ISBN 89-5731-116-5 03230

※ 책값은 뒤표지에 있습니다. 잘못된 책은 구입하신 곳에서 교환해 드립니다.

산상수훈 강해설교 ❶

빈마음 가득한
행복

국제제자훈련원

여는 말

  나는 30년이 넘게 예수님의 제자 됨이 무엇인가에 대해 깊은 관심을 쏟아 왔다. 이런 이유로 사랑의교회를 개척한 다음 제자훈련을 통해 평신도를 깨우는 것을 나의 목회 철학으로 확정하고 곁눈질 한 번 하지 않고 외길을 달려 왔다. 그러나 그동안 남모르는 갈등이 없지 않았다. 예수님을 배우고 닮고 따라가는 삶이 말처럼 쉬운 일도 아닐 뿐 아니라 제자 됨이 무엇인지 알면 알수록 기쁨보다 부담을 느끼는 일이 더 많았기 때문이다. 그리고 나 자신을 포함하여 많은 그리스도인에게서 예수님의 모습이 잘 보이지 않을 때 실망하고 좌절하기를 여러 번 하였다. 어떤 때에는 "제자 되자"는 소리를 이제 그만해야겠다는 생각에 시달리기도 하였다.

  그럼에도 나는 강단에서 "예수님을 닮는 제자가 되자"고 설교했고, 은퇴를 한 지금도 기회가 있을 때면 항상 강조하는 것들 중 하나이다. 제자 됨은 우리를 구원하신 하나님의 소원이며 궁극적인 목적이다. 내가 마음에 든다고 말하고 그렇지 않다고 해서 입을 다물어야 하는 무엇이 아니다. 설혹 내가 예수님의 제자 됨에 미치지 못하는 자격미달의 사람이라 할지라도 이것 때문에 내가 입을 다물어서는 안 되는 것이다. 모든 족속을 제자 삼으라고 명령하신 주님이 "내가 너희에게 분부한 모든 것을 가르쳐 지키게 하라"고 엄명하셨기 때문이다. 나는 이 일을 위해 직분을 받았다. 그러므로 바울이 말한 것처럼 억지라도 말해야 하고 가르쳐야 하는 것이다.

마태복음에 들어 있는 유명한 산상수훈은 제자 됨이 어떤 인격과 삶을 요구하는 것인가를 명쾌하게 보여 주는 원전(原典)이라 할 수 있다. 예수님 닮기를 사모하는 사람은 날마다 이 교훈의 거울에 자기를 비춰 보면서 순종하지 않으면 안 된다. 어쩌다 산상수훈을 읽어 본 불신자들은 대개가 비슷한 반응을 보인다. 예수님을 믿는 사람의 진짜 자화상이 바로 여기에 있다는 식의 반응이다. 다시 말하면 예수님을 믿는다는 소리를 하려면 "적어도 이 말씀과 엇비슷한 인격과 삶을 보여야 돼"라고 생각한다는 것이다.

저명한 문학평론가로 알려져 있는 모 교수가 초청을 받은 어느 교회에서 자기가 왜 예수 믿기를 거부하고 있는지를 이야기한 일이 있다. 믿기를 거부하는 사람들이 늘어놓는 변명은 식자나 무식자나 거의가 비슷해서 우리의 관심을 별로 끌지 못하는 것이 사실이다. 그러나 그 교수의 변은 남다른 데가 있었다. 자기는 산상수훈을 많이 읽었고 연구를 해본 일도 있다고 했다. 그러면서 한 가지 자신이 의아하게 생각한 것은 그 말씀대로 사는 그리스도인을 찾아보기가 어려웠다는 데 있었다고 한다. 그렇게 되니까 자기도 모르게 "입만 살아 있는 것이 예수 믿는 사람"이라는 좋지 못한 선입견을 가지게 되었다는 것이다. 그가 마지막으로 던진 한 마디는 아주 충격적이었다. "산상수훈대로 사는 성도들이 있는 교회가 있으면 저에게 소개해 주세요. 그러면 두말 않고 예수님을 믿겠습니다."

산상수훈이 풍기는 이런 예민한 성격 때문에 나는 오랫동안 이 본문을 통째로 주일 강단에서 강해할 엄두를 내지 못하고 있었다. 내 자신이 목사지만 산상수훈에 부응할 수 있는 삶을 살지 못하면서 "온유해라, 오른 뺨을 돌려대라"는 등의 설교를 하기가 매우 어려웠던 것이다. 설교자가 자기 경건에 근거해서 설교를 해서는 안 된다는 사실을 잘 알면서도 내 삶에 육화되지 못한 내용을 청중에게 강요한다는 것은 말처럼 그렇게 쉽지 않았다.

어느 날 한 성도로부터 전자우편(e-mail)을 한 통 받았다. 그동안 요한복음을 강해해주어서 감사하다는 인사와 함께 언젠가 기회가 되면 산상수훈을 꼭 강해해 달라는 부탁의 내용이었다. 이상하게 이 형제의 요청이 나에게는 마치 주님의 음성처럼 들렸다. 그 음성은 내가 설교하기로 마음먹고 산상수훈의 내용을 펴서 묵상하기 시작한 그날까지 사라지지 않았다.

산상수훈의 메시지는 분명하다. 예수님의 제자는 "하늘에 계신 아버지의 온전하심과 같이 온전해야 한다"는 것이다. 세상에서 부름 받은 하나님의 자녀는 땅에서부터 이 정상을 목표로 삼고 열심히 오르는 자가 되어야 한다는 것이다.

오늘날 세상 사람들의 눈에 비쳐지는 우리들의 이미지는 너무 참담하다. 그들의 눈에 우리가 다른 게 별로 없어 보인다. 성경을 들고 있다고 해서 우리를 특별하다고 생각지는 않는다. 어쩌다가 이 지경에까지 이르렀을까? 산상수훈대로 살아야 하는 거룩한 목표를 상실하고 있기 때문이다. "너무 어려운 말씀이고 너무 비현실적이야. 아무도 이대로 사는 사람은 없어, 믿음만 있으면 구원받는데…" 등의 변명들을 늘어

놓으면서 우리는 이 교훈을 마치 응접실에 치장용으로 걸어 놓은 액자처럼 여기며 신앙생활을 한데 그 원인이 있다고 해야 할 것이다. 내세 구원을 외치는 자는 많지만 예수님의 제자가 되자고 외치는 자는 그렇게 많지 않은 우리의 현실이 이런 사실을 잘 설명하고 있지 않는가?

산상수훈은 한국 교회가 살고 우리가 다시 빛을 발할 수 있는 길이 어디에 있는지를 대답하고 있다. "우리가 흠이 없는 자가 되어야 한다"는 말이 아니다. "우리가 오를 정상이 어디인가를 분명히 하자"는 것이다. 그 정상은 '작은 예수'가 되는 것이다. 그렇게 되려고 흉내라도 내아 한다. 그렇게 되기 위해 우리 모두는 지금 당장 갈릴리 언덕으로 달려가 "심령이 가난한 자는 복이 있나니 천국이 저희 것임이요"라고 가르치시는 주님의 무릎 앞에 다가앉아야 할 것이다. 그리고 그의 얼굴을 뚫어지게 바라보아야 할 것이다.

본서를 책으로 내기 위해 보이지 않는 곳에서 정성을 다해 수고한 형제들이 여러 명 된다. 국제제자훈련원의 김명호, 박주성, 김건주 목사와 비서실의 박정은 자매에게 깊은 사랑과 감사를 보낸다. 그리고 1년 가까이 설교를 들으면서 나를 격려해 준 사랑의교회 성도들에게 뜨거운 감사를 전하고 싶다.

2001년 7월

옥한흠

목차

1. 예수님처럼 행복하기   11
2. 마음을 비울 때 천국이 임한다   31
3. 애통하는 자의 복   51
4. 누가 온유한 자인가   69
5. 의에 주리고 목마른 자(1)   87
6. 의에 주리고 목마른 자(2)   105
7. 왜 긍휼히 여겨야 하는가   125

8. 하나님을 보는 자의 행복　　　145

9. 화평케 하는 자가 하나님의 아들　　　165

10. 주를 위해 핍박받으면　　　183

11. 세상의 소금, 세상의 빛　　　203

12. 율법의 완성자 예수 그리스도　　　221

13. 서기관보다 나은 의　　　239

14. 분노는 살인을 낳는다　　　259

15. 누가 간음하는 자인가　　　277

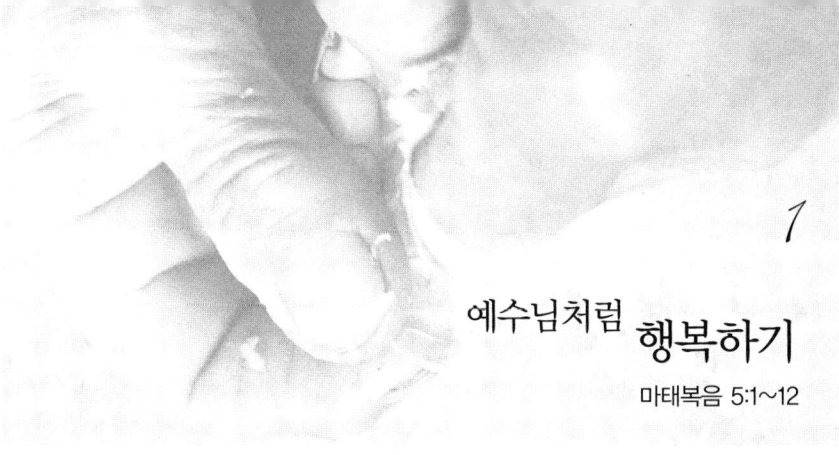

1

예수님처럼 행복하기

마태복음 5:1~12

"예수께서 무리를 보시고 산에 올라가 앉으시니 제자들이 나아온지라
입을 열어 가르쳐 가라사대
심령이 가난한 자는 복이 있나니 천국이 저희 것임이요
애통하는 자는 복이 있나니 저희가 위로를 받을 것임이요
온유한 자는 복이 있나니 저희가 땅을 기업으로 받을 것임이요

의에 주리고 목마른 자는 복이 있나니 저희가 배부를 것임이요
긍휼히 여기는 자는 복이 있나니 저희가 긍휼히 여김을 받을 것임이요
마음이 청결한 자는 복이 있나니 저희가 하나님을 볼 것임이요
화평케 하는 자는 복이 있나니 저희가 하나님의 아들이라 일컬음을 받을 것임이요
의를 위하여 핍박을 받은 자는 복이 있나니 천국이 저희 것임이라

나를 인하여 너희를 욕하고 핍박하고 거짓으로 너희를 거스려
모든 악한 말을 할 때에는 너희에게 복이 있나니
기뻐하고 즐거워하라 하늘에서 너희의 상이 큼이라
너희 전에 있던 선지자들을 이같이 핍박하였느니라."

예수님께서 갈릴리에서 복음을 전하기 시작하시자 이스라엘 방방곡곡에서 사람들이 모여들기 시작했습니다. 갈릴리는 물론 데가볼리와 예루살렘, 유다 지방, 심지어 요단강 건너 이방 지역에 살고 있던 사람들까지 왔습니다(마태복음 4:25). 그런데 그렇게 모여든 사람들 대부분은 삶에 실패한 사람들이었습니다. 개중에는 지체 높고 부유한 사람들도 조금은 있었지만 그들 대부분은 병든 자들, 귀신들린 자들, 세상으로부터 버림받고 소외된 자들, 가난한 자들, 죄인들이었습니다. 소망이 없어 보이는 자들이 예수님께로 몰려 온 것입니다(마태복음 4:24).

열둘과 모두를 향한 말씀

'이렇게 모인 많은 무리를 앞에 두신 예수님의 심정은 어떠했을까?' 우리는 그저 어렴풋이 짐작을 할 뿐입니다. 예수님께서는 묵묵히 무리를 이끌고 갈릴리 호수가 시원하게 내려다보이는 산등성이로 올라가셨습니다. 그리고는 자리에 앉으셔서 그들을 향해 입을 열어 가르치기 시작하셨습니다. "심령이 가난한 자는 복이 있나니 천국이 저희 것임이요 애통하는 자는 복이 있나니 저희가 위로를 받을 것임이요 온유한 자는 복이 있나니 저희가 땅을 기업으로 받을 것임이요"(마태복음 5:3~5).

그런데 성경에는 예수님 앞에는 마치 제자들만 앉아 있었던 것 같은 착각을 하게 만드는 표현이 있습니다. "제자들이 나아온지라"(마태복음 5:1)라는 표현 때문에 어떤 성경학자들은 산상수훈은 주님이 제자들에게만 주신 말씀이지 무리들하고는 관계가 없다고 해석합니다. 그러나 그것은 편협한 해석이라 생각됩니다. 왜냐하면 그 자리에는 분명히 무리들도 함께 있었기 때문입니다.

물론 산상수훈의 내용은 세상 사람들은 받을 수도 소화할 수도 없는 것들입니다. 예수님을 믿고 따르기로 작정한 제자들만이 이해할 수 있는 높은 차원의 신비스러운 진리입니다. 일반적인 사람들은 들어도 무슨 말인지 이해하기 힘든 내용인 것도 사실입니다. 그리고 말씀 그대로를 이해했다고 할지라도 그 말씀의 깊이를 전부 다 들여다 볼 수는 없었을 것입니다.

그런데 이런 이유 때문에 예수님께서 무리는 따돌려 놓고 제자들에게만 말씀하셨다고 단정하는 것은 이치에 맞지 않습니다. 왜냐하면 무리들도 언젠가는 예수님을 믿게 될 것이고, 그리스도의 제자가 될 사람들이기 때문입니다. 주님은 열두 제자만이 아니라 하늘의 별처럼 무수하게 나타날 미래의 제자들을 눈앞에 그리면서 산상수훈을 말씀하셨을 것입니다.

앉으셨다?

"산에 올라가서 앉으셨다"(마태복음 5:1중)는 표현을 산에 올라갔기 때문에 앉으셨을 것이라고 생각하면 쉽게 지나칠 수 있습니다. 그러나 이렇게 평범해 보이는 표현 속에 상당한 무게의 의미를 담아 전하는 것이 성경의 특징 중 하나라는 것을 기억한다면 그냥 스쳐지나갈 수가 없습니다. 성경은 말 한마디 한마디를 굉장히 신중하게 선택해서 기록하고 있습니다.

그렇다면 "예수님께서 산에 올라가서 앉으셨다"는 것이 도대체 어떤 의미를 가지고 있는가? 그것은 선생으로서의 예수님의 권위를 나타내는 아주 중요한 의미를 담고 있습니다. 우리는 그 이유를 유대 랍비들에게서 찾아볼 수 있습니다. 그들은 가르칠 때는 언제나 앉아서 가르쳤습니다. 가르치는 선생의 권위를 앉는 행동으로 보여주는 것입니다. 지금도 유수한 대학에서 명강의로 소문난 교수들은 앉아서 강의를 합니다. 로마 가톨릭의 교황도 교서를 내리거나 무엇을 읽을 때는 항상 의자에 앉습니다. 이 역시 교황의 권위를 드러내기 위해서입니다.

예수님께서 앉으셨다는 것은 하나님의 아들로서의 권위를 가지고 가르치시기 시작하셨다는 의미입니다. 예수님의 그 가르침이 얼마나 권세가 있었는지, 얼마나 박력이 있었는지, 얼마나 무게가 있었는지는 가르침을 받은 사람들의 반응을 보면 알 수 있습니다. "예수께서 이 말씀을 마치시매 무리들이 그 가르치심에 놀랐다"(마태복음 7:28)고 했습니다. 왜 이런 반응을 보였을까요? 그것은 "그 가르치는 것이 권세 있는 자와 같다"(마태복음 7:29상)는 말씀과 같이 감히 얼굴을 들고 볼 수가 없을 만큼 권위를 가지고 가르치셨기 때문입니다.

하늘로부터 가슴으로 전해진 말씀

이어서 "저희 서기관들과 같지 아니했다"(마태복음 7:29하)라는 표현이 나옵니다. 서기관은 직업적으로 가르치는 사람입니다. 직업적으로 가르치면 아무래도 감동이 적고, 가르치는 사람의 권위는 약할 수밖에 없습니다. 그러나 예수님은 직업적으로 혹은 형식적으로 가르치는 분이 아니셨습니다. 말 한 마디 한 마디가 하늘에서 내려오는 하나님의 음성으로 사람들에게 들렸고, 듣는 자들의 심금을 울렸습니다. 그랬기 때문에 사람들이 놀란 것입니다. 앉아서 가르치신 주님의 모습에서 우리는 하나님 아들의 권위를 보게 됩니다. 비록 예수님께서 초라한 인간의 모습을 입고 계셨지만 하나님으로서 우리를 가르치신 것입니다.

　주님은 2,000년 전 갈릴리 바다가 보이는 언덕에서 가르치시던 그 말씀을 오늘 다시 우리들에게 들려주십니다. 우리는 그 권위 앞에 무릎을 꿇고 귀를 기울여야 합니다. 산상수훈은 이상론(理想論)일 뿐이라든지 이 세상에서 그대로 순종하며 살 수 있는 사람은 없을 것이라는 생각이 마음속에서 일어난다면 그런 생각들이 바로 예수님의 권위에 정면으로 도전하는 것임을 알아야 합니다. 산상수훈의 말씀들을 사실 그대로 받아들이면 어리석은 것이고, 현실에 맞게 적당하게 각색해서 받아들여야 지혜로운 것처럼 생각해, 비판이나 부정적인 의견을 제시하고 싶어진다면 그것 또한 예수님의 권위에 도전하는 교만한 태도입니다. 그러므로 다시는 그런 교만한 생각이 우리 마음속에서 고개를 들지 않도록 해야 합니다.

예수님의 말씀에는 권세가 있습니다. 귀담아 들으면 마음이 아무리 캄캄한 사람이라도 하늘에서 빛이 비치는 은혜를 맛보게 됩니다. 마음이 굳어서 말씀이 잘 받아들여지지 않는다 할지라도 그 권위 있는 말씀에 귀를 기울이면 마음의 빗장이 열리고 그 말씀이 깊이 들어와서 자리를 잡는 것을 경험하게 됩니다. 예레미야는 "내가 주의 말씀을 얻어 먹었사오니"(예레미야 15:16중)라고 고백합니다. 그것은 하나님의 말씀을 막연히 귀로 듣는 것이 아니라 그 말씀을 먹듯이 마음속 깊이 담았다는 것입니다. 또한 그는 말씀이 가져다 준 큰 기쁨과 즐거움을 "주의 말씀은 내게 기쁨과 내 마음의 즐거움이오나"(예레미야 15:16하)라고 고백하고 있습니다. 주님의 말씀을 듣는 우리에게 바로 이런 은혜가 필요합니다.

거룩한 성품에 관한 교과서

팔복은 말 그대로 여덟 가지 복을 말합니다. "복이 있나니"라는 말이 여덟 번 반복해서 나와서 팔복이라는 이름이 붙여졌습니다. 그런데 이 팔복에는 우리가 꼭 명심해야 될 진리가 담겨 있습니다. 그것은 예수님 자신의 성품이며 동시에 예수님을 따르는 제자들의 성품에 대한 가르침입니다. 그런데 팔복이 말하는 성품은 우리가 태어날 때부터 선천적으로 가지고 나온 본성에 관한 것이 아닙니다. 사실 심령이 가난한 것은 본성과 관계가 없습니다. 물론 사람들 중에는 천성적으로 겸손한 사람도 있고, 눈물이 많은 사람도 있고, 성격이 부드러운 사람도 있고, 의분이 강한 사람도 있습니다. 그러나 주님은 팔복에서 그런 생물학적인 특징에 대해 논하지 않습니다.

팔복을 통해 예수님은 예수님을 믿는 사람이 갖게 될 거룩한 성품에 대해 말씀합니다. 주님을 따르는 자는 주님께서 갖고 계시는 이러한 성품들을 갖게 된다는 것입니다. 거듭난 사람, 즉 하나님이 주시는 새 생명을 가지고 하나님의 자녀로 태어난 사람만이 닮아갈 수 있고, 소유할 수 있는 주님의 성품 말입니다. 예수님의 성품이 우리 안에서 우리 것으로 받아들여졌을 때, 우리 안에 나타나는 새로운 성품, 거룩한 성품에 대한 말씀입니다.

여덟 색깔로 빚어진 예수님의 초상화

이 여덟 가지의 복을 각각 떼어놓고 생각하면 안 됩니다. 어떤 사람은 특별히 마음이 온유하며, 또 다른 사람은 심령이 가난하다는 식으로 한 사람이 각각 한 가지씩 소유하는 성격으로 보면 안 됩니다. 팔복은 예수님을 닮아가는 한 사람의 온전한 성품을 가리킵니다. 그리고 이 여덟 가지는 사실 예수님 자신의 성품입니다. 이런 이유 때문에 팔복을 예수님의 초상화라고 이름을 붙이는 사람도 있습니다.

팔복을 천천히 읽으면서 음미해 보면 마치 예수님을 보는 것 같습니다. 여덟 가지 색깔의 수천 개의 작은 돌로 만들어진 예수님의 모자이크 초상화를 보는 것 같습니다. 모자이크 작품을 감상해 본 적이 있다면 다 아는 것인데, 작은 돌들이 각각 파란색, 초록색, 노란색, 흰색 등 여러 가지 빛깔을 띠고 있는 것을 발견합니다. 모자이크에 얼굴을 가까이 대고 가만히 들여다보면 우리는 그 돌 하나하나가 간직하고 있는 아름다움을 느낄 수 있습니다. 그런데 몇 발자국 떨어져서 전체를 보면 그 작은 돌들이 모여서 아름다운 하나의 그림을 이루고 있다는 것을 발견하게 됩니다.

팔복도 이와 흡사합니다. "심령이 가난한 자는 복이 있나니"(마태복음 5:3상)라는 말씀을 비롯하여 모든 말씀을 하나하나 뜯어보면 그 나름의 풍성한 은혜가 담겨 있는 것을 발견하게 됩니다. 그리고 조금만 뒤로 물러서서 팔복 전체를 마음에 담고 보면 어느새 예수님의 거룩하신 모습이 눈앞에 다가서는 경험을 하게 됩니다. 예수님의 그 모습에는 심령의 가난함이 있습니다. 애통함이 있습니다. 온유함이 있습니다. 의에 주리고 목마름이 있습니다. 예수님의 얼굴에는 화평이 있고, 의를 위해 핍박을 받은 흔적들이 남아 있습니다. 이렇게 팔복에는 마음으로 보면 누구나 볼 수 있는 예수님의 초상화가 숨겨져 있습니다.

너희는 모두 나처럼 되라

그런데, 주님께서 이 말씀을 권위 있게 전하시는 의도는 무엇일까요? 한 마디로 하면 "너희는 모두 나처럼 되라"고 말씀하시는 것입니다. 우리는 예수님처럼 되어야 합니다. 헨리 나웬의 말처럼 "진정한 구원은 작은 예수가 되는 것"입니다. 구원은 막연히 천국에 들어가는 것을 의미하지는 않습니다. 예수님을 믿고 구원받았다는 말은 예수님을 따라 가는 자요, 예수님을 닮는 자요, 결국에는 예수님과 똑같은 사람이 된다는 것을 의미합니다.

우리 모두는 예수님의 제자입니다. 팔복의 내용은 예수님 자신의 성품이기 때문에 그를 배우고 따르고 닮기를 원하는 사람은 이 말씀을 마음에 담고 늘 묵상해야 합니다. 설교는 듣지만 예배를 마치고 나면 무슨 말씀을 들었는지 다 잊어버리고 한 주일을 살아가는 사람이 많습니다. 그러나 그렇게 해서는 안 됩니다. 주님을 닮아가야 하는 내가 그 말씀을 어느 정도 소화하고 있는지, 그 말씀대로 자신의 삶과 인격이 주님의 삶과 인격처럼 빚어지고 있는가를 스스로 검토해 보아야 합니다.

어떤 사람을 무척이나 존경해 그 사람처럼 될 수 있었으면 해서 가까이 하고자 노력하고, 깊은 관계를 유지하려고 애쓰는 사람들을 자주 봅니다. 그들은 자신이 존경하는 사람을 자주 만날 수 없는 처지에 있는 경우, 그 사람의 사진을 벽에다 걸어놓고 하루에도 몇 번씩 쳐다보면서 그 사람의 정신을 이어받으려 노력하거나, 그 사람의 족적을 따라가기 위해 끊임없는 노력을 기울이기도 합니다. 그런데 그들은 그런 노력을 통해 어느 새 자신도 모르게 차츰 자신이 존경하는 사람을 닮아갑니다.

그런데, 예수님을 믿고 예수님을 닮는다고 하는 우리가 하나님의 말씀을 한 번 듣고는 손 씻듯이 다 씻어 버린다면 이것은 매우 심각한 문제가 아닐 수 없습니다. 이런 식으로 해서는 주님을 닮을 수가 없습니다. 우리는 주님의 말씀을 우리 삶 깊은 곳으로 가져가야 합니다. 주님의 말씀을 매일 묵상하면 그 말씀이 결국에는 우리의 성품을 변화시키는 씨앗이 될 것입니다. 우리는 우리 자신도 모르는 사이에 주님을 닮아가고 있는 우리를 발견할 수 있어야 합니다. 우리는 타인들로부터 주님을 닮은 사람이라는 평가를 들을 때까지 끊임없이 노력해야 합니다.

하나님의 행복 일기

예수님께서는 팔복을 통해 예수님 자신의 행복을 우리에게 가르쳐 주고 계십니다. '내가 이렇게 행복한데 너희도 행복해야 된다'는 주님의 그 따뜻한 마음이 팔복 안에 담겨져 있습니다. "복이 있나니"라는 단어는 감탄사입니다. 우리말 번역인 "복이 있나니"에도 감탄의 뉘앙스가 들어 있기는 하지만 원래 이 말은 완전한 감탄문입니다. '심령이 가난한 자들의 행복이여!', '온유한 자의 행복이여!', '의를 위하여 핍박을 받는 자의 행복이여!'라는 말씀입니다. '심령이 가난하면 얼마나 행복한지 아는가? 화평케 하는 생활을 하면 얼마나 행복해 지는지 아는가? 그 행복은 말로 표현할 수 없는 것이다!'라는 감탄과 감격이 이 말씀 속에 들어 있습니다.

"복이 있나니"라는 말은 헬라어로 '마카리오스(makarios)'입니다. '마카리오스'는 사람의 행복을 일컬을 때 사용하는 단어가 아니라 하나님의 행복을 가리킬 때 사용하는 단어입니다. 예를 들어 "의에 주리고 목마른 자는 복이 있나니"라고 할 때 '의에 주리고 목마른 자의 행복'은 '하나님이신 예수님 자신의 행복'을 가리키는 것입니다.

우리는 이 말씀에 담긴 주님의 마음을 알아야 합니다. 주님은 이 말

쓈을 통해 "내가 누리는 행복을 너희도 항상 체험하면서 살기를 바란다"는 간절한 심정을 우리에게 보여 주고 계십니다. "너희도 나처럼 심령이 가난하면 행복한 자가 될 수 있느니라"는 주님의 속삭임이 이 말씀 속에 담겨져 있습니다. "너희도 의에 주리고 목마르면 나처럼 행복할 수 있느니라"라는 말씀은 우리도 주님처럼 행복해지기를 바라는 주님의 마음입니다.

예수 그리스도께서는 육신을 입고 이 세상에 계실 때 너무나 어렵고 고통스러운 생을 사셨습니다. 그분만큼 가난한 사람이 없었고, 그분만큼 핍박받은 사람이 없었으며, 그분만큼 고통을 체험한 사람이 없었습니다. 그러나 그와 같은 극도의 고난 속에서도 주님은 '심령의 행복'만큼은 결코 잃어버리지 아니하셨습니다. 우리가 예수님이 소유하셨던 그 행복을 소유할 수만 있다면 우리는 세상에서 가장 행복한 사람이 될 것입니다.

가난함에도 불구하고 행복하다고 한다면 그 사람에게서 그 행복을 누가 빼앗아갈 수 있겠습니까? 눈물을 흘리고 슬퍼하면서 애통함에도 불구하고 행복하다고 말하는 사람이 있다면 누가 그 사람에게서 그 행복을 빼앗아 갈 수 있겠습니까? 이 세상에서는 큰 소리를 쳐야 이깁니다. 온유하면 손해를 봅니다. 그런데 온유하기 때문에 손해를 보면서도 행복하다고 하는 사람이 있다면 누가 그의 행복을 흉내 낼 수 있겠습니까? 예수님께서 말씀하시는 이 행복은 이 세상의 그 무엇으로도 대신할 수가 없고, 이 세상의 그 무엇으로도 빼앗아갈 수 없는 오직 하나님만이 누리시는 행복입니다. 예수님께서는 자신이 누리셨던 바로 그 하나님의 행복을 우리에게 팔복을 통해 전하고 계십니다.

행복에 이르는 가장 확실한 방법

이 세상에 태어난 사람은 미국 독립선언문에 명시된 것처럼 누구나 자신의 행복을 추구할 권리를 가지고 있습니다. "불행하기를 원하십니까?"라고 물으면 어느 한 사람도 "그렇다"고 대답하는 사람은 없을 것입니다. 우리는 다 행복하기를 원합니다. 그리고 우리 모두는 행복을 추구할 권리를 가지고 있습니다. 물론 하나님도 우리가 행복하기를 원하십니다.

거의 모든 사람은 자신이나 가족의 행복을 추구하며 살아갑니다. 아침부터 저녁까지 자신에게 행복을 가져다줄 수 있는 것이라면 앞뒤 가리지 않고 매달립니다. 마치 인생의 목표가 행복을 얻는데 있는 것처럼 사람들은 자신의 전 인생을 행복에 투자하고 있습니다. 이렇게 행복을 위해 달려가는 것이 나쁜 것은 아닙니다. 그러나 행복을 추구하는 방법이 잘못되었다면, 행복을 찾아가는 길을 잘못 선택했다면 그것은 심각한 문제가 아닐 수 없을 것입니다. 바로 이 부분에서부터 비극이 시작됩니다.

아그네스 레플리어는 행복에 대해 의미 있는 말을 남겼습니다. "우리 안에서 행복을 찾는 것은 쉬운 일이 아니다. 하지만 다른 곳에서 행복을 찾는 것은 불가능하다." 그의 말처럼 우리 안에서 행복을 찾아야 하는데 사실 그것은 쉬운 일이 아닙니다. 하지만 다른 곳, 즉 자기 밖에서 행복을 찾는 것은 불가능합니다. 그럼에도 불구하고 사람들은 외부에서 행복을 찾습니다. 자기 밖에 있는 어떤 것을 통해서 행복이 온다고 믿고 있습니다. 하지만 행복에 대한 이런 헛된 믿음을 통해 실제로 행복을 손에 넣은 사람은 없습니다.

맹자는 인생을 정말 재미있고 행복하게 만드는 것이 '맛있는 것을 먹는 것'과 '성을 즐기는 것'이라고 솔직하게 말했습니다. 먹고 마시는 것은 사람들에게서는 결코 빼놓을 수 없는 즐거움입니다. 성 역시 많은 사람들이 탐닉하고 빠져드는 것을 보면 사람들 사이에서 즐거움을 주는 대상이 되어 있다는 것을 발견하게 됩니다. 사람들은 이런 것들을 원하는 만큼 손에 넣고 즐기면 행복해질 수 있다고 생각합니다. 돈이 행복을 가져다준다고 알고 있습니다. 이는 길을 잘못 들어선 것입니다. 명예와 권세가 행복을 가져다줄 줄 알고 아침부터 저녁까지 부지런히 쫓아다닙니다. 그러나 명예와 권세를 통해 행복을 얻었다고 말하는 사람은 이제까지 한 사람도 없었습니다. 만약 이런 것들이 행복을 주는 것이라면 물질적으로 풍부한 선진국에서 풍요를 누리며 사는 사람들은 무릉도원에서 인생을 구가하는 이의 행복을 느끼며 살고 있어야 합니다. 그런데 선진국일수록 자살하는 사람이 많은 것은 어떻게 설명해야 할까요? 왜 아스피린이나 진통제를 복용하는 사람이 그리 많을까요? 왜 밤이면 진정제나 수면제를 먹어야만 잠들 수 있는 사람이 그토록 많을까요? 바로 이런 현상들은 자기가 원하는 것을 다 손에 넣어도 그것이 행복을 가져다주지는 못한다는 것의 웅변적인 증거가 됩니다.

기억해야 합니다. 죄는 우리의 눈을 가리고 우리를 속입니다. 죄가 행복을 주는 것 같지만 그 행복은 참된 행복이 아니라 행복의 옷을 입은 거짓 행복입니다. 죄에 끌려가면 일시적으로는 대단히 만족스럽고 행복해지는 것 같습니다. 성을 추구하든지, 돈을 추구하든지, 세상의 그 어떤 것을 추구하든지 죄는 우리를 잠깐 동안은 행복감에 젖게 만듭니다. 그래서 많은 사람이 그 속임수에 빠집니다.

우리는 확실히 알고 있어야 합니다. 모두가 거짓입니다. 쾌락도 우리에게 행복을 주지 못합니다. 재물도 행복을 주지 못합니다. 명예나 권력도 행복을 가져다주지 못합니다. 그 모든 것은 결국 전도서의 선언처럼 "헛되다"로 귀착되는 거짓 행복에 불과합니다. "헛되고 헛되며 헛되고 헛되니 모든 것이 헛되도다"(전도서 1:2). 세상이 주는 모든 것은 헛됨으로 귀착됩니다. 세상이 주는 것은 행복이 아닙니다. 세상이 주는 것은 헛된 거짓 행복일 뿐입니다. 기억할 것은 세상을 바라보고 행복을 추구하는 것은 어리석은 행동일 뿐이라는 사실입니다.

순도 100%의 행복으로 살기

이런 이유 때문에 예수님께서는 '진정한 행복의 길이 어디 있는가?'를 우리에게 말씀해 주십니다. 예수님을 마음에 왕으로 모시고 그분의 성품을 닮아가기를 애쓰는 사람은 하나님의 행복을 맛볼 수 있다고 하십니다. 예수님을 닮으면 닮을수록 행복의 순도는 더 높아지고, 그 농도는 더 진해집니다. 예수님이야말로 행복의 원천이십니다.

행복의 원천되신 예수님께서 우리 안에 거하십니다. 그 예수님께서 우리에게 권세 있게 말씀하십니다. "행복은 밖에 있는 것이 아니다. 행복은 나에게 있다. 그러므로 내가 다스리는 너희 마음에서 행복을 찾아라." 행복을 찾는 100% 확실한 길은 예수님을 닮는 것입니다. 예수님께서 심령이 가난하셨던 것처럼 우리의 심령이 가난해지면 예수님의 행복을 누릴 수 있습니다.

　이렇게 될 때 우리의 성격이 예수님의 성품을 반사할 수 있습니다. 성격이 행복에 미치는 영향에 대해 심리학자들은 오랫동안 연구를 해 왔습니다. 그들은 사람이 행복을 얼마나 느끼는지에 영향을 주는 첫째 요인으로 성격을 꼽습니다. 과거 심리학자들은 일상에서 얻은 기쁨이 모여 행복을 이룬다는 소위 상향이론을 많이 지지했습니다. 그러나 지금은 성격처럼 타고난 심리적 특징이 개인의 행복을 결정짓는다는 하향이론 쪽으로 기울고 있습니다. 쉽게 말하면 성격에 따라 행복해 하기도 하고 불행해 하기도 한다는 말입니다. 이것은 예수님의 성품을 닮아갈수록 행복 체감지수가 올라갈 수 있다는 주님의 말씀을 뒷받침해 주는 학문적 견해라 생각됩니다. 예수님을 배워야 합니다. 예수님을 닮아야 합니다. 그러면 우리는 행복해질 것입니다.

　행복은 소유의 만족에 있는 것이 아니라고 예수님께서 말씀하십니다. 행복은 심령이 가난한 데 있습니다. 행복은 웃고 즐기는데 있지 않습니다. 애통하는데 있습니다. 행복은 강한데 있지 않습니다. 예수님처럼 온유한데 있습니다. 행복은 욕망의 충족에 있지 않습니다. 예수님처럼 의에 주리고 목말라 하는데 있습니다. 행복은 무정하고 차가운 데 있지 않습니다. 예수님처럼 긍휼히 여기는데 있습니다. 행복은 더러운 마음에 있지 않습니다. 예수님처럼 청결한 마음을 가진 자가 행복한 사람입니다. 행복은 다투고 갈등하는데 있지 않습니다. 예수님처럼 화평케 하는데 있습니다. 행복은 불의와 타협하는데 있지 않습니다. 예수님처럼 의를 위하여 핍박을 받는데 있습니다. 예수님처럼 되는 것이 순도 100%의 행복을 누리며 사는 비결입니다.

잠에서 막 깨어난 어린아이처럼

모리스 마테를링크(Maurice Maeterlinck)가 쓴 『파랑새』(Blue Bird)라는 드라마가 있습니다. 그 드라마의 주인공은 막달라 마리아입니다. 막달라 마리아가 본래 어떤 인간인지 우리는 잘 알고 있습니다. 쓰레기나 걸레조각처럼 천한 인간이었습니다. 여러 귀신이 들어서 인격이 완전히 깨져 버리고 파산한 사람이었습니다. 또한 신분상 죄인이라고 불린 것을 미루어 짐작해 보면 그녀는 창녀 출신일지도 모릅니다.

그런데 어떻게 이런 사람에게 행복을 이야기할 수 있겠습니까? 이런 사람에게 무슨 소망이 있겠습니까? 그런데 드라마에서 그 막달라 마리아가 행복에 겨워 다음과 같은 고백을 합니다. "예수님은 내가 전에 알지 못한 행복을 가져다 주셨습니다. 그리고 예수님을 가까이 하는 모든 자들은 잠에서 막 깨어난 어린아이처럼 행복해질 수 있답니다." 참 아름다운 고백입니다. 예수 그리스도를 만나면 이런 행복을 누릴 수 있습니다.

마테를링크는 막달라 마리아의 입을 통해서 행복은 잠에서 막 깨어난 어린아이가 엄마를 쳐다보고 웃으면서 보이는 그 모습, 행복해 하는 바로 그 모습이라고 했습니다. 잠을 푹 자고 일어난 어린아이가 눈을 살짝 뜨자 사랑스럽게 웃고 있는 엄마의 얼굴이 보입니다. 아이는 한없는 행복에 잠겨 환하게 웃습니다.

예수님께서는 막달라 마리아에게 이런 행복을 주셨습니다. 막달라 마리아가 갑자기 부자가 된 것이 아닙니다. 막달라 마리아가 갑자기 신분이 높아진 것도 아닙니다. 그럼에도 불구하고 예수님을 만나자마자 그분을 마음에 모셨기 때문에 잠에서 막 깨어난 어린아이가 느끼는 그 행복을 소유하게 되었습니다. 예수님을 마음에 모심으로 예수님의 그 아름다운 성품을 닮아 자신의 성품이 변화된 것입니다. 우리도 이 행복을 소유할 수 있습니다. 울면서도 행복할 수 있고, 가난하면서도 행복할 수 있으며, 실패자가 되어서도 행복할 수 있고, 성공하고 부유한 환경에서도 하나님의 행복을 누릴 수 있는 특별한 은총을 맛볼 수 있습니다.

행복할 시간밖에 없습니다

헛된 것에 시간을 낭비하거나 정력을 소모하지 마십시오. 예수님을 마음에 모시고 그분을 주목하십시오. 그분처럼 되려고 노력하십시오. 그분을 닮으려고 노력하면서 그분의 성격을 하나하나 자신의 성격으로 받아들이십시오. 그러면 놀라운 일이 일어납니다. 우리 모두는 그렇게 할 수 있습니다. 세상적인 조건을 보면 행복해 할 수 없는 사람처럼 보이지만 세상이 모르는 행복이 우리에게 있을 수 있습니다. 세상이 결코 빼앗아가지 못하는 행복이 우리에게 있을 수 있습니다. 그 행복은 행복의 원천 되시는 예수님이 우리 마음에 계심을 알고 그분을 배울 때 찾아옵니다. 팔복을 매일매일 묵상하십시오. 그리고 "예수님이 이렇게 하셨다면 나도 이렇게 해야겠다. 예수님의 성품이 이랬다면 내 성품도 그렇게 고쳐야겠다"는 간절함을 가지고 기도하십시오. 팔복을 통해서 드러나는 예수님의 성품이 바로 자신의 성품으로 자리 잡게 될 것입니다. 자신도 모르는 사이에 행복해진 자신을 발견하게 될 것입니다.

악바리가 되어야 잘살 수 있다는 세상에서 온유함으로 행복할 수 있다면 얼마나 좋습니까? 악착같이 모아 보겠다고 하는 사람들 틈에서 가진 것이 별로 없어도 전혀 부러울 것이 없는 만족을 소유할 수 있다면 이보다 더 행복한 사람이 어디 있습니까? 앞서 달려가는 사람들이 떼를 이루고 있는 것을 보면서 뒤쳐진 느낌이 들어도 의에 주리고 목마른 심정 때문에 마음속에 신비스러운 행복을 간직하고 있다면 이것보다 더 좋은 것이 어디 있습니까? 우리 모두 예수님의 행복을 누리며 삽시다. 우리에게는 행복할 시간밖에 없습니다.

꼭! 이것만은 기억하자!

팔복은 예수님 자신의 성품임과 동시에
예수님을 따르는 제자들의 성품에 관한 이야기다.
이것은 선천적으로 타고나는 성품이 아니라
하나님의 자녀로 거듭난 사람만이
닮아가고 소유할 수 있는 주님의 성품이다.

진정한 구원은 작은 예수가 되는 것이다.
예수님을 믿고 구원받았다는 말은
예수님을 따라가는 자요,
예수님을 닮은 자요,
결국에는 예수님과 똑같은 사람이 된다는 것을 의미한다.

팔복을 날마다 묵상하라.
그리고 예수님의 성품이
당신의 성품으로 자리 잡게 해달라고 기도하라.
그러면 행복해질 것이다.
예수님을 닮으면 닮을수록
행복의 순도는 더 높아지고
그 농도는 더 진해질 것이다.

마음을 비울 때 천국이 임한다

마태복음 5:3 | 누가복음 6:20

"심령이 가난한 자는 복이 있나니 천국이 저희 것임이요".

"예수께서 눈을 들어 제자들을 보시고 가라사대 가난한 자는 복이 있나니 하나님의 나라가 너희 것임이요"

현대인들이 가장 듣기 싫어하는 말 가운데 하나가 '가난'일 것입니다. 어느 유명한 사상가는 "가난해지지 않도록 결심하십시오. 가난은 행복의 적입니다"라고 외쳤습니다. 이 한 마디는 현대인들의 마음속에 있는 생각을 잘 대변해 주고 있습니다. 어떻게 보면 가난은 악인 것도 같습니다. 사람들을 비참하게 만들고 갖가지 사회악을 키우는 온상이 되는 경우가 많기 때문입니다. 그럼에도 불구하고 예수님께서는 가난이라는 용어를 긍정적인 의미로 서슴지 않고 사용하십니다.

"심령이 가난한 자는 복이 있나니"(마태복음 5:3)라는 말씀을 누가복음에서는 아예 심령이라는 말을 빼고 "가난한 자는 복이 있나니"(6:20)라고 말씀하십니다. 예수님의 이 말씀은 돈과 향락을 우상처럼 받들고 사는 현대인들에게는 정말 매력 없는 말입니다. 더욱이 예수님께서 사용하신 '가난'이라는 단어의 원래 의미를 알게 되면 현대인들은 이 말씀은 결코 복이 아니라고 생각할 것입니다.

예수님께서 사용하신 '가난'이라는 단어는 헬라어로 '프토코스(ptokos)'입니다. 이 말은 재물을 적당히 가지고 살면서 약간 아쉽다고 느끼는 정도의 그런 가난이 아닙니다. 사람들에게 굽실거리면서 동냥을 하는 '거지'를 가리키는 것입니다. 부잣집 대문 밖에서 죽을 때까지 평생 구걸하면서 살다가 죽은 나사로와 같은 사람을 일컬어 '프토코스'라고 말합니다.

예수님께서는 바로 이런 의미로써 가난이란 용어를 사용하셨습니다. 그러므로 가난은 복이 아니라 저주스러운 것입니다. 행복의 조건이 될 수 없습니다. 아무리 듣기 좋은 소리를 해도 그것은 마치 정가표를 바꿔 달아 놓은 상품을 보는 것과 같습니다. 5천만 원짜리 밍크코트에 붙어 있던 정가표를 떼어다가 10만 원 짜리 티셔츠에 옮겨 붙였다고 해서 티셔츠가 밍크코트가 되는 것은 아닙니다. 가난은 가난이고, 부한 것은 부한 것입니다. 우리가 공감할 수 있도록 하기 위해서는 '심령이 부한 자는 복이 있나니', 혹은 '부한 자는 복이 있나니'라고 말씀하셔야 했습니다. 그것이 이 말씀을 접하는 우리 모두의 솔직한 느낌이고 반응일 것입니다.

그러나 분명한 것은 이 말씀이 예수님께서 하나님의 아들로서의 권세를 가지고 선언하신 진리라는 사실입니다. 하나님의 아들이시며, 진리이시며, 빛과 거룩이 되신 예수 그리스도께서 무지와 어리석음, 어두움에 둘리씨인 인간들에게 선언하신 진리입니다. 그러므로 우리는 "심령이 가난한 자가 복이 있다. 물질적으로 가난한 자가 복이 있다. 왜냐하면 천국이 저희 것이기 때문이다"라고 하시는 말씀을 귀 기울여 들어야 합니다. 왜냐하면 이 말씀 안에 구원이 있고 행복이 있기 때문입니다. 내 안에 있는 어떤 선입견이 하나님의 말씀을 깨닫는데 방해가 되지 않도록 마음을 열어야 합니다.

빈 마음

심령의 가난은 하나님 앞에서 우리가 가져야 될 마음의 태도를 가리킵니다. 사람 앞에서는 심령의 가난을 논할 필요가 없습니다. 그러나 만유의 주가 되시고 천지만물을 창조하신 거룩하신 하나님 아버지 앞에 나아갈 때는 마음이 가난해야 합니다. 좀더 쉽게 표현하면 마음을 비우는 것이 심령의 가난입니다. 다시 말하면 하나님 앞에 철저하게 낮아지는 마음의 태도를 말합니다. 마음을 비우면 낮아지게 되고 하나님을 우러러 볼 수 있습니다.

예수님께서는 아주 짤막한 에피소드를 통해 마음을 비운 자와 그렇지 못한 자에 대해 말씀하신 적이 있습니다.

어느날 바리새인과 세리가 공교롭게도 같은 시간에 성전에 기도하러 왔습니다. 바리새인은 내심 다른 사람들보다도 하나님의 말씀을 더 잘 지킨다는 자부심을 갖고 있었습니다. 주위 사람들로부터 흠잡힐 것이 없을 만큼 율법을 철저하게 지키고 거룩한 생활을 한다는 평가를 받는 사람이었습니다. 또한 그 바리새인은 돈이 많은 사람이었습니다. 한편 세리는 매국노요, 모리배 같은 인간이요, 양심을 팔아먹고 사는 자라고 사람들에게 손가락질을 당하면서 인간 대접을 받지 못하는 쓰레기 같은 존재였습니다. 그리고 그들 역시 돈이 많은 사람들이었습니다.

두 사람이 함께 성전에 들어갔습니다. 바리새인은 자신만만하게 성전 맨 앞자리까지 들어가더니 두 손을 번쩍 들고 머리를 하늘로 쳐들고는 눈을 뜨고 기도하기 시작했습니다. "하나님 아버지, 나는 이 세상의 사람들과 구별되는 사람입니다. 토색하는 사람, 간음하는 사람, 또 악한 일을 행하는 사람과 저는 다릅니다. 그리고 저는 일주일에 두 번씩 금식기도하고 십일조를 꼬박꼬박 바칩니다. 감사합니다"(누가복음 18:11, 12).

예수님께서는 이런 사람을 일컬어서 마음이 부한 자라고 하십니다. 심령이 부한 자란, 심령에 무엇인가를 가득 담고 있는 사람입니다. 그런 사람은 하나님 앞에 "나에게는 이런 것이 있습니다"라고 자꾸 자랑하고 싶어 합니다.

C.S. 루이스는 이 점에 대해 이렇게 말했습니다.

"신앙생활을 하면서 우리 자신을 다른 사람과 비교할 때 좀더 선하다, 좀더 낫다, 좀더 거룩하다는 생각이 들 때마다 우리는 하나님의 지배를 받지 않고 악마의 지배를 받아서 행동하는 사람이다. 왜냐하면 그런 마음의 태도는 영적 교만이라고 하나님이 선언하셨고, 그런 교만한 자를 하나님이 대적하시기 때문이다. 그리고 이런 교만은 하나님을 철저하게 대적하는 인간의 악한 마음의 상태를 드러내는 것이다. 이것을 꼭 기억하라."

하나님을 철저하게 대적하는 마음의 상태가 교만이요, 마음에 무엇인가를 가득 담고 하나님 앞에 나아가는 자세가 교만입니다. 바로 바리새인이 이와 같은 사람이었습니다.

한편 세리는 감히 성전 앞자리까지 갈 수가 없었습니다. 아니 처음부터 엄두조차 내지 못했습니다. 뒷자리 구석에 서서 하늘을 우러러 보지도 못하고 고개를 푹 숙인 채, 가슴을 치면서 "주여 불쌍히 여기소서. 나는 죄인이로소이다"(누가복음 18:13). 그저 이 한 마디만 고백할 뿐이었습니다. 하나님 앞에 드릴 것도 없고, 자랑할 것도 없고, 자기가 가지고 있는 모든 것이 아무 소용없다는 것을 철저하게 깨달은 사람입니다. 그는 철저하게 자기를 비하하고 자기를 포기했습니다. "심령이 가난하면 복이 있나니"라고 하신 것은 바로 이런 자를 두고 하시는 말씀입니다.

비우지 못한 마음

안타깝게도 교회안에도 심령이 가난하지 못한 사람들이 간혹 있습니다. 마음을 비우지 못하고 하나님 앞에 나아오는 사람들이 있습니다.

왜 믿음이 자라지 않고, 하나님의 말씀이 마음속 깊이 새겨지지 않습니까? 왜 심령에 기쁨이 없고, 감격이 없고, 감사가 없습니까? 한 번밖에 없는 생을 하나님을 위해서, 하나님이 주신 은혜에 보답하기 위해서 모두 드리고 싶은 마음이 생기지 않는 이유는 무엇입니까?

그것은 마음에 무엇인가로 가득 채워져 있기 때문입니다. 아쉬운 것이 별로 없고, 기댈 데가 많으며, 하나님 앞에 자랑하고 싶은 것이 많아서 입니다. 그래서 하나님의 말씀이 내면 깊숙이 들어오지 못하는 것입니다.

하나님은 이런 사람을 불행하다고 말씀하십니다. 우리가 진정으로 예수님을 믿는 사람이라면 출신 성분을 가지고 하나님 앞에 자랑하지 말아야 합니다. 우리가 정말 그리스도인이라면 가문 좋은 것을 이야기할 필요가 없습니다. 지위가 아무리 높고, 세상적으로 능력이 있고, 성공한 사람이라 할지라도 그것이 하나님 앞에 자랑거리가 될 수는 없습니다. 사람에게는 대단하게 보일지 모르지만 하나님에게는 아무것도 아닙니다.

"나는 다른 사람보다 좀더 선하게 살고 있고, 양심적으로 살고 있다. 지금까지 내가 무슨 특별한 죄를 범한 일이 있는가? 이만하면 하나님도 인정해 주실 것이다." 이것도 잘못된 생각입니다. 거룩하신 하나님 앞에 아무 소용도 없는 것들을 마음속에 담은 채로 나오면 그 사람은 주님이 말씀하시는 복 있는 자, 행복한 자가 되기 어렵습니다. 돈이나 재산 때문에 마음이 든든할지도 모릅니다. 그러나 든든한 그것이 결국은 하나님 앞에서 심령이 가난한 자가 되지 못하도록 만드는 장애물입니다.

사도 바울이 주님을 알지 못했을 때는 자기가 대단한 것을 가지고 있는 줄 알고 교만한 가운데 상당한 긍지를 느끼며 살았습니다. 그러나 예수님을 만나자마자 그 모든 것들을 화장실에서 물 속에다 흘려보내야 할 배설물과 같이 생각했습니다. 그래서 그는 모두 다 쓸어내 버리고 마음을 완전히 비웠습니다. 그는 예수님 앞에 나오자 지금까지 너무 귀하게 여겨서 꼭 쥐고 놓지 못했던 것들이 다 무익하다는 것을 알았습니다. 모두가 다 신기루 같은 것임을 알았습니다. 예수님을 믿는 사람의 마음은 이와 같아야 합니다. 우리가 마음을 비우면 하나님께서는 그 대신에 천국으로 채워 주신다고 했습니다. "천국이 저희 것임이요"(마태복음 5:3하).

천국이 저희 것이라

천국이 저희 것이라는 말씀 속에는 두 가지 의미가 들어 있습니다. 첫째는 구원을 받았다는 이야기입니다. "죄 사함 받고 하나님의 자녀가 되어 하늘나라에서 영원히 하나님과 더불어 살 수 있는 영생을 값없이 얻은 사람이 되었다"는 것을 말합니다.

둘째 의미는 우리의 심령에 예수 그리스도께서 임재하시어 우리 마음을 다스리시는 상태를 말합니다. 누가복음에는 "하나님나라, 즉 천국은 너희 안에 있느니라"(17:21)고 기록되어 있습니다. 이 말씀은 하나님 나라가 다른 데 있지 않고 내 속에 있다는 것을 의미합니다. 즉 예수님께서 우리 안에 계시면 우리 마음에 천국이 이루어진다는 것입니다. 그러면 우리는 기쁨과 행복으로 충만해지게 됩니다.

로마서에서는 "하나님의 나라는 먹는 것과 마시는 것이 아니요 오직 성령 안에서 의와 평강과 희락이라"(14:17)고 말씀하십니다. 값비싸고 귀한 음식을 날마다 실컷 먹고, 고대광실 같은 집에서 안락하게 살고, 세상의 쾌락이란 쾌락은 다 즐겨 보아도 거기에서는 천국을 찾을 수 없습니다. 이 세상에서 좋다고 하는 것을 모두 갖추어 놓은 집에도 천국은 없습니다. 천국은 그런 곳에 임하는 것이 아닙니다. 천국은 예수 그리스도를 마음에 모신 심령에 임합니다.

천국이 임하면 의를 사랑합니다. 악을 사랑하는 자에게는 사탄의 불행이 있지만 의를 사랑하는 자의 마음에는 하나님 자신의 기쁨이 있습니다. 내 안에 주님이 다스리시는 천국이 임하면 세상이 줄 수 없는 평강이 찾아옵니다.

남편에게 기댈 때, 쌓아 놓은 돈에 의지할 때, 자랑하고 싶을 정도로 참한 자식들에게 기댈 때, 내 건강을 의지할 때 느끼지 못했던 평강을 느낄 수 있습니다. 주님의 임재하심으로 내 속에서 평안을 경험하게 됩니다. 이것이 천국이요, 희락입니다. 사람들이 보기에는 기뻐할 일이 없는 것 같지만, 예수님만 생각하면 가슴 뛰는 행복을 누리는 것이 천국이요, 희락입니다. 이것이 예수님께서 다스리시는 마음이 누리게 되는 행복이요, 천국입니다.

행복의 꽃이 활짝 피었습니다
예배 시간마다 늘 같은 자리에 앉는 분이 계십니다. 찬송을 부를 때, 기도할 때, 말씀을 들을 때 그분의 얼굴은 완전히 어린아이 같습니다. 기쁨이 충만합니다. 연애 중이기 때문일 것이라고 말할지 모르지만 그분은 이미 인생의 가운데 부분을 지나고 있는 50대입니다. 그런데 그 얼굴에는 언제나 행복의 꽃이 활짝 피어 있습니다. 그분은 그렇게 경제적으로 풍족한 사람도 아닙니다. 그런데도 그렇게 행복한 이유가 무엇이겠습니까? 그의 마음에 천국이 있기 때문입니다. 의와 희락과 평강이 넘치는 예수님의 나라가 그 마음에 있기 때문입니다. 누가 그것을 빼앗아 가겠습니까? 누가 그 나라를 파괴하겠습니까?

천국을 소유한 자는 구원을 주신 하나님 앞에 경배와 찬양을 드립니다. 예배 중에 주님께서는 복음을 선포케 하사 어두운 곳에 있는 심령을 영생의 나라로 인도하십니다. 예배를 통해 생명의 출생이 일어납니다. 우리의 영과 육의 병든 것을 치유하십니다. 하나님께서는 예배하는 자들 가운데 계십니다. 하나님께서는 우리의 마음을 비워 주시고 예수님이 다스리시는 이 천국의 행복을 안겨 주시기를 원하십니다. 심령이 가난한 자는 복이 있다고 했습니다. 바로 그 마음이 천국을 소유하는 복 말입니다.

가난한 자에게 복음을

누가복음에는 심령이라는 말이 빠져 있습니다. "가난한 자는 복이 있나니 하나님 나라가 너희 것임이요"(6:20). 틀림없이 이 본문은 영적으로 가난한 것에 대해 말하지 않습니다. 실제로 돈이 없는 빈자(貧者)들을 가리키고 있습니다.

가난한 자는 복이 있다는 주님의 말씀을 들으면 마치 "가난이 복이다. 가난한 자가 천국을 소유할 수 있다"고 말씀하시는 것 같습니다. 반대로 생각해 보면 "부(富)는 저주요, 부자는 천국과 거리가 멀다"는 말씀이 이면에 깔려 있는 것 같습니다. 그래서 그런지 상당수의 학자는 이 구절이 실제로 돈이 없어 가난한 것을 의미하는 것은 아니라고 해석하려고 노력합니다.

물론 그들의 생각에도 일리가 있습니다. 예수님께서 가난을 선(善)이라고 말씀하시거나 가난을 미화하고, 가난을 구원받는 공로로 말씀하신 일이 없습니다. 가난한 자를 의롭다고 말씀하신 일도 없습니다. 또한 부자들을 의롭지 못하다고 면전 박대를 하시거나 부를 악이라고 규정지어 말씀하시지도 않았습니다.

예수님 자신 역시 금욕주의자가 아니었습니다. 오히려 어느 때는 먹기를 탐하고 포도주를 즐기는 사람이라고 비난받으실 정도셨습니다(마태복음 11:19). 그런데 주님은 왜 가난한 자가 복이 있다고 말씀하시는 것일까요?

예수님은 가난한 자에게 복음을 전하기 위해서 오셨습니다. 부자에게 복음을 전하기 위해서 오셨다는 성경 구절은 없습니다. 산상수훈을 듣기 위해서 구름 떼처럼 예수님 앞에 앉아 있는 사람들 대부분은 가난한 자들이었습니다. 예수님의 제자들만 보아도 그들은 예수님을 따르기 위해 가지고 있는 모든 것을 버렸습니다. 집도, 재산도, 가정도, 직업도 다 버리고 빈털터리로 주님을 따라가는 가난한 사람들이었습니다.

예수님의 말씀을 듣는 무리들 중에는 구약 성경에 나오는 '아니'(ahni, 히브리어)라고 불려지는 가난한 사람이 많았습니다. 그 때에도 지금과 같이 돈을 벌고 부유한 생활을 하려면 불의와 타협을 해야만 하는 사회 구조적인 악이 있었습니다. 그러므로 경건한 사람들은 선택해야만 했습니다. "불의와 짝하면서 부하게 살 것인가? 아니면 불의와 결별하고 대신 가난한 삶을 통해서 하나님과 깊은 관계를 맺는 경건한 생활을 할 것인가?" 물론 '아니'라고 하는 이 경건한 사람들은 후자를 택했습니다. 차라리 가난하게 살면서 하나님과 더 깊은 영적 교제를 맺는 의인이 되기로 결심한 것입니다. 요셉, 나사로, 사가랴 등 예수님이 이땅에 오실 때 예수 그리스도를 영접했던 소수의 사람이 다 그런 사람들입니다.

그리고 예수님 앞에 있는 많은 사람 중에는 태어날 때부터 천한 집안에 태어나시 평생 뼈기 부서지도록 일을 해도 가난을 벗어날 수 없는 운명을 타고난 사람이 허다했습니다.

그런데 그런 가난한 사람들은 안중에 두지 않고 영적으로 가난한 것만 말씀하셨다고 보는 것은 성경을 반대로 해석하는 격이라고 할 수 있습니다. 예수님께서는 실제로 가난한 자가 복이 있다고 말씀하십니다.

가난해서 믿은 예수님

그렇다면 도대체 가난한 자가 복이 있다고 말씀하신 이유는 무엇입니까? 그것은 가난한 자는 부자보다도 예수님을 더 쉽게 믿을 수 있기 때문입니다. 이것이 현실입니다. 일본에 갈 때마다 일본 목사들이 한국 교회가 부흥하고 성장하는 이유가 무엇인지 물었습니다. 그러면서 일본 교회가 부흥이 안 되는 것을 놓고 탄식을 합니다. 지난여름에도 그런 질문을 받고 한국 교회가 부흥하는 이유는 그 배후에 가난과 고통이 있었기 때문이라고 대답했습니다. 정확한 대답이었다고 생각합니다.

지금도 교회 안에는 가난한 사람이 훨씬 많습니다. 도심에 자리 잡은 교회의 성도들은 누가 가난한지 누가 부자인지 금방 식별하기가 어려울 정도로 다 비슷비슷합니다. 그러나 조금만 변두리로 나가면 거의 다 가난한 사람들입니다. 가난하기 때문에 예수님을 믿은 것입니다.

저도 가난 때문에 예수님을 믿은 사람입니다. 문벌과 재력이 좋은 집안에 태어나 어려서부터 돈 걱정하지 않고 원하는 공부를 다 할 수 있었더라면 아마 예수님을 믿지 않았을 것입니다. 목사가 되지 않았을 것입니다. 이렇게 볼 때 가난만큼 나를 행복한 사람으로 만든 조건은 어디에도 없습니다.

예수님께서는 노골적으로 "내가 진실로 너희에게 이르노니 부자는 천국에 들어가기가 어려우니라"(마태복음 19:23)고 말씀하셨습니다. 여기서 부자는 영적인 부자가 아닙니다. 실제로 돈을 많이 가지고 있는 부자를 말합니다. "다시 너희에게 말하노니 약대가 바늘귀로 들어가는 것이 부자가 하나님의 나라에 들어가는 것보다 쉬우니라"(마태복음 19:24). 바꾸어 말하면 가난한 사람은 약대가 다리 밑을 지나가는 것처럼 천국 들어가기가 쉽다는 것입니다. 가난한 자가 구원받기가 훨씬 쉽다는 이야기입니다.

가난하기에 비운 마음

가난한 자는 부자보다 마음을 쉽게 비울 수가 있습니다. 가난한 사람은 심령의 가난도 쉽게 가질 수 있다는 말입니다. 가난한 사람은 하나님 앞이나 사람 앞에서 잘났다고 자랑할 것이 별로 없습니다. 그렇기 때문에 심령이 가난할 수밖에 없습니다. 가난 때문에 실제로 어렵게 사는 사람들은 예수님을 믿어도 생명을 걸고 믿습니다. 예수님을 믿는 것은 사치품도 교양도 아닙니다. 생존의 문제입니다. 예수님이 없으면 살 수 없습니다. 세상에서 고생하며 서글프게 사는 것도 억울한데 예수님을 믿지 못해서 구원을 받지 못한다면 억울해서 어떻게 삽니까? 그러니 예수님을 믿는 것을 생사의 문제로 생각하고 열심을 내야 합니다.

  가난은 복입니다. 마음을 비우면 주님이 그 마음에 임재하셔서 다스리십니다. 자비로우신 예수 그리스도께서 넉넉하지 못해 늘 얼굴에 주름살이 지고 어떤 때는 자신도 모르게 한숨을 쉬는 그 심령을 포근히 안아 주십니다. 그래서 세상 사람이 모르는 행복이 가슴에 넘칩니다.

  15평짜리 아파트에서 남편과 딸 하나를 두고 사는 어느 부인의 이야기입니다. 10여 년 정도 사용하던 냉장고가 더 이상 사용할 수 없을 정도로 낡아서 조금 큰 것으로 교체하여 들여 놓았더니 집안이 가득합니다. 게다가 부인이 피아노 레슨을 하기 때문에 자그마한 그랜드 피아노가 한 자리를 차지하고 있습니다. 집안에 들어가면 숨이 막힙니다. 책상 하나 놓을 자리가 없어서 책상을 놓지는 못하고, 그 대신 필요할 때면 작은 밥상을 펴서 사용할 정도였습니다. 그럼에도 불구하고 그 부인의 간증은 놀라웠습니다.

"감사하신 하나님 아버지, 아무것도 없을지라도 여호와를 인하여 즐거워하며 구원의 하나님을 인하여 기쁘게 노래했던 하박국 선지자처럼 이 좁은 공간에서도 끊이지 않는 웃음을 허락하시니 감사합니다. 비록 지위와 명예와 부가 없을지라도, 잠잘 때 코끝이 시려 이불을 뒤집어쓰고 잘지라도 제게 믿음 주시고 하나님을 믿는 남편과 건강하고 기도 잘하는 딸 주셨음을 감사합니다. 평생 지금의 마음을 잃지 않게 하옵소서. 이곳은 아버지가 함께 하시기에 바로 천국입니다."

가난하다고 다 불행하지는 않습니다. 돈이 없어 아이들 학비도 제대로 못 주고, 밤새 눈물만 흘렸다고 해서 다 처량하지 않습니다. 예수 그리스도를 마음에 모시고 사는 사람은 겉으로는 울지 모르지만 속은 다릅니다. 그 정도의 깊이 있고 차원 높은 행복을 모른다면 다른 사람에게 예수님을 믿는다고 말하기 어려울 것입니다.

여덟 평에 가득했던 행복

30년 전에 살던 여덟 평짜리 아파트를 떠나온 후 처음으로 아내와 함께 찾아가 보았습니다. 그 당시 서울 시내에 있는 어느 교회 부교역자로 일하고 있었는데 교회 사택으로 제공된 아파트였습니다. 여덟 평밖에 되지 않기 때문에 화장실이 들어갈 자리가 없었습니다. 그래서 화장실은 공동 화장실을 사용했었습니다. 30년 만에 그곳을 찾아가면서 아내에게 이렇게 말했습니다. "혹시 아파트가 재건축되지는 않았을까? 그대로 있었으면 좋겠는데." 그런데 걱정했던 것과는 다르게 그대로 있었습니다. 여닫이 현관문이 많이 낡기는 했지만 30년 전 그대로의 모습이었습니다. 참 감개무량했습니다.

우리가 살았던 4층 505호를 찾아갔습니다. 달라진 것이 있다면 연탄을 사용하던 것이 도시 가스로 바뀐 것뿐이었습니다. 창문이 열려 있어서 안을 들여다보았습니다. 그러면서 저는 아내에게 이곳에도 행복은 있다고 말했습니다. 그 당시 우리는 행복했습니다. 아침이면 줄을 서서 기다리던 공동 화장실에도 가보았습니다. "그 때는 여기서도, 이런 불편함에도 불구하고 우리는 행복하게 살았지" 하는 생각이 들었습니다.

그 아파트를 나오면서 몇 번이고 돌아보았습니다. 진정한 행복은 우리 속에 있는 것입니다. 주님이 이 행복을 우리에게 주신다고 약속하셨습니다. 마음만 비우면, 예수님께서 다스리시도록 마음을 내어 드리기만 하면 바로 거기에 행복이 있습니다.

돈으로 행복을 살 수는 없습니다

우리는 세상에 속아서는 안 됩니다. 천하의 영광을 다 보여 주면서 여기에 행복이 있다고 하던 사탄의 말에 속지 말아야 합니다. 돈 그 자체는 악이 아닙니다. 돈을 많이 가지고 있는 것이 잘못된 것은 아닙니다. 그러나 부와 돈이 주님 앞에 나아가는데 걸림돌이 되고, 부와 돈이 내 마음을 비우는데 장애가 된다면, 부와 돈이 하나님께서 주시는 천국을 내 마음에 소유하지 못하도록 막는다면 그것은 정말 불행한 것입니다.

재물은 적당히 있으면 그것으로 족합니다. 그 이상 가질 필요가 없습니다. 성경은 일용할 양식이면 족하다고 말씀합니다. 그러나 현실적으로 자식들 교육도 시켜야 하고, 주변 사람들의 수준에 어느 정도 따라가는 것도 필요하기에 그것을 모두 무시해 버리고 일용할 양식을 문자 그대로 고집하는 것은 무리가 있을 것입니다. 그렇다고 해도 어느 정도면 되지 그 이상 가질 필요는 없습니다. 돈을 더 모으는데 신경 쓰지 말고 이 정도면 족하다는 생각을 해야 합니다. 행복은 재산이 늘어난다고 함께 커지는 것이 아닙니다.

영국 런던정치경제대학의 로버트 우스터 교수가 발표한 자료는 우리에게 아주 중요한 사실을 알려줍니다. 그는 전 세계 54개국을 대상으로 어느 나라 사람들이 가장 크게 행복을 느끼는지 행복지수를 조사했습니다. 그런데 놀랍게도 세계에서 가장 가난한 나라, 가장 천재지변이 많은 나라인 방글라데시 사람들이 1위였습니다. 그들이 가장 행복하다고 고백했습니다. 예상을 완전히 뒤엎는 결과였습니다. 54개국 중에서 미국은 46번째이고 한국은 23번째였습니다. 이 자료는 잘 사는 것이 행복을 느끼는 것과는 다르다는 것을 입증해 주고 있습니다.

그런데 우스터 교수가 내린 결론이 매우 중요합니다. "선진국의 경우 물질적 포만도가 일정 수준을 지나면 소득 상승이 더 이상 행복에 영향을 주지 않는다"는 것입니다. 잘 사는 나라 사람들은 적당한 수준의 부를 유지하고 있어서, 그 수준 이상으로 돈을 벌고 재물을 쌓아도 행복과는 별로 관계가 없다는 의미입니다. 50평짜리 집에서 살던 사람이 120평짜리 집으로 옮기면 며칠 동안은 기분이 좋을지 모르지만 그것은 행복하고는 전혀 관계가 없다는 것입니다. 이미 어떤 수준을 유지하고 있기 때문에 그 이상을 소유하는 것이 행복을 증가시키는데 아무런 영향을 주지 못한다는 것입니다.

우스터 교수의 말 중에 또 하나 중요한 것은 "후진국에서 가난하게 사는 사람들의 경우는 소폭의 소득 증가에도, 조금만 생활이 나아져도 그것이 삶의 질에 큰 영향을 미친다"는 것입니다. 예를 들면 20만 원밖에 월급을 못 타던 아빠가 회사가 잘 되어 30만 원을 받아 왔습니다. 그러면 10만 원 더 많아진 것 때문에 매우 행복해 한다는 것입니다. 그렇기 때문에 방글라데시 사람이 행복을 더 많이 느끼는 것입니다.

부자가 꼭 행복한 것은 아닙니다. 차라리 가난한 자가 행복합니다. 그러므로 행복과는 아무런 관계도 없는, 오히려 하나님 앞에 나아가는데 장애가 되는 부를 쌓아 놓고 있다면 하나님 앞에 모두 내려놓아야합니다. 하나님 나라를 위해서 써야 합니다. 그리고 여러분의 마음에 천국을 소유해야 합니다. 예수님께서 주시는 행복을 말입니다.

물질적으로 부하든 가난하든 큰 문제가 안 됩니다. 교회 안에는 물질이 많아도 심령이 가난한 사람들이 많이 있습니다. 그러나 만에 하나라도 돈 때문에 천국을 소유하지 못하는 불행을 안고 신앙생활을 하려고 한다면 그것만큼 어리석은 것이 없습니다. 그럴 바에는 차라리 주님이 원하시는 일을 위해 돈을 쓰고 마음에 천국을 소유하는 쪽이 훨씬 낫습니다.

우리 모두 마음에 주님을 모시고, 그분을 섬기며, 그분을 위해 아름답게 한 생을 드린다면 그 행복은 영원한 천국에까지 이어질 것입니다.

꼭! 이것만은 기억하자!

심령의 가난은
우리가 하나님 앞에서 가져야할 마음의 태도이다.
사람 앞에서는 심령의 가난함을 논할 필요가 없다.

하나님께 나아갈 때에는 마음을 비워야 한다.
마음을 비우면 하나님께서는 천국으로 채워 주신다.
가난하다고 불행하지는 않다.
재물은 적당히 있으면 된다.
행복과는 아무런 관계가 없는,
오히려 하나님 앞에 나아가는데 장애가 되는
부를 쌓아 놓았다면 하나님 나라를 위해 써라.

돈 때문에 천국을 소유하지 못하는 것보다
불행하고 어리석은 것은 없다.
세상에 속지 말자.
돈으로 행복을 살 수는 없다.
가난이 복이다.
빈 마음에 가진 것이 없으면 생명을 걸고 예수님을 믿는 법이다.

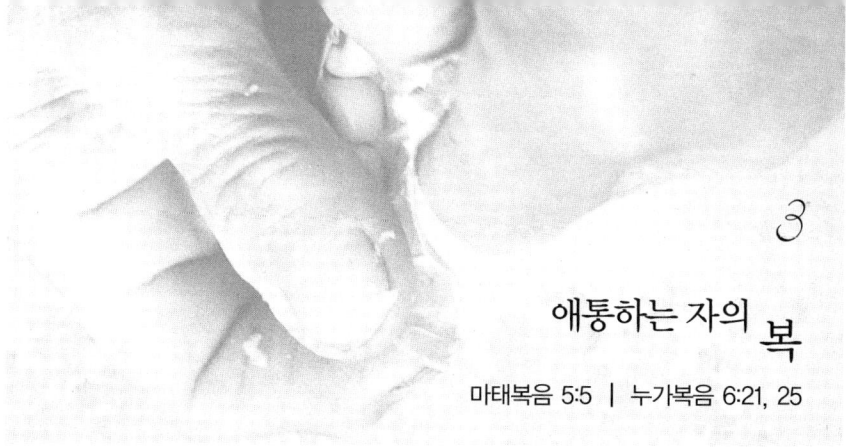

3 애통하는 자의 복

마태복음 5:5 | 누가복음 6:21, 25

"온유한 자는 복이 있나니 저희가 땅을 기업으로 받을 것임이요."

"이제 주린 자는 복이 있나니 너희가 배부름을 얻을 것임이요 이제 우는 자는 복이 있나니 너희가 웃을 것임이요… 화 있을찐저 너희 이제 배부른 자여 너희는 주리리로다 화 있을찐저 너희 이제 웃는 자여 너희가 애통하며 울리로다."

대형 서점에 나가보면 유머에 관한 책들이 많이 진열되어 있습니다. 책 제목이나 내용들도 매력적인 것이 많아서 독자의 마음을 끌만한 것들도 적지 않습니다.

「유머는 성공의 시작이요 웃음은 행복의 시작이다」, 「웃으면 복이 와요」 등의 부제가 붙은 책들을 손에 들고 읽으면서 웃고 있는 모습들을 볼 수 있습니다. 답답하고, 짓눌리고, 쫓기는 분위기 속에서 하루하루 세상을 살아가는 현대인들이 잠시나마 숨을 돌리기 위한 방편으로 웃음거리를 찾아 헤매고 있는 것 같습니다. 크게 한 번 웃으면서 쌓였던 스트레스를 모두 날려 버리려 하는 것 같습니다. 과도한 스트레스에 시달리는 현대인들에게 있어 웃음은 더 없이 좋은 것일 수도 있습니다.

그러나 문제는 현대인들은 지나칠 정도로 심각한 이야기를 좋아하지 않는다는데 있습니다. 더욱이 '눈물, 애통'과 같은 말은 귀 기울여 들으려고 하지 않습니다. 일단 말 자체가 주는 어감이 그렇지 않아도 무거운 마음을 더욱 무겁게 만들 것이라는 선입견 때문에 그럴 것이라고 생각합니다.

탄식하는 영혼

그럼에도 불구하고 예수님께서는 "애통하는 자는 복이 있다. 왜냐하면 저희가 위로를 받을 것이기 때문이다"라고 말씀하십니다. 성경에 많은 역설이 있지만 이 구절이야말로 기독교의 역설을 대변하는 가장 대표적인 말씀이라 생각합니다. 성경 안에는 눈물이나 슬픔을 표현하는 용어가 아홉 가지 정도 있습니다. 그 가운데서 예수님이 사용하신 '애통하다'란 용어는 그 강도나 농도에 있어서 최상급에 속합니다. 사랑하는 이의 죽음을 앞에 놓고 가슴을 치며 통곡하는 사람의 애통을 표현할 때 썼던 용어라고 하니 그 어감의 강도가 어느 정도인지 쉽게 짐작할 수 있을 것입니다.

창세기에는 늙은 야곱이 통곡하는 모습이 나옵니다. 열두 아들 가운데서 가장 사랑했던 아들 요셉이 하루아침에 행방불명이 되었습니다. 도무지 소식을 알 수가 없어 죽었다고 생각했습니다. 생각이 여기까지 미치게 되자 이 늙은 아버지 야곱은 옷을 갈기갈기 찢고, 허리에 굵은 베를 두르고, 땅을 치면서 식음을 전폐한 채 날마다 통곡했습니다(창세기 37장). 이렇게 통곡하는 모습을 표현할 때 바로 주님께서 사용하신 애통이라는 단어를 사용했습니다.

그러나 애통이라는 말의 의미가 이처럼 강하고 진하다고 해서, 우리 모두가 야곱처럼 통곡하고 눈물을 흘려야 한다는 의미로 "애통하는 자는 복이 있나니"라고 말씀하셨다고 생각지는 않습니다. 왜냐하면 예수님께서 만약 그런 의도로 말씀하셨다면, 평생 동안 그처럼 가슴을 쥐어짜며 하늘이 무너질 듯이 통곡하는 일이 겨우 한두 번 있을까 말까 한 우리들과는 직접적인 관련이 없는 말씀이 될 수 있기 때문입니다.

예수님께서는 '심령이 가난한 자가 토하는 영혼의 거룩한 탄식'을 '애통'으로 표현하고 계십니다. 예수님께서는 심령이 가난한 자가 복이 있다고 말씀하셨습니다. 하나님 앞에 그 심령을 비웠다면 반드시 그 사람에게는 '애통'이 따라옵니다. 그러나 심령을 비우지 못했다면 그 사람은 이 애통의 의미를 제대로 깨닫지 못할 것입니다.

눈물이 사라진 세계

지금부터 약 반세기 전만해도 한국 교회의 이미지는 한 마디로 애통하는 공동체였습니다. 8·15 광복이후 너무나 가난하고 혼란스러운 시절을 온 몸으로 겪으며 보내야 했습니다. 게다가 가뭄도 자주 들어 굶주린 백성들을 더욱 고통스럽게 하였습니다. 조금 후에 한국전쟁이 일어났는데 그때의 상황이란 그야말로 아비규환이었습니다.

그런 형극의 길을 걸으면서 우리 선조들은 예배당에 모여 눈만 감았다 하면 울었습니다. 자기 죄를 놓고 통곡하고, 예수 안 믿는 식구들을 위해서 통곡하고, 나라의 죄를 짊어지고 통곡하며 기도했습니다. 눈이 퉁퉁 붓도록 울었습니다. 마루 바닥 여기저기에 눈물 자국이 너무 진하게 박혀서 걸레로 닦아도 닦이지 않을 정도로 눈물을 흘리면서 살았습니다. 이렇게 눈물을 흘렸기 때문에 하나님께서 그들에게 주신 위로 또한 굉장히 컸습니다. 울어보지 않은 사람은 절대로 맛볼 수 없는 하나님의 특별한 위로가 그들에게 있었습니다. 그 맛 때문에 더 울었는지도 모릅니다.

물론 우는 것이 기독교 본질의 전부는 아닙니다. 애통하는 것이 기독교의 전부가 아닙니다. 그렇지만 분명히 말할 수 있는 것은 마른 눈을 가진 성도들이 모이는 교회보다 젖은 눈을 가진 성도들이 모이는 교회가 훨씬 더 은혜의 세계를 깊이 안다는 사실입니다. 이것은 누구도 부인할 수 없습니다.

오늘의 교회는 그 때의 교회에 비해서 애통하는 눈물을 보기 어렵습니다. 눈물이 메말라 버린 것 같습니다. 웃음이 복음으로 들리고 눈물은 복음이 아닌 것처럼 느끼는 분위기입니다.

어느 신문에 '유머 설교 세미나'라는 제목의 광고가 실린 것을 보았습니다. 사람들을 웃기면 분위기가 좋아지고, 설교를 듣는 사람들을 실컷 웃겨서 기분을 좋게 만들어 놓은 후에 설교를 하면 더 잘 먹힌다는 것입니다. 듣고 보니 그럴 듯합니다. 우리는 모두 우는 것보다 웃는 것을 훨씬 좋아합니다. 우리 중에 웃는 것보다 우는 것을 더 좋아하는 사람이 있다면 그는 심리적으로 조금 문제가 있는 사람일 것입니다. 그러므로 교회에서도 사람들이 기쁜 마음으로 예배를 드릴 수 있도록 많이 웃기려고, 그래서 기분을 좋게 만들어 주려고 애쓰는 것 같습니다. 그래서 '유머 설교 세미나'도 등장했을 것입니다.

이런 이야기들이 통하는 오늘날 현대 교회는 분명 눈물이 말랐습니다. 우리 모두 마찬가지입니다. 심각한 이야기는 듣고 싶어 하지 않습니다. 꼭 필요한 것이라면 짧게 하든지 아니면 그냥 넘어가라는 식의 반응을 보입니다. 기분 좋게 웃어야 은혜를 받았다고 착각합니다. 이런 우리의 모습은 "애통하는 자는 복이 있나니 천국이 저희 것임이요" 라는 주님의 말씀과는 상당한 거리가 느껴져 두렵습니다.

눈물을 먹고 자라는 신앙

신앙은 눈물을 먹고 자랍니다. 하지만 눈물은 부정적인 이미지만을 가지고 있지는 않습니다. 우리 모두 짧은 인생을 사는 동안 눈물의 소중함을 이미 경험했습니다. 눈물은 그 자체의 고유한 가치와 무게를 지니고 있습니다. 아무리 웃음이 우리에게 매력적이고 우리를 기쁘게 하는 것이라 할지라도 웃음이 눈물을 대신할 수는 없습니다. 눈물의 고유한 영역이 있습니다. 만일 우는 것은 무조건 저주요, 슬픔은 무조건 부정해야 한다고 생각하는 사람이 있다면 그의 인생은 중요한 것 하나가 빠져 버린 인생입니다.

아랍 속담에 이런 말이 있습니다. "햇빛만 쏟아지는 곳은 사막이 된다." 중동지역은 비가 없는 곳이기 때문에 사방을 둘러보아도 눈에 들어오는 것은 사막뿐입니다. 그래서 그런 속담이 생긴 것 같습니다. "모든 햇살은 사막을 만든다." 이것은 인생에 있어서도 진리입니다. 비가 와야 합니다. 검은 구름이 하늘을 뒤덮고 비가 쏟아질 때 생명의 환희가 일어납니다. 인생도 마찬가지입니다. 눈물이 없는 인생은 사막과 같습니다. 눈물이 없으면 웃음 그 자체도 하나의 광대노릇에 지나지 않습니다. 이것을 깨달은 사람이 인생의 깊이를 아는 사람입니다.

신앙생활에서도 눈물과 애통이 차지하는 비중은 절대적입니다. 눈물 골짜기를 통과하지 아니한 신앙은 하나의 값싼 장식품에 불과합니다. 예수님을 믿고 나서 웃기만 했다면 아직은 값싼 신앙입니다. 예수님을 믿고 나서 하나님 앞에서 진지하게 울어 본 그 사람이 차원 있는 신앙생활을 하는 사람입니다. 애통이 우리의 신앙을 본질로 향하게 만듭니다. 눈물이 우리의 신앙을 본질로 인도합니다. 눈물이 고인 눈에 십자가의 주님이 보입니다. 젖은 눈에 부활하신 주님의 영광이 나타납니다. 애통하는 심령 속에서 우리를 찾아오시는 예수 그리스도의 발걸음 소리가 들립니다.

우리의 신앙은 눈물을 먹고 자랍니다. 우리의 인격은 눈물의 골짜기를 통과하면서 성숙합니다. 신앙생활에 대해 제대로 아는 사람은 눈물을 부정적으로 보지 않습니다. 애통을 무조건 싫은 것으로, 두려운 것으로 생각하지 않습니다.

성경에는 '탄식'이라는 말을 사용해 신앙생활을 정의하고 있는 구절들이 있습니다. 그 중의 하나가 "이뿐 아니라 또한 우리 곧 성령의 처음 익은 열매를 받은 우리까지도 속으로 탄식하여 양자 될것 곧 우리 몸의 구속을 기다리느니라"(로마서 8:23)는 말씀입니다.

예수님을 믿고 하나님의 자녀가 된 사람은 날마다 탄식하면서 기다리는 것이 있습니다. 그것은 이 썩을 몸을 빨리 벗어 버리고 예수님께서 부활하셔서 입으신 그 영광스러운 몸을 입게 될 그 날, 양자 될 그 날, 우리 몸이 구속받을 그날입니다. 이런 면에서 볼 때 신앙생활을 한마디로 요약하면 탄식입니다.

고린도후서에도 같은 의미의 말씀이 나옵니다. "과연 우리가 여기 있어 탄식하며 하늘로부터 오는 우리 처소로 덧입기를 간절히 사모하노니"(5:2). 신앙생활의 밑바닥에는 눈물의 강이 흐르고 있습니다. 애통을 모르는 신앙은 천박한 신앙입니다. "애통하는 자는 복이 있나니 천국이 저희 것임이요"라는 예수님의 말씀을 깊이 묵상하십시오.

당신을 위해 눈물을 흘려야 합니다

누가 애통하는 자입니까? 자기 죄를 놓고 눈물을 흘리는 자가 애통하는 자입니다. 우리 모두는 예수님을 믿고 죄 용서함을 받았습니다. 그러나 이것은 어디까지나 선언적인 의미를 갖는 것입니다. 하나님께서 우리를 죄 없는 자라고 선언하신 것이지, 실제로 우리가 죄 없는 것은 아닙니다. 바로 이 점이 중요합니다. 하나님께서 우리를 사랑하셔서 예수 그리스도의 십자가의 공로를 보시고 무조건 죄 없다고 선언하신 것이지, 실제로 나에게서 죄가 없어진 것이 아닙니다. 물론 계속 거룩해지고 있지만, 무균실에 들어간 사람이 모든 균들로부터 차단되는 것처럼 죄로부터 완전히 차단된 존재가 된 것은 아닙니다. 우리는 여전히 죄의 작업장에서 부패한 몸을 입고 살고 있습니다. 그렇기 때문에 하루에 열 번 아니 백 번도 죄를 지을 수 있는 가능성을 가지고 있습니다. 우리 모두는 죄의 유혹이 쉴 새 없이 파고드는 세상에서 살고 있습니다.

자신은 성령 충만함을 받고 하나님의 말씀대로 살기 때문에 죄도 없고 회개할 것도 없다고 말하는 사람들이 있습니다. 그들은 애통하며 눈물 흘리는 사람들을 향하여 사죄의 확신이 없어서 그런 것이라고 비난합니다. 주님께서 죄를 다 용서하셨으므로 웃으라고 말합니다. 사도

요한은 그런 거짓의 사람들을 향해 단호한 어조로 이렇게 말했습니다. "만일 우리가 죄 없다하면 스스로 속이고 또 진리가 우리 속에 있지 아니할 것이요"(요한일서 1:8). 우리 모두에게는 울어야 할 이유가 충분히 있습니다. 하루에 백 번이라도 하나님 앞에 애통해야 할 이유를 갖고 있습니다. 우리는 구원받기 위해서 애통하는 사람이 아닙니다. 구원받았기 때문에 애통하는 사람입니다.

오늘날 한국 교회가 뻔뻔스러워진 것 같아 답답할 때가 많습니다. 죄 짓는 것을 대수롭지 않게 생각하는 사람들이 교회 안에 너무나 많습니다. 회개 기도랍시고 몇 마디 말로 때우고는 자기 죄가 다 용서받은 것으로 알고 있습니다. 가슴에 진정으로 회개하는 심령이 자리 잡고 있지 않습니다. 과연 하나님께서 그런 기도를 들으시고 죄를 용서하시며 깨끗하게 해주실지 우리 모두 깊이 반성해야 할 것입니다.

마르틴 루터가 비텐베르그 성당 앞에 붙인 95개조의 항의문 안에는 이런 구절이 들어 있습니다. "신앙인의 삶이란 끊임없는 회개와 참회를 하는 것이다." 용서받은 하나님의 자녀이기에, 거룩한 하나님의 아들이 되었기에, 성령을 모시고 사는 구별된 사람이기에, 우리에게는 늘 눈물이 필요합니다. 그것은 죄를 씻는 눈물입니다. "저 사람보다 내가 얼마나 선한가?"는 우리의 표준이 될 수 없습니다. 우리의 표준은 예수 그리스도십니다. "예수님이 보시기에 나는 얼마나 거룩한가?"입니다. 그러므로 예수님을 가까이 모시는 사람일수록 자신의 추악함을 더 잘 보게 됩니다. 애통하는 심정을 더 많이 갖게 됩니다. 예수님과 거리가 멀리 떨어져 있는 사람은 애통할 일이 별로 없습니다.

구원의 확신이 없어서 애통하는 것이 아닙니다. 항상 기뻐하라는 말씀을 몰라서 애통하는 것이 아닙니다. 예수님의 거룩하신 임재를 가까이서 느끼기 때문에 애통하고, 눈물을 흘리는 것입니다. 그 거룩한 영광의 빛 앞에 벌거벗은 것처럼 노출되는 자신을 볼 때마다 드러나는 그 악함 때문에 탄식하는 것입니다. 자신의 죄를 가지고 애통하는 것을 다윗은 이렇게 정의합니다. "하나님의 구하시는 제사는 상한 심령이라 하나님이여 상하고 통회하는 마음을 주께서 멸시치 아니하시리이다"(시편 51:17). 애통은 상한 마음입니다. 애통은 통곡하고 통회하는 것입니다. 하나님께서는 이것을 복되다고 말씀하십니다. 통회하며 자신의 죄를 하나님 앞에 고하는 자가 복이 있다고 하십니다. 그 눈에서 눈물을 씻어 주시고, 그에게 사유의 은총, 평안의 은총, 기쁨의 은총, 만족의 은총을 주신다고 약속하셨습니다. 이것이 주님의 위로입니다.

네 눈물을 보았노라

누가 애통하는 자입니까? 인생의 무거운 짐을 지고 하나님 앞에 부르짖는 사람이 바로 애통하는 자입니다. 누가복음을 보면 예수님께서는 상당히 직설적으로 말씀을 하시는 것 같습니다. 배부른 자, 웃는 자는 세상에 속한 사람들을 가리킵니다. 무엇 하나 부족한 것 없이 풍요롭게 살면서 날마다 희희낙락하는 그들을 예수님께서는 저주를 받을 자로, 화를 당할 자로 보십니다(6:25). 반대로 주린 자와 우는 자는 하나님을 믿는 경건한 사람들로 보시는 것 같습니다. 주리고 우는 삶 자체를 주님께서는 복이라고 말씀하십니다(6:21).

하나님의 자녀들 가운데는 젖은 눈이 마를 날이 없이 사는 사람들이 많습니다. 도심의 화려한 아파트촌만 쳐다보지 말고 눈높이를 낮추고 그 아파트 너머에 살고 있는 사람들을 자세히 살펴보십시오. 예수님을 잘 믿고 하나님을 극진히 사랑하는 자녀들의 세계에도 얼마나 눈물이 많은지 모릅니다. 조금만 허리를 낮추고 보면 남의 눈에 잘 띄지 않는 반 지하 단칸방에서 어렵게 살아가는 그리스도인들을 만나게 됩니다.

그들은 이유를 알 수 없는 불행을 만나서 시간만 나면 하나님의 옷자락을 붙잡고 통곡하는 자들입니다. 주님께서는 이 통곡이 복이 있다고 말씀하십니다. 예수님을 자기 생명보다 사랑하고 섬기는데도 불구하고 가난은 왜 떠나지 않는지, 하는 일들은 왜 잘 풀리지 않는지, 자녀는 왜 탈선을 하는지, 경쟁에서 왜 뒤지고 마는지, 왜 나쁜 사람들의 속임수에 빠져서 메울 수 없는 손해를 입어야 하는지, 왜 하루아침에 병이 들어 육체가 망가지는지, 왜 억울하게 비난을 받아야 하는지, 우리는 다 설명할 수가 없습니다. 그렇지만 하나님의 귀한 자녀들이 이 무거운 십자가를 지고 날마다 눈물로 살고 있는 것이 현실입니다.

가슴을 저미는 아픔과 고통을 견디지 못해, 많은 사람이 웃고 즐기는 시간에도 조용히 하나님 앞에 엎드려 기도하면서 가슴 가득한 서러움을 눈물로 쏟아내는 거룩한 성도들이 많습니다. 살기가 힘들 때마다, 좌절감이 몰려올 때마다 은혜의 보좌 앞에 나아가 눈물로 하나님의 옷자락을 적시는 거룩한 백성들이 있습니다.

그것은 예수님을 믿기 때문에 져야 하는 십자가일지도 모릅니다. 이 세상과 타협하지 않았기 때문에 안고 살아야 하는 고통과 슬픔일지도 모릅니다. 세상 사람들은 그것을 불행이나 저주로 볼 것입니다. 그러나 주님께서는 말씀하십니다. "애통하는 자는 복이 있나니 저희가 위로를 받을 것임이요." 슬픔과 고통을 주님 앞에 들고 나가서 눈물로 주의 옷자락을 적시며 기도하는 사람에게 주님께서 말씀하십니다. "너의 애통하는 것이 복이 있느니라."

하나님께서 히스기야에게 말씀하신 것처럼 "내가 네 기도를 들었고 네 눈물을 보았노라"(이사야 38:5)고 말씀하십니다. 지금 당장 눈앞에서 질병으로 고통당하던 사람이 벌떡 일어나지 아니하며, 지금 당장 눈앞에서 가난이 물러가지 아니하며, 지금 당장 눈앞에서 원하던 일들이 이루어지지 않는다 할지라도 주님께서는 이렇게 말씀하십니다. "너의 애통이 복이 있다. 내가 네 눈물을 보았다. 내가 네 기도를 들었다."

우리의 눈물을 아시는 하나님께서 오늘도 살아 계시며 역사하시는 그 자체가 우리에게 위로요, 소망이요, 행복입니다. 하나님께서 그의 자녀들의 눈에서 눈물을 씻어 주시는 날이 반드시 옵니다. 애통하는 자는 복이 있습니다. 누구든지 어떤 이유로 하나님 앞에 나와서 엎드려 울지라도 그 울음을 저주로 생각하지 마십시오. 그 울음을 복이 없는 것으로 해석하지 마십시오. 주님께서는 "애통하는 자는 복이 있나니 저희가 위로를 받을 것"이라고 말씀하셨습니다.

세상을 위해 눈물을 흘려야 합니다

누가 애통하는 자입니까? 세상 죄를 짊어지고 눈물을 흘리는 사람이 애통하는 사람입니다. 예수님께서는 십자가를 지시기 며칠 전 예루살렘 성이 환히 내려다보이는 감람산에 앉으셨습니다. 한참 동안 성을 내려다보시던 주님의 얼굴 위로 굵은 눈물이 흐르기 시작했습니다. 성경은 예수님께서 몇 번 우셨다고 기록하고 있습니다. 그런데 그 때에 예루살렘 성을 바라보면서 흘리셨던 주님의 눈물은 통한의 눈물이었습니다. 예루살렘은 하나님의 아들이 오셨는데도 영접하지 아니한, 어두움의 권세가 뒤덮고 있는 악한 성이었습니다.

약 40년 후에 그 성에 임할 하나님의 심판을 예수님께서 미리 아시고 다음과 같이 말씀하십니다. "날이 이를찌라 네 원수들이 토성을 쌓고 너를 둘러 사면으로 가두고 또 너와 및 그 가운데 있는 네 자식들을 땅에 메어치며 돌 하나도 돌 위에 남기지 아니하리니 이는 권고 받는 날을 네가 알지 못함을 인함이니라 하시니라"(누가복음 19:43, 44).

역사적인 기록을 보면 주후 70년에 있었던 로마 티토 황제의 예루살렘 포위와 함락은 정말로 처참했습니다. 너무나 배가 고파 어머니들이 어린아이들을 몰래 잡아먹을 정도였습니다. 예루살렘 성에 입성한 로마 군인들은 어린아이들을 붙잡아 휘휘 돌리다가 벽에 내동댕이쳐 죽였습니다. 임신한 여자들을 끌어다가 발가벗긴 후 칼로 배를 갈라 죽였습니다. 예루살렘 성전은 불타고 모든 성곽은 돌 위에 돌 하나도 남아있지 아니할 정도로 무너져서 쑥대밭이 되었습니다. 주님은 그 때의 그 처참한 상황을 미리 내다보시면서 우신 것입니다.

바울도 "내가 여러 번 너희에게 말하였거니와 이제도 눈물을 흘리며 말하노니 여러 사람들이 그리스도 십자가의 원수로 행하느니라"(빌립보서 3:18)라고 애통했습니다. 사방에 예수 그리스도의 십자가를 대적하는 원수들이 수두룩합니다. 교회 안에도 그런 원수들이 있습니다.

바울이 이를 생각할 때마다 가슴이 저미는 아픔을 견딜 수가 없어서 그 점잖은 어른이 눈물을 펑펑 쏟으며 편지를 쓰고 있는 것입니다.

우리도 이 세상을 앞에 놓고 애통하는 것이 당연합니다. 이 나라의 죄악상을 조금만 관심을 갖고 들여다보면 과거의 그 어느 시대보다도 악하고 더럽고 음란하다는 것을 금방 알 수 있습니다.

지금 목 놓아 울어야 합니다

최근 매스컴을 통해 보도된 자료에 의하면 우리나라 중·고등학생들 중에서 90%가 포르노를 접촉한다고 합니다. 인터넷을 비롯하여 각종 매체를 통해서 음란물을 접촉하는 것입니다. 심지어 교실에서 선생님이 잠깐 자리를 비우는 사이에도 그것을 펼쳐놓고 서로 쳐다보면서 낄낄거린다고 합니다. 아주 정신을 잃을 정도로 재미있어 한다고 합니다. 그 90% 중에 4%는 벌써 성매매를 통해 성적으로 절망적인 범죄행위를 하고 있다고 보도 되었습니다. 통계상으로 어느 중·고등학교에나 예수님을 믿는 학생들이 30% 정도는 있다고 보아야 하는데, 90%라는 수치는 그들도 지금 그 악한 일에 동조하고 있다는 것을 말하는 것입니다.

상황이 이와 같은데 어떻게 애통하지 않겠습니까? 아직 완전히 성숙하지 못한 아이들이 그런 음란물을 한두 번 보기 시작하면 자신도 모르게 자꾸만 거기에 손이 가게 되고, 이내 마약에 중독 된 사람들처럼 끊임없이 빨려 들어가게 됩니다. 그리고 그러는 사이에 점점 인격이 파괴됩니다. 그 영혼이 사탄의 노예가 됩니다. 정상적으로 사고하기 어려울 정도까지 갈 수 있습니다. 이것이 오늘날 10대들의 세계입니다. 이 아이들이 자라서 사회에 중요한 역할을 담당하게 될 20년 후의 세상을 떠올리기만 해도 아찔합니다. 그런데 어떻게 탄식하지 않겠습니까? 어찌 예수님처럼 예루살렘 성을 내려다보고 울지 않겠습니까? 어찌 우리 사회의 미래를 내다보며 눈물을 흘리지 않을 수 있겠습니까?

준수한 외모에 상냥한 성격의 소유자이고 컴퓨터를 잘 다루어서 주위로부터 유능하다고 인정을 받던 한 20대 청년이 8개월 사이에 두 명을 강간하고, 세 명의 여성을 죽이고, 심지어 누나를 강간해서 죽이는 악마 같은 범죄를 저지른 사건이 일어나 세상이 깜짝 놀랐습니다. 그런데 더욱 놀라운 것은 그의 어머니가 현재 교회에서 사역하고 있는 여전도사라는 사실입니다. 그리고 그는 중·고등학교 때 교회에서 학생회장까지 했다고 합니다. 오늘의 현실이 이렇습니다. 어떻게 통곡하지 않을 수 있습니까?

선진국에서도 특별한 사람들이 아니면 잘 마시지 않는 최고급 양주를 세계에서 제일 많이 수입하는 나라가 우리나라라고 하니 그저 말문이 막힙니다. 모두들 눈에 광기가 서렸습니다. 미쳤습니다. 정신이 나갔습니다. 이런 나라를 앞에 놓고 우리가 어떻게 애통하지 않겠습니까?

이 땅을 위해 울어야 합니다

우리 모두는 이 백성의 죄를 어깨에 짊어지고 주님 앞에 나아가 애통하는 사람이 되어야 합니다. 나라와 민족을 위해 애통하는 교회만이 이 땅에 희망을 줄 수 있습니다. 썩어 빠진 정치인들에게 무엇을 기대할 수 있습니까? 이제는 더이상 다른 도리가 없다며 손을 들어버린 교육가들에게 무엇을 기대할 수 있겠습니까? 양심은 온데간데없이 사라진 채 수단 방법을 가리지 않고 돈 벌기에 급급한 기업인들에게서 무엇을 기대할 수 있습니까?

오직 이 땅에 소망이 있다면 이 나라의 죄를 나의 죄처럼 생각하고 십자가 밑에 가서 예수님처럼, 바울처럼 눈물을 흘리고 통곡하며 기도하는 하나님의 백성들에게서만 찾아볼 수 있습니다. 주님은 "애통하는 자는 복이 있다. 나라를 위해서 애통하라. 민족을 위해서 애통하라. 예수를 믿지 않는 네 이웃을 위해서 애통하라. 그리하면 그 애통은 복이 있느니라. 내가 너를 위로하리라. 반드시 너의 애통이 헛되지 않도록 하겠다"고 약속하셨습니다.

오늘날 이 땅의 문제는 주님을 믿는 사람들이 너무나 울지 않고 너무나 뻔뻔스럽다는 것입니다. 그러기에 주님께서 주시려고 하는 많은 위로의 복들을 놓치고 있습니다. "애통하는 자는 복이 있나니 저희가 위로를 받을 것임이요"라는 말씀을 마음 속 깊이 새겨야합니다. 자신의 죄를 놓고 애통하고, 인생의 무거운 짐을 지고 주님 앞에 나아가 눈물 흘리며 기도하며, 민족의 죄를 짊어지고 예수님을 믿지 않는 이웃의 영혼을 위해서 눈물 흘리며 기도해야 합니다. 우리가 애통하며 눈물 흘리며 기도할 때에 놀라운 은혜를 받아 누릴 수 있습니다. 뿐만 아니라 우리 가정이 살고 이 나라가 살 수 있습니다. 이제 이 땅을 위해 울어야 합니다.

꼭! 이것만은 기억하자!

우리의 신앙은 눈물을 먹고 자란다.
애통이, 눈물이 우리의 신앙을 본질로 인도한다.
신앙생활의 밑바닥에는 눈물의 강이 흐르고 있다.
지금 목 놓아 울어야 한다.

자신의 죄를 놓고 애통하고 인생의 무거운 짐을 가지고
주님 앞에 나아가 눈물 흘리며 기도해야 한다.
이 백성의 죄를 어깨에 짊어지고 애통하고
예수님을 믿지 않는 이웃들을 가슴에 안고 애통해야 한다.

우리가 애통하며 눈물 흘려야
개인이 살고 가정이 살고 나라가 산다.
이제 이 땅을 위해 울어야 한다.

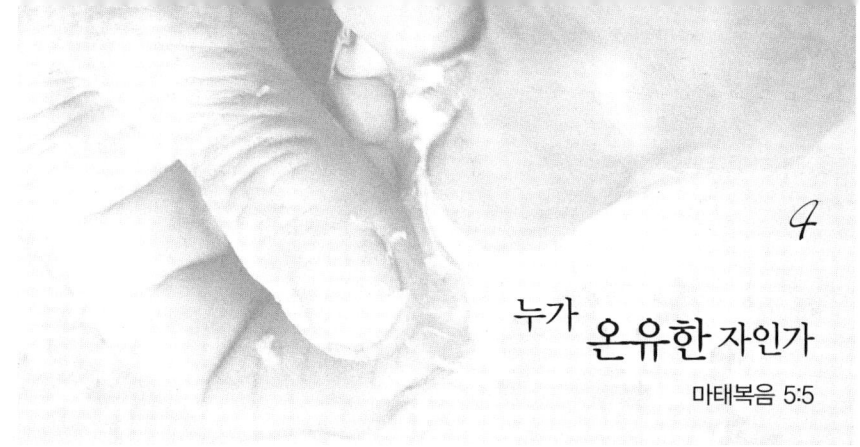

누가 온유한 자인가

마태복음 5:5

"온유한 자는 복이 있나니 저희가 땅을 기업으로 받을 것임이요."

예수님께서 가르쳐 주신 여덟 가지 복 중에서 한국 사람들이 특히 좋아할 만한 복은 세 번째일 것입니다. 왜냐하면 땅을 유난히 좋아하고 집착하는 경향이 강해 온유한 자에게 땅을 주시겠다는 이 말씀이 무척이나 매력적으로 들릴 것이기 때문입니다. 사실 부동산이라면 사족을 못 쓰는 사람들이 이 나라에 너무 많습니다.

가족들이 열아홉 번이나 불법으로 전입, 전출을 반복하면서 전국에 있는 60만 평의 땅을 매입했다가 신문지상을 떠들썩하게 장식했던 김 모 국회의원이 있었습니다. 아마 그 사람은 이 좁디좁은 한반도 땅에서 다른 사람들은 다 쫓아내고 자기 가족만 살 생각을 했던 것 같습니다.

환영받지 못하는 온유

그런데 사람들은 땅은 갖고 싶지만 온유한 자가 되라는 말씀은 달갑게 여기지 않습니다. 왜냐하면 현대인들에게 온유라는 말은 별로 호감을 주지 못하기 때문입니다. 온유는 글자 그대로 마음이 따뜻하고 부드러운 것을 뜻하는데 이런 성품의 소유자를 우리는 유약한 성격의 소유자라고 단정 지어 생각합니다. 성격이 부드러워 남에게 싫은 말 한 마디도 제대로 못하는 사람, 무기력하고 우유부단해서 무슨 일을 맡겨도 안심이 안 되는 사람, 어떤 경우에는 지나칠 정도로 비굴하게 굽실거리는 사람을 온유한 사람이라고 생각합니다. 그래서 온유하다는 것을 그렇게 긍정적으로 보지 않는 것 같습니다.

언젠가 연세가 지긋하게 드신 부인이 자신의 사위를 못 마땅하게 여기며 불평하는 말을 들은 일이 있습니다. 심성이 좋아서 법이 없어도 살 것이라는 말을 주변에서 자주 듣는 사람이지만 이제는 진절머리가 난다는 것입니다. 식구도 벌어 먹이지 못하면서 사람만 좋으면 무슨 소용이 있냐는 것입니다. 차라리 성깔을 부리고 심지어 주먹질을 하더라도 식구는 제대로 부양하는 사람이 백 배 낫다는 것입니다.

오늘날의 사회는 적자생존의 원리가 냉엄하게 적용됩니다. 모두가 남에게 약하게 보이는 것을 죽기보다 싫어 합니다. 그렇기 때문에 "온유한 자가 복이 있나니 저희가 땅을 기업으로 받을 것임이요"라는 말씀이 별로 달갑게 여겨지지 않습니다.

온유는 성령께서 만들어 주시는 것

예수님께서 말씀하시는 온유는 선천적으로 타고난 부드러운 성격을 이야기하는 것이 아닙니다. 성령님을 마음에 모시고 주님을 나의 구주로 고백하는 모든 사람에게 나타나는 후천적인 성품에 대해 말씀하시는 것입니다. 성령께서는 우리 마음에 오셔서 먼저 우리의 심령을 가난하게 해주시고 애통하게 만드십니다. 그 후에 우리 안에 성령이 형성시켜 주시는 성품이 바로 온유입니다.

우리 모두에게는 충동을 받으면 야생마처럼 난폭해지기 쉬운 성품이 있습니다. 예수님의 영이신 성령께서 이런 우리의 성품을 통제하시고 균형을 잡아주실 때 나타나는 것이 온유입니다. 즉 이 온유의 원천은 예수님이십니다. 흔히 균형 잡히고 조화로운 예수님의 성격을 일컬어서 성령의 열매라고 말합니다.

갈라디아서에는 예수님의 온전한 성품을 묘사하는 성령의 아홉 가지 열매가 나옵니다. "오직 성령의 열매는 사랑과 희락과 화평과 오래 참음과 자비와 양선과 충성과 온유와 절제니 이같은 것을 금지할 법이 없느니라"(5:22, 23). 이 아홉 가지 모두가 예수님의 인격과 성품을 잘 드러내는 요소입니다. 그 가운데 온유가 들어있습니다. 예수 그리스도의 온유한 성품이 육화되어 예수님을 믿는 나를 통해 드러나는 것이 바로 온유입니다.

선천적으로 마음이 부드럽다면 약간 도움이 될 지도 모르지만 온유의 실제적 의미는 그것과는 다릅니다. 온유는 성령께서 우리 안에 만들어 주시는 것입니다. 그가 예수님의 성품을 온유하게 하신 것처럼 예수님의 영이신 성령을 우리 마음에 모시면 우리의 기질을 온유하게 바꾸어 주십니다. 누군가 "그리스도의 온유는 우리 믿는 자들이 착용할 수 있는 가장 아름다운 장신구와 같다"고 말한 것은 조금도 과장된 말이 아닙니다.

우리는 예수님을 믿습니다. 예수님을 믿는 사람은 한 사람도 예외 없이 성령을 모시고 삽니다. 우리 안에 성령이 계십니다. 그 성령은 손님으로 우리 마음에 와 계신 것이 아니라 왕되신 예수 그리스도가 우리를 다스리시고 천국을 이루도록 하시는 절대자로 우리를 통치하고 계십니다. 그러므로 성령은 반드시 우리의 성품을 온유하게 바꾸어 놓으십니다. 그런데 만일 우리가 성령을 모시고 산다고 하면서 성격이 온유하지 못하다면 그것은 자기 자신을 속이는 것이요, 자기모순에 빠지는 것이 됩니다.

하나님 앞에서 당신은

우리 자신이 온유한지 어떻게 알 수 있습니까? 우선 하나님 앞에서 내가 어떻게 처신하는 사람인가를 보면 알 수 있습니다. 하나님을 향해서 욥처럼 처신하면 온유한 자입니다. 우리가 잘 아는 바와 같이 욥은 동방 최고의 부자였습니다. 엄청난 재산, 10남매나 되는 자랑스러운 자녀들, 절세미인의 아내, 남부러울 것 없이 생의 모든 즐거움을 다 누리며 살던 욥이었습니다. 하지만 그는 하루아침에 거지가 되었습니다. 모든 것이 다 없어지고 몸에 병까지 들었습니다. 가려움을 견디지 못해 기와 조각으로 온 몸에 피가 흐르도록 긁어야 하는 참으로 가련하고 비참한 사람이 되어 버렸습니다.

    그러나 그 때 욥은 일어나 겉옷을 찢고, 머리털을 밀고, 땅에 엎드려 하나님께 경배했습니다. 이러한 태도가 하나님 앞에서의 온유입니다.

하나님을 향해 거세게 항의하고 싶고, 고개를 쳐들고 따지고 싶었지만 그는 그렇게 하지 않았습니다. 오히려 회개하는 자와 같이 옷을 찢고, 베옷을 입고, 하나님 앞에 엎드려 경배했습니다. 이것이 온유한 자의 태도입니다. 그는 "내가 모태에서 적신이 나왔사온즉 또한 적신이 그리로 돌아 가올찌라 주신 자도 여호와시요 취하신 자도 여호와시오니 여호와의 이름이 찬송을 받으실찌니이다"(욥기 1:21)라고 고백했습니다. 그는 입을 열어 범죄하지 않았고, 어리석게 하나님을 원망하지 않았습니다(욥기 1:22).

욥은 온유한 자의 기념비입니다. 우리가 하나님 앞에서 이런 자세를 취하면 하나님께서는 우리를 향해 온유하다고 말씀하시고 땅을 주십니다. 욥도 잃은 것의 몇 배를 보상받았습니다. 욥은 실패자의 인생을 산 것이 아니라 승자로서 인생을 살았습니다. 하나님 앞에 온유한 자가 되었기 때문에 가능한 일이었습니다.

욥과 같은 상황은 아니더라도 이해할 수 없는 불행과 고통을 안고 씨름하는 사람들이 있습니다. 기도를 할 힘도 없습니다. 하나님 앞에 따지고 싶은 마음밖에 없습니다. "하나님이 어떻게 나에게 이런 대우를 하실까?" 하는 생각이 마음에서 떠나지를 않습니다. 하지만 욥처럼 하나님을 전적으로 신뢰해야 합니다. 그의 성실하신 약속들을 소망하고 기다려야 합니다. 저녁에 울음이 있다고 해서 그 다음 날에도 울음이 계속될 것이라고 생각할 필요는 없습니다. 하나님의 선하신 섭리를 따라 모든 것이 합력하여 선을 이루신다는 사실을 믿어야 합니다. "내 원대로 마옵시고 아버지의 원대로 되기를 원하나이다"(누가복음 22:42 하)라는 기도를 할 수 있는 사람이 되어야 합니다.

사람 앞에서 당신은

온유는 하나님 앞에서의 태도만을 가리키는 것은 아닙니다. 사람을 향해서 어떤 마음, 어떤 태도를 가지는가 하는 것도 대단히 중요합니다. 사람을 어떻게 대하는지를 보면 그가 온유한가, 그렇지 않은가를 판단할 수 있습니다. 특별히 자신을 비난하고 대적하거나 모함하는 사람들을 대할 때 그 마음가짐과 태도를 보면 온유한 자인지 아닌지 금방 판단할 수가 있습니다.

민수기에 보면 모세는 자신을 일컬어 이 세상에서 가장 온유한 자라고 말합니다. 놀라운 이야기입니다. 모세 자신이 민수기를 기록하면서 자신에 대해 이렇게 말하고 있습니다. "이 사람 모세는 온유함이 지면의 모든 사람보다 승하더라"(12:3). 이 지구상에 사는 사람 중에서 자신이 가장 온유한 자라고 스스로 말할 수 있는 사람이 얼마나 되겠습니까?

우리는 모세의 말을 이해하기 위해 그 배경을 살펴볼 필요가 있습니다. 모세는 430년 동안 노예살이를 하던 사람들을 해방시켜서 수백만 명의 큰 무리를 이끌고 시내산까지 인도한 위대한 지도자였습니다. 하나님께서 함께하시는 지도자였기에 그의 권위는 이스라엘 백성 앞에서 하나님을 대리하는 것이었으며, 아무도 도전할 수 없는 절대적인 것이었습니다.

그러나 그의 형과 누이인 아론과 미리암이 결탁해 백성들 중 일부를 충돌질해서 모세에 대한 인신공격을 하기 시작했습니다. "어떻게 하나님의 백성의 지도자가 에티오피아 여자를 아내로 맞이하여 살 수 있단 말인가?" 하고 비난을 했던 것입니다. 모세의 아내 십보라는 에티오피아 사람의 혈통을 이어받았던 것으로 추정됩니다. 성경은 그녀를 구스인이라고 소개하는데 구스인이라면 흑인입니다. 그것이 비난의 내용이었습니다. 모세가 결혼한 지 이미 40년이나 지났는데 그것을 새삼스럽게 들춰내어 모세를 공격하고 있습니다. 또 그들은 "어떻게 모세만 지도자인가? 하나님께서는 우리도 만나주셨고 우리에게도 말씀하셨다. 그러므로 모세 혼자서 절대 권력을 휘두를 이유가 없다"라고 말하면서 백성들을 선동했습니다.

모세가 얼마나 화가 났겠습니까? 형제이기 때문에 더욱 화가 나고 괘씸했을 것입니다. 모세 입장에서는 얼마든지 그들의 입을 다물게도 할 수 있고 벌을 내릴 수도 있었습니다. 복수를 할 수 있는 힘도 가졌습니다. 그러나 성경에 보면 모세는 잠잠했습니다. 한 마디도 대꾸하지 않았습니다. 화를 내지도 않았습니다. 원수를 갚겠다는 생각도 하지 않았습니다. 하나님께서 자신의 억울함을 알아주실 것이라는 심정으로 조용히 기도하면서 기다렸습니다. 이런 태도를 보고 모세가 이 세상에 있는 사람들 중에서 가장 온유한 자라고 성경은 기록하고 있습니다. 만약 우리가 모세와 같이 처신할 수 있다면 우리는 온유한 자입니다.

예수님의 온유

흔히 온유를 이야기할 때 화를 내는 것, 격분하는 것과 연관지어 생각합니다. 철학자 아리스토텔레스는 중용의 도에 대해 많은 이야기를 했습니다. 온유에 대해서도 같은 방식으로 말했습니다. "온유는 격렬한 분노와 전혀 화를 내지 않는 것의 중간이다." 즉, 미칠 것처럼 화를 내는 것과 전혀 화를 내지 않는 것의 중간이 온유라는 것입니다. 그래서 온유를 힘과 부드러움의 조화로 설명한 것 같습니다. 격분하거나 복수를 할 수도 있지만 자기 힘을 쓰지 않고 용서해 주는 것을 온유라고 합니다.

힘이 없어서 온유한 체 하는 것은 유약함일 뿐입니다. "어린아이가 온유하다"고 하면 별 감동이 없습니다. 그러나 "다윗이 온유하다"고 하면 진한 감동이 있습니다. "목사가 온유하다"고 하면 당연하다는 생각 때문에 아무런 감동이 없습니다. 그러나 "대통령이 온유하다"고 하면 감동이 있습니다.

우리 속에는 잘못하면 폭발하기 쉬운 '분노'라는 강력한 폭탄이 설치되어 있습니다. 이것을 잘 다스리고 길들이는 능력이 부족하면 언제든지 폭발해서 사람들을 다치게 합니다. 그래서 사람들은 분노를 얼마나 잘 다스리고, 균형을 잘 이루게 하는가에 따라서 온유한 자가 될 수도 있고, 분노하는 자가 될 수도 있다고 생각합니다. 오랜 시간을 가지고 자기 훈련과 자기 수양의 과정을 거쳐야만 자기감정을 통제할 수 있고 화를 다스릴 수 있을 것입니다. 이러한 생각들은 어느 정도 옳습니다.

그러나 예수님께서는 자기 힘으로 적당히 조절하고 수양함으로써 얻을 수 있는 온유를 말씀하고 계신 것이 아닙니다. 우리 안에 계시는 성령께서 철저하게 나를 다스리심으로써 드러나는 온유에 대해 말씀하십니다. 그 둘은 차원이 다릅니다. 예수님께서 가르쳐주신 온유는 무엇입니까?

예수님은 마태복음에서 온유하고 겸손한 자신의 모습을 구약 성경을 인용하여 다음과 같이 표현하셨습니다. "상한 갈대를 꺾지 아니하며 꺼져가는 심지를 끄지 아니하기를 심판하여 이길 때까지 하리니"(마태복음 12:20). 꺾을 힘이 얼마든지 있었지만 꺾지 않으셨고, 혹 불어 버릴 수 있는 힘이 있지만 끄지 않고 조용히 기다리고 계셨습니다. 왜냐하면 그분은 온유하셨기 때문입니다.

예수님은 세상에 계실 때 자기 자신을 위해서, 자신의 유익을 위해서 화를 내신 일이 단 한 번도 없습니다. '나사렛 예수 저 촌놈'이라는 모욕과 경멸을 받으셨지만 그것 때문에 화를 내신 일이 없습니다. 바리새인의 집에 초대를 받아 식사를 하실 때도 마치 거지를 초대해 놓은 것처럼 무례한 대우를 받으셨지만 그것 때문에 화를 내시지는 않으셨습니다.

예수님은 백성들의 유익을 위해 필요하다고 여기실 때만 화를 내셨습니다. 성전에 들어가서 경건하게 기도하기를 원하는 사람들이 장사하는 사람들 틈바구니에 끼어서 기도하지 못하는 것을 보실 때 화를 내셨습니다. 예수님께서는 회초리를 들고 장사하는 사람들을 쫓아 내셨습니다. 이것이 온유입니다.

예수님은 하나님을 두려워하지 아니하고 많은 사람을 멸망으로 끌고 가는 이 세상의 불의와 죄악을 보실 때 화를 내셨습니다. 사람들을 하나님의 심판의 자리로 끌고 가는 자들을 보실 때 그 불의를 참지 못하시고 "독사의 자식들아, 뱀의 새끼들아!"(마태복음 12:34) 하면서 화를 내셨습니다. 이것이 온유입니다.

온유는 강한 것

시대가 발전하면서 정치개혁을 부르짖는 시민들의 소리가 부쩍 커졌습니다. 지역주의는 더 이상 안 된다고 큰소리치면서 오히려 다른 한편으로는 지역주의를 자극하고 지역주의를 조장하는 부패한 정치인들을 더 이상 묵인할 수 없습니다.

당선만 된다면 얼마든지 금권선거를 할 수 있다고 생각하며, 안하무인격으로 행동하는 정치인들을 더 이상 용납할 수가 없습니다. 이런 불의를 보고 분을 내는 사람은 온유한 사람입니다. 부패한 정치풍토를 보고도 의분을 품지 못하고, 말 한 마디도 못하며, 잘못된 것을 바로 잡는 일에 동참하지 않는다면 그 사람은 온유하지 못한 사람이요, 비겁한 사람입니다.

공천을 받았다가 반납하면서 쓴 윤방부 교수의 글이 큰 공감대를 일으켰습니다. 낚시터에 낚시꾼들이 모이듯이 선거판에는 모리배 같은 선거꾼들이 꼬인다고 합니다. 이들은 표를 끌어 모아주겠다며 출마자들에게 돈을 요구합니다. 법을 조롱이라도 하듯 온갖 탈법행위를 저지르면서도 당선만 시켜놓으면 된다는 식의 풍토를 조성하고 있습니다.

양식 있는 사람이라면 그런 더러운 판에 뛰어들기 힘들 것입니다. 그러나 우리는 피하지 말아야 합니다. 비전을 가진 젊은이들이 나서야 합니다. 뜻을 가진 사람들이 정치계에 진출하여 잘못된 것을 바로 잡아야 합니다. 이것이 온유입니다.

가만히 있으면 안 됩니다. 침묵은 비겁한 것입니다. 말할 것은 해야 합니다. 이것이 온유입니다. 이것이 온유한 자가 갖는 힘입니다. 온유는 강한 것이지 약한 것이 아닙니다.

"신은 죽었다"고 떠들면서 인기를 끌었던 철학자가 있습니다. 니체입니다. "온유한 자는 복이 있나니 저희가 땅을 기업으로 받을 것임이요"라는 말씀 속에서 예수님께서 말한 온유는 약자의 덕, 노예의 덕이지 강자의 덕은 아니라고 비웃었습니다.

예수님께서 말씀하신 '온유한 자'는 이 세상을 제대로 살지 못한다는 것입니다. 그래서 그는 초인의 힘, 초인의 정신을 주장했습니다. 슈퍼맨의 정신을 가져야 이 세상을 이길 수 있고, 이 세상을 살아갈 수 있다는 것입니다.

그러나 이렇게 이야기한 그 자신의 최후는 정신병에 걸려 어떻게 죽었는지 모를 정도로 비참했습니다. 그런데 불행하게도 그 철학자의 말을 맹신하고 실제로 그것을 정치에 활용한 악마가 등장했으니 바로 아돌프 히틀러였습니다. 그는 니체로부터 슈퍼맨의 정신을 이어 받았습니다. 슈퍼맨의 정신으로 세계를 정복하고자 한 결과, 지구상에 수많은 사람들이 한 때 끔찍한 재앙을 겪었습니다.

온유가 빠진 슈퍼맨의 정신은 저주받은 폭력이요, 지옥 같은 파멸을 가져다준다는 것을, 인류는 광기어린 전쟁의 역사를 통해 배웠습니다. 온유를 비웃던 니체와 히틀러는 영원한 약자가 되어 버렸습니다. 그들은 이제 패자로서 역사에 남아 있지만 온유한 자가 복이 있다고 하신 예수님은 영원한 강자요, 승자가 되어 경배와 찬양을 받고 계십니다. 누구의 말이 진리입니까? 주님의 말씀이 진리입니다. 이것은 영원히 변하지 않는 진리입니다.

온유의 시작은 가정에서부터

가정 상담자들에 의하면 결혼생활에 있어서 제일 어려운 문제가 부부 사이에 상존하는 분노라고 합니다. 쉽게 가라앉지 않는 분노가 남편의 마음에도 계속 남아 있고, 아내의 마음에도 계속 떠나지 않고 있는 것입니다. 어떤 심리학자는 이런 분노를 일컬어서 얼어붙은 분노라고 말합니다. 얼어붙으면 잘 떨어지지 않습니다. 얼어붙은 감정의 잔재는 좀처럼 없어지지 않습니다. 이것 때문에 서로 날카로워지기도 하고, 갈등을 일으키기도 하고, 때로는 상처를 주는 독한 말로 상대방의 감정을 상하게 합니다. 부부 사이가 굉장히 살벌해 지는 것입니다.

부부가 예수 그리스도를 믿고 성령을 그 마음에 모시어, 성령께서 자신들의 감정을 다스려 주시고 통제하시도록 전적으로 맡긴다면 성령의 손 안에서 그런 악한 것들이 고개를 들 수가 없습니다. 성령께 순종하면 성령께서는 우리를 반드시 온유한 자로 만들어 주시지만, 만일 성령께 순종하지 아니할 경우에 온유는 멀리 사라져 버리고 자기감정과 분노만 쉴 새 없이 끓어오르게 됩니다. 그렇게 되면 가정이 평안할 수가 없습니다. 온유가 부족하면 우리의 감정, 우리의 분노는 언제든지 터질 수 있는 시한폭탄이 되어 우리 곁에 상존하는 것입니다.

최근 상담가인 모 교수가 어느 목사 사모가 자신을 찾아와 상담한 내용에 대해 쓴 글을 본 일이 있습니다. 그 사모는 40대 초반으로 똑똑한 목사를 남편으로 둔 부인입니다. 남편은 명문대를 나와서 처음 얼마 동안에는 직장생활을 했던 것 같습니다. 그런데 남편이 날마다 입버릇처럼 하는 말이 이런 것이었습니다. "시시한 놈들, 이 지저분한 놈들

하고는 도무지 일을 같이 못하겠어. 시시한 놈들, 지저분한 놈들, 나까지 더러워지겠어." 이처럼 직장 동료들을 날마다 비난하더랍니다. 그러더니 아내와는 상의 한 번 하지 않은 채 어느날 갑자기 신학교에 갔고 목사가 되었습니다. 명문대학 출신이어서 그랬는지 현재 그런대로 괜찮은 교회를 맡아서 목회를 잘하고 있다고 합니다. 성도들로부터는 영성과 지성을 겸비한 지도자요, 세속적인 것과는 절대로 타협하지 않는 아주 정의로운 지도자로 존경을 받고 있다는 것입니다.

그런데 사모의 말에 의하면 다른 사람이 남편을 어떻게 보든 간에 자기가 보기에는 그가 밖에서 알려진 것처럼 그렇게 의로운 사람이 아니라는 것입니다. 단지 그 성격이 너무 비판적이기 때문에 자신뿐 아니라 다른 사람들에게 엄격해서 그런 인상을 받는 것뿐이라는 것입니다. 더욱이 슬픈 것은 자기 가정이 너무나 행복하지 못하다는 것입니다. 가정의 날씨는 늘 비가 오려는 듯 먹구름이 끼어 답답하기만 하다고 합니다. 그래서 살맛이 나지 않는다는 것입니다. 무엇이 잘못 됐는지, 어떻게 하면 되는지 가르쳐 달라고 상담을 청한 것입니다.

상담자인 교수가 대답했습니다. "사회적인 성공은 주로 능력과 관계가 있지만, 가정적인 행복은 주로 성격과 관계가 있습니다. 목회자가 목회에 성공하려면 남다른 능력이 필요하지만, 목회자의 가정이 행복하려면 능력이 아니고 건강한 성격이 필요합니다. 성격을 잘 설명하는 속담 중에 '제 눈에 안경'이라는 말이 있는데, 거기에는 두 가지가 있습니다. 칭찬의 안경, 비난의 안경입니다. 비난의 안경을 쓴 사람은 좋은 배우자를 만나도 항상 불행하기 마련이고, 칭찬의 안경을 쓴 사람은 어느 배우자를 만나도 행복하기 마련입니다.

심리학에 '거래 분석 이론'이라는 것이 있습니다. 나의 과거가 변하지 않는 것처럼 상대방은 절대로 변하지 않지만 내가 변하면 상대방도 변한다는 이론입니다. 우리는 모두 '당신부터 변해야 된다'고 생각하지만 사실 더 중요한 것은 '내가 먼저 변하는 것'입니다. 내가 변하면 상대방도 변합니다. 사모님이 변하면 목사님도 변합니다. 그러므로 사모님의 가정 문제는 꼭 목사님의 문제만은 아닙니다. 두 분 모두에게 문제가 있다고 판단되기 때문에 다음에는 두 분이 함께 오셔서 성격 검사를 받으십시오."

건강한 성격이 행복의 지름길입니다. 건강한 성격 중에 예수님이 말씀하신 온유만큼 건강하고 좋은 성격이 어디 있습니까? 남편이 온유하면 가정이 행복해집니다. 온유한 사람은 아내를 함부로 비난하거나 비판하지 않습니다. 온유한 성격을 가진 아내는 남편 마음에 있는 분노를 충동질하지 않습니다.

유업으로 받는 땅

당신은 온유한 남편입니까? 당신은 성령의 손에 빚어지고 있는 온유한 아내입니까? 행복을 논하기 전에 자기 자신의 성격부터 먼저 점검해야 합니다. 온유하면 주님께서 기업으로 땅을 주신다고 했습니다. 총이나 칼 같은 무력을 행사하여 땅을 빼앗는다는 말이 아닙니다. 유업으로 받을 것이라고 합니다. 유산을 받는 것입니다. 싸울 필요도, 빼앗을 필요도 없습니다. 가만히 있으면 저절로 내 손 안에 들어오도록 되어 있는 것이 유산입니다. 온유한 자가 받는 것은 남의 것을 훔쳐오는 것이 아닙니다. 가만히 있으면 하나님이 주시는 것입니다.

온유하면 처음에는 손해를 보는 것같이 보입니다. 경쟁에서 지는 것처럼 보입니다. 그러나 결국에는 땅을 얻게 됩니다. 온유한 아내는 남편을 땅으로 얻습니다. 온유한 남편은 아내를 땅으로 얻습니다. 온유한 부모는 자녀를 땅으로 얻습니다. 가족들이 온유하면 그 가정에는 행복을 땅으로 소유하게 됩니다. 기쁨과 만족을 땅으로 소유하게 됩니다. 심령의 자유를 땅으로 소유하게 됩니다. 여러분을 비난하고 헐뜯는 이웃이 있습니까? 가족이 있습니까? 온유하십시오. 그러면 틀림없이 하나님은 그 사람을 땅으로 주실 것입니다.

어떤 상황에서든지 자기 자신을 위해서 화를 내지 마십시오. 다른 사람의 유익을 위해서 예수님처럼 화를 내십시오. 악에 대하여 화를 내십시오. 용기가 필요할 때 우리는 누구보다도 강자로서 악과 대결해야 합니다. 이런 사람이 온유한 자입니다. 잠언은 "노하기를 더디하는 자는 용사보다 낫고 자기의 마음을 다스리는 자는 성을 빼앗는 자보다 나으니라"(16:32)고 말씀하십니다. 마음을 다스릴 줄 아는 온유한 자는 용사보다 강합니다. 성령의 통제를 받으면서 화를 낼 때와 내지 아니할 때를 분명히 알고, 자신의 감정을 균형 있게 유지하는 사람은 성을 정복하는 군사보다 강합니다. 우리 모두 온유한 자가 되어야 합니다. 그래서 하나님이 주시는 땅을 소유하는 가장 멋지고 아름다운 생을 살아야 합니다.

꼭! 이것만은 기억하자!

예수님께서 말씀하시는 온유는
선천적으로 타고난 부드러운 성격이 아니다.
힘이 없어서 온유한 체 하는 것은 유약함일 뿐이다.

우리 속에는 충동을 받으면 난폭해지기 쉬운 성품이 있다.
성령께서 이런 우리의 성품을 통제하시고
균형을 잡아주실 때 나타나는 것이 온유다.

어떤 상황이든 자신을 위해 화를 내지 말라.
다른 사람의 유익을 위해 화를 내라.
악에 대하여 침묵하지 말라.
성령의 통제를 받으면서
화를 낼 때와 내지 아니할 때를 알고
자신의 마음을 다스릴 줄 아는 온유한 자는 용사보다 강하다.

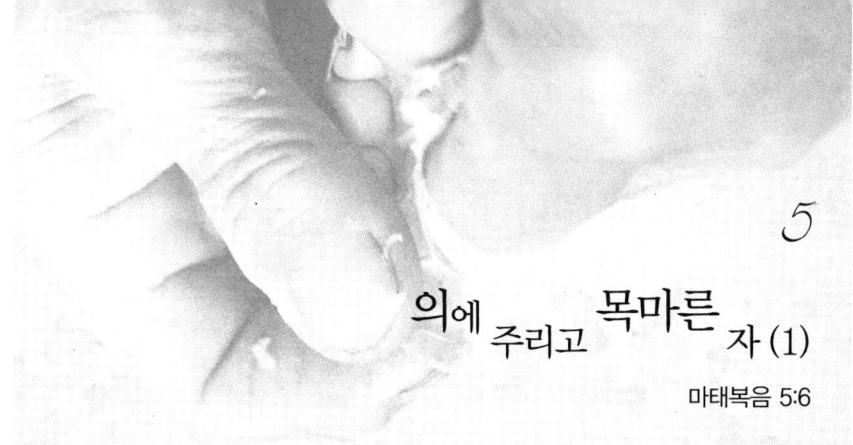

5
의에 주리고 목마른 자 (1)

마태복음 5:6

"의에 주리고 목마른 자는 복이 있나니 저희가 배부를 것임이요."

주변을 둘러보면 돈을 손에 넣기 위해서 안달하는 사람들, 쾌락을 찾아서 헤매는 사람들, 명예와 권력을 움켜쥐려고 혈안이 된 사람들이 많습니다. 모두가 세상 영광에 주리고 목말라하는 자들입니다. 그러나 그들 중에 원하는 것을 모두 손에 넣은 사람은 한 명도 없습니다. 혹시 조금 손에 넣었다 할지라도 그것으로 인해 만족하거나, 기뻐하거나, 영원토록 보람을 느끼는 사람은 없습니다.

그리스 신화 중에 탄타루스(Tantalus) 왕 이야기가 있습니다. 탄타루스 왕은 먹으면 늙지도 않고, 죽지도 않는다고 하는 제우스 신의 음식을 훔쳐 먹었습니다. 그는 그 죄로 인해 평생 동안 배고프고 목마른 고통을 당하는 벌을 받게 됩니다. 물이 마시고 싶어 눈앞에 있는 물잔을 잡으려고 손을 내밀면 물잔이 뒤로 쓱 물러나고, 너무나 배가 고파서 나무에 열린 과실을 따 먹으려고 손을 내밀면 그 나무 과실이 하늘로 휙 올라가 버리는 것입니다. 이처럼 마시고 싶은 것, 먹고 싶은 것을 하나도 입에 넣을 수 없는 고통을 평생토록 겪어야 했습니다. 탄타루스 왕의 신화에서 '탠터라이징(Tantalizing)'이라는 영어 단어가 생겼는데 '감질나는, 애간장을 태우는' 이라는 의미를 가지고 있습니다.

사람들이 쉬지 않고 추구하는 이 세상의 영광은 손에 잡힌 듯하면 그만 손에서 빠져 나갑니다. 조금 얻었다는 생각이 들 만하면 실제로는 얻은 것이 아니었음이 밝혀집니다. 내 입에 물었다고 생각하고 심지어 삼켰다고 생각했는데 오히려 그로 인해 갈증만 더 생기고, 배는 더 고프게 됩니다. 이것이 반복되면 나중에는 미친 사람처럼 날뛰게 됩니다.

주림과 목마름의 의미

예수님은 우리가 진정 배고파해야 하고 목말라해야 할 것은 따로 있다고 선언하십니다. "의에 주리고 목마른 자는 복이 있나니 저희가 배부를 것이요, 저희가 해갈을 받을 것이요." 의에 주리고 목마른 사람은 반드시 하나님께서 주시는 영원한 만족, 영원한 평안, 영원한 충족감을 맛보게 된다는 것입니다. "그러므로 먹어도 배고프고 마셔도 목마르기만 한 것에 매달리지 말고, 의에 주리고 목마른 사람이 되라. 이것이 진정한 행복의 길이요, 이것이 하나님처럼 거룩하고 아름다운 사람으로서 이 세상을 사는 지혜로운 길이다." 이것이 주님이 주시는 교훈입니다.

그러나 솔직히 "의에 주리고 목마른 자는 복이 있나니 저희가 배부를 것이요"라는 말씀이 마음에 실감나게 와 닿는 사람은 그리 많지 않을 것입니다. 세상 사람은 말할 것도 없고, 날마다 성경을 손에 들고 읽는 우리조차도 그 말씀이 참 진리인 줄은 알지만 남의 이야기처럼 들릴 것입니다.

더욱이 예수님께서 사용하신 '목마름, 배고픔'이라는 단어가 원래 어떤 의미를 가지고 있는가를 알게 되면 더욱 거리감을 느낄 것입니다. 헬라어 '페이논테스(peinontes)'는 약간 시장기를 느끼는 정도의 배고픔을 표현할 때 쓰는 말이 아닙니다. 이 단어는 먹을 것을 찾아서 생명을 걸고 두만강을 헤엄쳐 건너는 북한 사람들의 배고픔을 표현할 때 적합한 말입니다. 헬라어 '딥손테스(dipsontes)'는 땀을 많이 흘리고 나서 갈증 때문에 물 한 잔을 청하는 정도의 목마름에 사용하는 말이 아닙니다. 이스라엘 백성이 애굽의 노예살이에서 벗어나 광야로 들어왔습니다. 불볕 같은 태양 아래서 먼지를 뒤집어쓰며 며칠 동안 여행을 한 끝에 르비딤이라는 곳에 도착했습니다. 타는 갈증을 참고 물을 먹을 수 있을 것이라는 기대로 르비딤에 도착했으나 거기에는 물이 없었습니다. 해는 벌써 뉘엿뉘엿 넘어가 더이상 여행도 할 수 없었습니다. 그런데 아무리 찾아 봐도 마실 물이 없는 것입니다. 백성들은 이성을 잃어 버렸고, 모세 앞에서 난동을 부렸습니다. 극심한 갈증으로 목이 타 들어가고 혀가 입 천정에 달라붙는 고통이 그들을 분노하게 했던 것입니다. 이스라엘 백성들이 느꼈던 바로 이 목마름을 표현할 때 '딥손테스'라는 단어가 제격인 것입니다.

결국 주님께서 언급하신 이 말씀의 정신은 배고파 죽어가는 지기 빵 한 조각을 찾듯이, 목이 말라 죽어가는 자가 한 방울의 물을 애걸하듯이 의를 구하는 자가 배부름과 해갈을 얻는다는 것입니다. 그래서 이 말씀은 우리 자신과 조금 거리가 멀게 느껴질 수 있습니다. 왜냐하면 사실 우리가 그 정도로 의에 주리고 목마른 사람이라고 말하기에는 우리의 양심이 허락지 않기 때문입니다.

예수님처럼 되기, 예수님처럼 살기

성경이 가르치는 '의'는 일반적으로 '삶의 전 영역에서 하나님의 뜻에 일치하게 행하는 것'으로 정의할 수 있습니다. 우리의 삶 전체가 하나님의 뜻에 일치하게 사는 것, 그 표준에 맞게 사는 것을 일컬어 성경에서는 의라고 합니다. 하나님의 뜻에 일치하는 삶을 의라고 한다면 하나님의 뜻이 무엇인지를 분명히 아는 것은 매우 중요합니다.

우리는 이 세상에 오셔서 우리에게 말씀하시고, 살아 계신 하나님을 보여 주신 예수 그리스도를 배움으로써 하나님의 뜻을 발견하고 깨달을 수가 있습니다. 예수님은 "내 교훈은 내 것이 아니요 나를 보내신 이의 것이니라"(요한복음 7:16)고 말씀하셨습니다. 말씀하신 모든 것은 자신의 말이 아니고, 자기를 세상에 보내어 세상을 구원하라고 하신 하나님의 말씀을 전한 것이라는 의미입니다. 예수님의 말씀 안에는 하나님의 뜻이 숨어 있습니다. 예수님의 말씀을 잘 듣고 배우면 하나님의 뜻을 깨달을 수 있습니다. 성경을 날마다 읽으며 묵상하는 사람은 하나님의 뜻이 무엇인지를 몰라서 헤매는 법이 없습니다.

왜 우리가 예수님을 믿어야 하는지, 왜 회개해야 하는지, 왜 세상을 사랑하지 말아야 하는지, 왜 하나님과 이웃만을 사랑해야 하는지, 왜 거룩하게 살아야 하는지, 왜 십자가를 지고 좁고 험한 길을 걸어가야 하는지, 왜 때로는 이 세상 사람들이 추구하는 좋은 것들을 포기해야 하는지, 왜 보이지도 않는 하나님 나라를 위해서 나의 생명, 나의 젊음, 내가 가진 것을 주의 제단에 산 제물로 올려놓아야 하는지 등의 모든 것을 주님의 말씀을 통해서 듣습니다.

예수님 믿으면서 하나님의 뜻이 무엇인지 몰라 고개를 갸우뚱하는 사람은 아직도 성경 앞에 다가가지 못한 사람입니다. 주님의 음성을 듣지 못한 사람입니다. 우리는 하나님의 뜻이 무엇인지 알고 있습니다. 그리고 성령께서는 때를 따라 말씀을 기억나게 하셔서 하나님의 뜻이 무엇인지 깨닫도록 항상 우리 마음에 음성을 들려주십니다.

예수님은 하나님의 의가 무엇이며, 하나님의 뜻이 무엇인가를 가르쳐 주셨을 뿐 아니라 자기 자신이 의에 주리고 목마른 삶을 사심으로써 그것을 실제적으로 보여 주셨습니다. 성경에 나타난 예수님의 행적을 살펴보면 "의에 주리고 목마른 자의 삶은 바로 저런 것이구나" 하는 결론을 얻을 수가 있습니다. 주님만큼 의에 주리고 목말라 하셨던 분이 없습니다. 죽음을 앞에 두고 겟세마네 동산에서 "나의 원대로 마옵시고 아버지의 원대로 하옵소서"(마태복음 26:39)라고 하신 기도를 보면 주님은 아버지의 원대로 하는데 자기 생명을 거셨습니다. 그래서 십자가에서 죽으셨고, 사흘 만에 살아나셨으며, 오늘 우리를 하나님 앞으로 인도하시는 세상의 구주가 되신 것입니다. 의에 주리고 목마른 자가 된다는 것은 바로 예수님처럼 되고, 예수님처럼 사는 사람이 된다는 말과 똑같습니다.

구원을 향한 갈증

실제적으로 어떻게 해야 의에 주리고 목마른 사람이 될 수 있습니까? 우선 구원받기를 간절히 사모해야 합니다. 물론 이 말은 아직도 예수님을 믿지 않는 형제, 자매들을 향해 하는 말입니다. 교회 밖에 있는 믿지 않는 모든 사람을 향해서 하는 말씀입니다. 구원받기를 간절히 사모하는 사람은 의에 주리고 목마른 사람입니다. 죄악으로 인해 영원한 사망과 저주를 피할 수 없는 이 세상을 구원하시려는 것은 사랑의 하나님의 절대적인 뜻이요, 강렬한 의지입니다. 하나님은 악인이 그 죗값으로 영원히 심판받는 것을 절대로 좋아하지 않으십니다. 어떻게 해서라도 그들을 구원하는 것이 하나님의 뜻입니다. 이 일을 위하여 이 땅에 교회를 세우신 것이요, 전 세계에 수백만 개의 교회를 세우시고 오늘도 복음을 증거하도록 하신 것입니다.

구원을 받아야겠다는 마음의 갈증을 느낀다면 감사하십시오. 하나님께서 의에 주리고 목마른 심정을 불어넣어 주신 것입니다. 주일이면 수많은 사람이 함께 예배를 드리지만 그 가운데 적어도 10% 이상은 아직도 예수님을 영접하지 않은 사람이라고 생각합니다. 겉으로는 예수님을 믿는 사람 같지만, 예수님과 별로 관계가 없는 사람처럼 마음의 문을 닫고 있습니다. 바로 이런 사람들이 구원의 갈증을 가져야 합니다. 사도 바울 앞에 무릎을 꿇고 "선생들아 내가 어떻게 하여야 구원을 얻으리이까"(사도행전 16:30) 하고 절규했던 빌립보 감옥의 간수처럼 구원받기를 사모해야 합니다.

천하에 있는 모든 것을 손에 넣었다 할지라도 구원받지 못한다면 그는 완전한 실패자입니다. 전해지는 말에 의하면, 천하를 호령하던 알렉산더 대왕이 31세에 갑자기 죽자 장례식 때 관 양쪽에다 구멍을 뚫어 손이 밖으로 나오게 해 놓았다고 합니다. 관을 운구할 때 시신의 양손이 뚫어 놓은 구멍 주위에 부딪혀 '덜거덕 덜거덕' 소리를 냈습니다. 천하를 손에 쥐고 호령하던 알렉산더도 죽으면 빈손으로 간다는 것을 교훈하기 위해서 그렇게 했다고 합니다. 모든 것을 다 소유하고 누렸으나 구원받지 못했다면 그는 완전한 실패자입니다.

이렇게 좋은 예수님을

재산을 많이 가진 사람들이 나이가 들면서 은근히 영혼의 공포증이나 불안감을 갖게 됩니다. 그래서 이것을 조금이라도 덜어 보려고 자기 재산을 내놓는 사람들이 많습니다. 미국같이 제도가 잘 되어 있는 나라에서는 특히 더 그렇습니다. 미국은 자녀에게 자기 재산을 유산으로 남기지 않는 것이 보편적입니다. 상속해 주어 봐야 세금만 많이 떼이고, 자녀들을 망치게 하는 지름길인 줄 알기 때문에 상식이 있는 사람이라면 아무리 막대한 재산을 쌓아 놓았어도 유산으로 다 물려주지 않습니다. 자연스럽게 사회의 공익기관에 기부하는 문화가 정착되어 있습니다.

   미국에 노틀담대학교라는 가톨릭 계통의 학교가 있습니다. 미국에서 재정적으로 가장 든든한 학교들 중 하나라고 합니다. 최근에 그 학교 출신의 어느 독지가가 400억 원을 기부했습니다. 모교에 400억 원을 기부했다는 것은 정말 대단한 일입니다. 그가 왜 그런 거금을 기부했을까요? 재물을 쌓기는 많이 쌓아 놓았는데 죽을 날을 앞두고 그것으로 무엇을 할까 생각해보니 마땅히 떠오르는 것이 없었습니다. 그러다가 믿음이 없는 사람인지라 결국 생각해낸 것이 학교에 기부하는 것이었습니다.

하지만 그런 거액을 기부한다고 문제가 해결되는 것은 아닙니다. 하나님 앞에 가려면 누구든지 하나님께서 인정하시는 의가 있어야 합니다. 로마서에 말씀한 대로 "예수 그리스도를 믿음으로 말미암아 모든 믿는 자에게 미치는 하나님의 의"(3:22)가 있어야 합니다. 다시 말하면 예수 그리스도를 믿음으로 하나님이 인정하시는 의가 있어야 하나님 앞에 갈 수 있습니다.

명예든지, 부든지, 권력이든지, 그 무엇이든지 구원받는 데는 아무 소용이 없습니다. 오히려 손에 무엇이라도 들고 있으면 구원받는 데 대단히 치명적인 장애가 됩니다. 빈손 들고 주님 앞에 나와서 예수님의 옷자락을 믿음으로 붙잡아야 합니다.

이런 마음을 가지고 있는 사람을 의에 주리고 목마른, 아름다운 사람이라고 말할 수 있습니다. 이런 사람들에게는 영원히 목마르지 아니하고 배고프지 아니하는 은혜를 하나님께서 주십니다. "내가 주는 물을 먹는 자는 영원히 목마르지 아니하리니 나의 주는 물은 그 속에서 영생하도록 솟아나는 샘물이 되리라"(요한복음 4:14).

얼마 전 세례식에서 한 분의 간증을 인상 깊게 들었습니다. 그녀는 어린 시절 부모를 여의었습니다. 질에 니기디가 어떤 아주머니를 알게 되었는데, 그 아주머니와 인연이 되어 그분의 아들과 결혼을 했습니다. 조금 행복하게 사는가 싶더니 아들 하나를 낳아 놓고 젊은 나이에 남편이 죽었습니다. 이렇게 험한 인생의 파고에 지쳐있을 때 교회로 인도를 받았습니다. 그리고 이제 그의 믿음은 너무나 아름답게 자랐습니다. 예배 시간에 나와서 앉을 때마다 지금까지 헛되이 살았다는 후회의 눈물이 앞을 가린다고 고백했습니다. 그녀의 간증은 이렇게 끝맺고 있었습니다.

"이렇게 좋은 예수님을 왜 이제야 믿게 되었는지, 그리고 이렇게 행복한 예수님을 왜 사람들은 안 믿는지 안타까운 마음이 일어나기 시작했습니다."

참으로 멋진 말입니다. 그녀의 마음에 생수가 솟고 있다는 증거입니다. 일주일에 한 번 주일에 교회 문턱만 밟고 있다는 마음의 가책이 든다면 바로 지금 예수님께 나아가십시오. 더이상 머뭇거리지 말고 빈손 들고 하나님 앞으로 나아가야 합니다. 그리고 예수님을 믿고 예수님이 주시는 배부름, 예수님이 주시는 해갈을 체험할 수 있어야 합니다.

은혜를 향한 배고픔

은혜를 간절히 사모해야 의에 주리고 목마른 사람이라고 할 수가 있습니다. 교회에 왔다갔다 하고, 밥 먹기 전에 머리 숙여 기도하고, 가끔 성경을 읽고, 종교 란에 기독교라고 쓰는 것을 신앙생활이라고 말하지 않습니다. 신앙생활에 대한 정의를 생각할 때마다 항상 갈라디아서 말씀을 떠올리게 됩니다. "나를 사랑하사 나를 위하여 자기 몸을 버리신 하나님의 아들을 믿는 믿음 안에서 사는 것"(2:20하) 이것이 바로 신앙생활입니다. 하나님의 아들을 믿는 믿음 속에 푹 빠져 사는 것이 신앙생활입니다. 그분을 절대적으로 신뢰하는 것입니다. 밤낮으로 그분을 의지하고, 그분의 이름을 부르며, 그분을 믿고 그분을 따르는 것입니다. 이것이 신앙생활입니다.

그런데 내가 항상 믿고 의지하는 그분은 나를 사랑하사 나를 위하여 자기 몸을 버리신 하나님의 아들이라고 하십니다. 하나님의 아들이 나를 사랑하셨다고 합니다. 말로만 사랑하신 것이 아니라 참으로 나를 위해 자기 생명을 십자가에서 희생하시기까지 사랑하셨다고 합니다. 도대체 이 말씀은 한두 마디의 설명으로 때울 수 있는 성질의 것이 아닙니다. 한두 해 뜨겁게 믿었다고 해서 모두 이해될 문제도 아닙니다.

하루라도 안 보면 안달이 나 못 견딜 정도로 좋아해 결혼해서 수십 년을 함께 산 아내도 나를 위해서 피 한 방울 흘려주기가 쉽지 않은데, 거룩하신 하나님의 아들이, 하늘과 땅의 모든 권세를 가지신 창조주 하나님이, 나 같은 것을 너무나 사랑하셔서 나를 위하여 죽으셨다는 것입니다. 이분에 대해서 더 알고 싶은 갈증이 없으십니까? 한 번 만나고 끝날 문제가 아닙니다. 한두 번 이야기를 들었다고 모든 것을 다 알았다고 말할 수 없습니다.

우리가 구원받은 것은 사실이지만 예수님을 완전히 안 것은 아닙니다. 우리는 부분적으로 알 뿐입니다. 신앙생활이란 나를 사랑하사 나를 위하여 자기 몸을 버리신 예수님을 생각할 때마다 그 크신 사랑이 도무지 이해가 안 되어 그분이 어떤 분인지 더욱 더 알고 싶고, 그분을 만지고 싶고, 가까이 가서 그분 얼굴을 자세히 들여다보고 싶고, 잠시라도 좋으니 같이 있어 보고 싶은 갈증과 배고픔을 갖는 것입니다. 주님의 사랑에 대한 비밀을 좀더 이해하고 싶어서 마음에 갈증과 배고픔을 품고 날마다 주님 앞으로 나아가기를 원하는 사람이 바로 의에 주리고 목마른 사람입니다. 바로 이런 사람이 은혜를 간절히 사모하는 사람입니다.

즐거운 거지

다윗은 시편에서 자신의 갈증에 대해 "하나님이여 사슴이 시냇물을 찾기에 갈급함 같이 내 영혼이 주를 찾기에 갈급하니이다"(42:1)라고 이야기합니다. 유대 지역은 건기가 되면 비가 한 방울도 내리지 않습니다. 그런 건기에 사슴이 목이 말라 물이 있는 곳을 찾아다니느라고 정신없이 헤매는 것은 사생결단하는 행동입니다. 언제 어디서 맹수가 나타날지 모르기 때문입니다. 시인은 그런 사슴의 절박한 갈급함에 자신의 갈급함을 비유하고 있습니다. "하나님이여 사슴이 시냇물을 찾기에 갈급함 같이 내 영혼이 주를 찾기에 갈급하니이다 내 영혼이 하나님 곧 생존하시는 하나님을 갈망하나니 내가 어느 때에 나아가서 하나님 앞에 뵈올꼬"(시편 42:1, 2). 그 마음을 들여다보십시오. 하나님을 만나고 싶은 간절함이 들어 있습니다. 이런 간절함을 담는 것이 은혜를 사모하는 사람의 마음입니다. 이것이 바로 신앙생활입니다.

어떤 분은 이렇게 은혜를 간절히 사모하는 우리의 모습을 '즐거운 거지'라고 재미있게 표현했습니다. 우리는 정말 즐거운 거지입니다. 거지들 중에서도 기분 나쁘게 구걸하는 거지가 있고 기분 좋게 구걸하는 거지가 있습니다. 전자는 아직도 거지 경력이 그리 오래 되지 않은 사람이고, 후자는 적어도 수십 년의 거지 경력을 가진 사람입니다. 후자에 속하는 사람들은 생각이 단순하기 때문에 "어떻게 하면 한 20억 원 정도 축재를 해볼 수 있을까? 어떻게 하면 주식투자로 30억 원을 만들어 볼 수 있을까?" 하는 복잡한 생각 따위는 절대로 하지 않습니다. "어떻게 하면 오늘 밤 호화로운 호텔에서 아름다운 여인과 함께 하룻밤을 즐겨 볼까?" 그런 생각을 하지 않습니다. 왜냐하면 그런 것들은 모두 자신과 전혀 관계가 없는 일이기 때문입니다.

오직 한 가지 소원밖에 없습니다. "오늘도 끼니마다 배만 안 고팠으면 좋겠다. 어쩌다가 지나가는 사람이 맥주 캔이라도 하나 던져주면 정말 좋겠다. 그것 마시고 오늘 저녁은 실컷 자야겠다." 이렇게 소박한 거지 생활을 20년 정도만 하면 황제를 시켜줘도 안 합니다. 골치가 아프기 때문입니다. 오로지 거지가 최고인 것입니다.

신앙생활을 잘하는 사람들은 이 거지 근성이 있습니다. 생각이 단순합니다. "세상에서 명예를 누리려면, 재물을 쌓으려면 어떻게 해야 할 것인가? 주식투자를 할 것인가, 안 할 것인가? 아파트를 30평에서 90평으로 늘려갈 것인가 말 것인가?" 이와 같은 복잡한 생각에 별 흥미가 없습니다.

하나님이 허락하시면 그렇게 할 수도 있겠지만 그러나 그 마음의 중심은 단순합니다. "나를 사랑하사 나를 위하여 자기 몸을 버리신 예수를 좀더 알고 싶다. 그분의 사랑을 좀더 가슴에 풍성히 담았으면 좋겠다. 그분과 함께 저 하늘나라에서 단 1분이라도 손잡고 걸어 봤으면 좋겠다." 바로 이런 사람이 은혜를 사모하는 사람, 의에 주리고 목마른 사람입니다.

말씀과 기도를 사모하는 사람

어느 그리스도인 사업가의 이야기를 소개합니다. 일에 쫓기고 바빠서 보통 밤 열 시, 열한 시에 집으로 들어오는 일이 다반사임에도 불구하고, 집에 돌아 와서 몸을 씻고 집안 식구들과 이야기를 나눈 뒤, 잠자리에 들기 전에 반드시 성경을 펴놓고 다섯 장을 읽는다고 합니다. 그에게는 이것이 대단히 중요하다고 합니다. 그 시간에 성경을 읽으면 하나님께서 자기에게 음성을 들려주신다는 것입니다. 사업에 대해서도 아이디어를 주시고 자기 마음에 있는 여러 가지 문제에 대해서도 가끔 해답을 주신다는 것입니다. 이 은혜를 사모하기 때문에 흥미를 끄는 텔레비전 프로그램이 많은데도 보지 않고 이렇게 말씀을 펴놓고 앉아 있는 것이 아니겠습니까?

그런데 그분의 간증이 무척 재미있었습니다. IMF가 터져서 모두가 어려울 때 자기 사업도 매우 어려워졌다고 합니다. 하루는 장인이 부르시더니 인테리어 사업을 해보라고 권유하시더랍니다. 그러나 당시 운영하고 있던 사업도 자금이 없어 힘든데다가 자기는 인테리어의 '인' 자도 몰랐기 때문에 난색을 표명했다고 합니다. 그런데도 장인은 계속해서 인테리어 사업을 권유하시더랍니다. 그래서 참 이상하다고 생각을 하면서 집으로 돌아왔다고 합니다.

그 날 저녁에도 성경을 펴놓고 앉았는데 그날따라 출애굽기 18장을 읽게 된 것입니다. 모세가 장인의 말을 듣고 천부장, 백부장을 세워서 백성들을 재판했다는 내용이 나오는 것입니다. 불현듯 하나님께서 인테리어 사업을 하라고 말씀하시는 것 같다는 생각이 들었고, 그 다음

날 부도 직전에 있는 인테리어 회사 하나를 인수하게 되었다고 합니다. 그런데 지금 그 회사가 아주 번성하고 있다고 합니다. 은혜를 사모하는 사람은 이렇듯 하나님의 말씀을 사모합니다.

은혜를 사모하는 사람은 쉬지 않고 기도합니다. 기도가 무엇입니까? 가끔 기도가 무엇일까 생각할 때 이런 것을 떠올려봅니다. 몇 톤의 무게를 지닌 인공위성을 대기권 밖으로 밀어 올리려면 강력한 추진력을 가진 로켓이 필요합니다. 뒤에서 화염을 내뿜으며 그 인공위성을 밀어 올려야 대기권 밖으로 날아 올라가서 안정적으로 괘도를 잡고 지구의 주위를 돌게 됩니다. 기도는 이처럼 우리를 대기권 밖으로 밀어 올리는 추진력이요, 로켓이라고 생각합니다. 육신에 갇혀있는 우리 영혼은 육신이라는 대기권을 벗어나기 어렵습니다. 그러나 기도하기 위해 무릎을 꿇으면 기도의 힘이 우리의 영을 육신의 대기권에서 벗어나게 해 은혜의 보좌 앞으로 나아가도록 밀어 올립니다. 그러므로 기도하는 시간은 우리가 이 세상에 있는 것이 아닙니다. 하나님 나라에 있는 것입니다. 대기권 밖, 영의 세계에 있는 것입니다. 하나님 존전(尊前)에 있는 것입니다. 육신 안에 갇혀 있지 않고, 육신 밖에서 영이신 예수 그리스도와 만나 밀애를 나누는 것이 바로 기도입니다.

부익부 빈익빈

기도의 맛을 아는 사람은 기도하고 나면 항상 얼굴이 밝아집니다. 목마른 자에게 주시는 주님의 생수가 그 속에서 흐르고 있기 때문입니다. 기도를 깊이 하고 일어나는 사람들은 자신도 모르게 입에서 찬송이 흘러나옵니다. 그 굶주린 영혼에 주님께서 시시때때로 맛있는 만나를 주시기 때문입니다. 본문에 "배부를 것이요"라는 주님의 말씀은 시제가 현재분사형입니다. 수시로 우리에게 생수를 주시고, 수시로 우리를 배부르게 먹여 주신다는 의미입니다. 맛있는 음식을 파는 좋은 식당이 있는데 한번 가서 먹어 보고는 "이제 됐다" 하면서 평생 다시 가지 않는 사람은 없습니다. 맛있는 음식을 한번 맛보면 자꾸 가고 싶어집니다. 사랑하는 사람과 만나 정말로 행복한 순간을 보내고 나서 다시는 안 만나겠다고 결심하는 사람은 없습니다. 또 만납니다. 마찬가지입니다. 예수님께서 주시는 생수를 마시고, 예수님께서 주시는 영의 양식을 먹으면 "또, 또, 더, 더" 하는 것입니다.

천국의 원리는 냉정한 데가 있습니다. 부익부 빈익빈 원리가 그렇습니다. 세상에서 부익부 빈익빈은 악입니다. 그러나 영적 세계에서는 거룩한 법칙입니다. 의에 주리고 목마른 심정을 가지고 주님 앞에 기도로 나아가고, 말씀으로 나아가고, 예배로 나아가는 사람에게는 주님께서 자꾸 더 주십니다. 있는 자에게는 더 주고 없는 자에게는 있는 것까지 빼앗아 버립니다. "지금까지 40~50년 동안 신앙생활 해왔는데, 이 정도면 됐지. 무엇을 그렇게 안달하는가?" 이런 생각이 들면 그동안 신앙생활 해오면서 받은 은혜를 송두리째 다 빼앗겨 버리는 것입니다. 주보에 나오는 설교 제목만 보고도 설교자가 어떤 설교를 할 것인지 다 안다는 표정을 하고서 기대하는 마음 없이, 설교에 대한 평가나 해볼 심산으로 예배당에 앉아 있다면 그 사람은 갈급한 영혼이 아닙니다. 은혜를 사모하는 영혼이 아닙니다. 그들은 그 마음에 가지고 있다고 생각하고 확신했던 것까지 자기도 모르게 다 빼앗겨 버립니다.

"주님, 저는 주님을 아직 다 모릅니다. 은혜가 더 필요합니다. 아내도, 남편도 저의 빈 마음을 채우지 못합니다. 제가 갖고 있는 재산으로도 어림없습니다. 제 마음에 만족을 주지 못합니다. 사회적으로 높은 위치에 오를 만큼 올랐습니다. 그러나 올라와서 보니 남는 것은 공허감밖에 없습니다. 세상 것은 먹으면 먹을수록, 마시면 마실수록 갈증만 일으킵니다. 주님, 이제 주님께서 저의 빈 공간을 채워주십시오. 저에게 말씀해 주십시오. 주님께서 저를 만나 주십시오. 생수를 주십시오. 필요한 은혜를 주십시오." 이런 마음을 가지고 나오면 하나님께서 "너에게 이미 그 만큼 있는데 왜 또 달라고 하느냐?"라는 말씀은 절대 안 하십니다. 또 주고, 또 주고, 또 주십니다. 이것이 천국의 법칙입니다.

우리 모두는 의에 주리고 목마른 사람이 되어야 합니다. 구원받기를 갈망해야 합니다. "형제여, 내가 어찌하면 구원을 얻을 수 있을까?" 이 질문을 날마다 던지십시오. 그러면 하나님께서 생수를 주실 것입니다. 우리는 항상 주님을 더 알기를 사모하는 갈증을 가져야 합니다. 은혜를 사모해야 합니다. 말씀 앞에 자주 앉아야 합니다. 기도하는 사람이 되어야 합니다. 예배 시간에 정성을 쏟아야 합니다. 진정 즐거운 거지처럼 하늘로부터 떨어지는 그 놀라운 모든 은혜를 받아 누리고자 하는 갈증을 가지고 주님을 믿으면 하나님께서는 풍성한 배부름과 해갈의 축복을 우리 모두에게 남김없이 허락해 주실 것입니다.

꼭! 이것만은 기억하자!

의에 주리고 목마른 사람이 되라.
이것이 진정한 행복의 길이요,
거룩하고 아름다운 사람으로서 이 세상을 사는 지혜다.
삶의 전 영역에서 하나님의 뜻에 일치하게 행하는 자가 되라.

날마다 성경을 읽고 묵상하라.
예수님의 말씀 안에 하나님의 뜻이 숨어 있다.
항상 주님을 더 알기를 사모하라.

하늘로부터 떨어지는 은혜를 받아 누리고자
목말라 하는 즐거운 거지가 되라.
예수님처럼 되고, 예수님처럼 사는 사람이 되라.
의에 주리고 목마른 자가 바로 작은 예수다.

6
의에 주리고 목마른 자 (2)

마태복음 5:6

"의에 주리고 목마른 자는 복이 있나니 저희가 배부를 것임이요."

'순종하라'는 말을 들으면 부정적으로만 반응하는 사람들이 있습니다. 그들은 마음 한 구석에서 "구원받기 위해서는 믿음만 있으면 충분하지 않은가? 꼭 순종하고 실천해야만 하는가? 어차피 완전하게 순종하지도 못할 텐데, 그것이 하나님께 무슨 의미가 있단 말인가? 믿음으로 얻는 구원이라고 하면서 왜 자꾸 순종을 강조하는가?"라는 불평을 합니다. 그러나 이와 같은 발상은 대단히 위험한 것입니다.

어느 신학자가 한국 교회와 미국 교회를 통렬하게 비판하면서 쓴 글을 본 적이 있습니다. "미국과 한국의 복음주의 교회들이 가지고 있는 가장 치명적인 약점은 삶이 결여된 것입니다. 삶이 결여되었다는 것은 하나님의 말씀을 믿기는 하지만 그 말씀대로 살지는 않는다는 말입니다.

하나님의 말씀을 많이 배우기는 하는데 순종에는 별로 관심이 없는 것입니다. 말씀에 불순종하는 죄를 범해도 회개만 하면 당장 용서받을 수 있다는 자기 나름의 잘못된 자신감을 가지고 있어서 그런지 모르지만, 순종에 주의를 기울이지 않는 것은 오늘날 한국 교회의 큰 치부요,

복음의 영광을 가리게 하는 주범이요, 예수님을 믿는 사람들이 세상 사람들의 발밑에 짓밟히게 되는 원인입니다."

순종

아이가 태어날 때 부모가 그 아이에게 요구하는 것은 하나도 없습니다. 부모가 모든 것을 책임집니다. 어떤 어려움과 고통도 다 감수하면서 정성을 쏟아 한 생명을 이 세상에 내보낸다는 뜻입니다. 그러나 일단 자녀가 태어나고 자라면서 조금씩 말귀를 알아듣고 분별력이 생기고 철이 들기 시작하면 그 때부터는 그에게 요구하는 것이 있습니다. 먼저 부모에게 순종할 것을 요구합니다. "엄마 아빠 말을 들어야 해.", "아빠 말 잘 들어야 훌륭한 사람이 된다." 만일 이런 요구를 하지 않는다면 부모가 아닙니다. 때로 순종하지 않으면 매를 들어 호되게 다루기도 합니다. 그렇게 순종하도록 해 훌륭한 인물이 되도록 요구합니다.

하나님도 마찬가지십니다. 하나님께서 우리를 자녀로 삼으실 때 요구하신 것이 하나도 없습니다. 하나님께서 만세 전부터 계획하시고 나 같은 것을 알아 주셨고, 예수님께서 오셔서 구원받을 수 있도록 길을 열어 주셨으며, 성령이 오셔서 믿도록 마음을 움직여 주심으로 '예수님이 나의 구주'라고 고백하게 하시고, 나도 모르는 사이에 거듭나서 하나님 앞에 새로운 피조물이 되게 하신 것입니다. 이 때 하나님께서 우리에게 요구하신 것은 믿음밖에 없습니다. 그 믿음도 사실은 하나님께서 우리 마음을 움직이셔서 믿게 하셨기 때문에 생긴 것이지, 우리가 의지를 발휘하여 갖게 된 것이 아닙니다.

그러나 일단 예수님을 믿고 중생받은 하나님의 자녀에게는 순종할 것을 요구하십니다. 하나님의 자녀이기 때문에 아버지이신 하나님의 뜻에 일치하는 삶을 살도록 요구하십니다. 성경이 가르쳐 주는 모든 교훈대로 행하라고 하십니다. 순종하라는 말씀, 실천하는 삶이 중요하다는 말씀을 과소평가하며 신앙생활을 한다면 영적으로 미성숙한 자입니다. 스스로 반성해 보십시오. 하나님 앞에 순종하기를 간절히 사모하면서 하루하루를 살고 있습니까? 들은 것만큼 순종하려고 합니까? 배운 것만큼 살아 보려고 몸부림칩니까? 그렇다면 정상입니다. 그러나 듣고 다 잊어버리십니까? 그렇다면 문제가 심각합니다.

하나님의 자녀

많은 사람이 산상수훈의 말씀을 듣고 감탄하며 예수님의 권세 있는 말씀 앞에 무릎을 꿇었습니다. 그런데 예수님께서 마지막으로 그런 사람들에게 경고하십니다. 주님은 화려한 도덕률을 가르치기 위해서 산상수훈을 강론하신 것이 아닙니다. 산상수훈을 가르치면서 주님께서 원하신 것이 한 가지가 있습니다. 그것은 "나의 이 말을 듣고 행치 아니하는 자는 그 집을 모래 위에 지은 어리석은 사람 같으리니"(마태복음 7:26). 즉, 말씀을 듣기만 하고 그 말씀대로 사는 순종이 없다면 그 사람은 모래 위에 집을 지어 놓은 것과 같아서 나중에는 아무것도 남는 것이 없다는 말씀입니다. 그러나 "그러므로 누구든지 나의 이 말을 듣고 행하는 자는 그 집을 반석 위에 지은 지혜로운 사람 같으리니"(마태복음 7:24)라고 말씀하시면서 이 사람이 진짜 하나님의 자녀라고 하십니다. 주님은 더욱 분명하게 말씀하십니다. "나더러 주여 주여 하는 자마다 천국에 다 들어갈 것이 아니요 다만 하늘에 계신 내 아버지의 뜻대로 행하는 자라야 들어가리라"(마태복음 7:21).

엉터리 믿음(?)

간혹 행함에 대한 문제로 혼란을 일으키는 것을 보게 됩니다. 가톨릭의 영향 때문인 것 같습니다. 가톨릭에서는 구원받기 위해서는 믿음과 선행이 모두 필요하다고 가르칩니다. 따라서 행함에 대한 강조가 많고, 테레사 수녀같이 한 평생 거룩하게 성자처럼 선을 행하며 사는 사람이 많습니다. 선행을 하는 것과 하나님의 말씀에 순종하는 것이 꼭 일치되는 것은 아니지만 어떤 공로를 세워서 하나님 앞에 인정받으려고 하는 몸부림이 개신교보다는 훨씬 더 강합니다. 이런 현상에서 일어나는 것은 구원을 받으려면 믿음만으로는 부족하고 하나님께서 인정하시는 행함이 따라와야 한다는 가톨릭 교리의 영향 때문입니다. 이렇게 한 쪽으로 치우쳐 버린 교리 때문에 믿음보다도 행함을 더 강조하다가 가톨릭 안에 있는 많은 사람이 잘못된 자리로 가게 된 것입니다. 참으로 불행한 이야기입니다.

여기에 반기를 들고 일어난 것이 오늘날의 개신교, 즉 우리가 속한 기독교입니다. 기독교는 믿음을 제자리에 갖다 놓았습니다. "구원이란 무엇인가? 구원은 믿음으로 얻는 것이다. 그렇다면 행함은 무엇인가? 구원을 얻는 믿음의 열매다"라고 가르칩니다. 구원을 얻는데 행함은 아무 소용이 없습니다. 사람이 아무리 거룩하게 행한다고 할지라도 하나님 앞에는 그것이 선이 될 수가 없습니다. 구원을 얻는 데는 믿음 외에 다른 조건이 없습니다.

믿음으로 구원을 얻었다면 그 믿음은 반드시 행함이라는 열매를 맺게 됩니다. 야고보서에서 분명하게 선언하고 있습니다. "행함이 없는 믿음은 그 자체가 죽은 것이라"(2:17). 아무리 구원을 받았다고, 예수를 믿는다고 떠들어도 삶이 따라오지 않으면, 순종이 따라오지 않으면 그 믿음은 엉터리라는 말입니다. 엉터리 믿음이라면 그 믿음을 가지고 구원을 받을 수가 없습니다.

'믿음과 행함의 관계'를 정확하게 알고 있어야 합니다. 에베소서에는 믿음과 행함의 관계가 아주 명료하게 설명되어 있습니다. "너희가 그 은혜를 인하여 믿음으로 말미암아 구원을 얻었나니 이것이 너희에게서 난 것이 아니요 하나님의 선물이라 행위에서 난 것이 아니니 이는 누구든지 자랑치 못하게 함이니라"(2:8, 9). 오직 구원은 예수님을 믿는 믿음으로만 얻는다는 것입니다. 그런데 이 믿음 자체도 하나님의 선물이라는 것입니다. 뒤를 이어 나오는 말씀을 주목하십시오. "우리는 그의 만드신 바라"(2:10상). 하나님의 자녀가 되었다는 것은 하나님의 손에 의해서 만들어진 새로운 피조물이 되었다는 뜻입니다. "그리스도 예수 안에서 선한 일을 위하여 지으심을 받은 자니"(2:10중). 선한 일을 행하게 하려고 우리를 새로운 피조물로 만들었다는 말씀입니다. 그러므로 믿음으로 구원을 얻었다면 그 다음에는 선한 일을 행하는 사람, 다시 말하면 하나님의 말씀대로 순종하는 사람이 되는 것은 필연적인 결과입니다. 둘을 따로 떼어 놓을 수가 없다는 것입니다.

오늘날 한국 교회의 병은 입술로만 '주여, 주여' 하면서 삶이 따라가지 못하는 병입니다. 그 결과 많은 그리스도인이 국회의원이 되었지만 제 구실을 하지 못했습니다. 장관이 되고, 대통령이 되었는데도 제 구실을 하지 못하고 사람들에게 손가락질을 당하는 꼴이 되었습니다. 교회를 지도한다고 하는 목사들조차도 강단에서 설교는 유창하게 잘하지만, 교회 밖에서의 삶은 말씀대로 순종하며 살지 않는 것이 너무나 많이 드러나서 얼굴을 들고 다닐 수가 없는 형편입니다. 이것은 단순한 문제가 아닙니다. 우리가 하나님의 말씀대로 순종하고자 하는 열정이 가슴속에 없으면 그 믿음은 엉터리일 수도 있습니다. 모래 위에 지은 집과 같을 수도 있습니다. 언젠가 비바람이 몰아치면 나는 구원을 받은 줄 알았는데 그것이 사실이 아니었던 것으로 밝혀질 수 있습니다.

예수님께서 서기관과 바리새인들을 향해서 신랄하게 책망하고 저주하신 이유는 단 한 가지였습니다. "그들은 말만하고 행하지 아니한다. 뱀들아, 독사의 자식들아." 우리 모두 아픈 마음을 가지고 이 말씀을 들어야 합니다.

지금까지 듣고 배운 것만 실천하려고 해도 더 이상 성경을 배우지 않아도 될 것입니다. 너무 많이 들었고, 너무 많이 알고 있기 때문에 이제 그대로만 살면 더 이상 성경을 배울 필요가 없을 지경입니다. 주님께서 승천하시면서 "너희는 가서 모든 족속으로 제자를 삼으라"(마태복음 28:19)고 하신 후에 곧바로 이렇게 말씀하셨습니다. "내가 너희에게 분부한 모든 것을 가르쳐 지키게 하라"(마태복음 28:20). 주님이 언제 믿음만을 강조하시고 행함에 대해서는 말씀하시지 않으셨습니까? 기독교는 그저 믿기만 하면 되는 것입니까? 혹시 그런 인상을 주는 설교를 들으셨다면 그것은 믿음을 강조하기 위해서 한 말이지, 행함을 과소평가하기 위해서 한 말이 아니라는 것을 기억하십시오.

우리 안에는 성령이 계시기 때문에 과거하고는 다릅니다. 어거스틴이 이 사실을 잘 표현했습니다. "예수님을 믿기 전, 곧 성령을 우리 마음에 모시기 전에는 우리는 죄짓는 자였다. 다시 말하면 순종할 수 없는 자들이었다. 그러나 이제는 성령을 모시고 살기 때문에 죄를 짓지 않을 수 있고, 순종할 수 있는 자가 되었다." 우리 안에 성령께서 거하셔서 이제는 "어떻게 하면 하나님을 기쁘시게 할까? 어떻게 하면 하나님의 뜻에 일치하는 삶을 살아서 하나님을 영화롭게 할 수 있을까?" 하는 갈증을 일으키십니다. 그러므로 성령에 속한 사람은 하나님을 기쁘시게 하지만, 성령을 모시지 않고 육에 속한 사람은 절대로 하나님을 기쁘시게 할 수가 없다고 말씀하셨습니다.

순종, 특별한 행복

신앙생활을 하면서도 기쁨이 없는 것은 순종이 믿음을 따르지 않기 때문입니다. 요즘처럼 훌륭한 목회자들의 설교를 언제든지 원하는 시간에 들을 수 있는 시대에 살면서, 모든 면에서 잘 갖추어진 교회에 다니고 양육을 받으면서 성령 충만하고 능력이 있는 삶을 살지 못하는 것은 순종이 따라오지 않기 때문입니다. 간절한 마음으로 순종하고자 하는 자세가 갖추어져 있지 않습니다. 그런 사람에게는 하나님께서 풍성한 은혜를 주실 수가 없습니다.

순종하지 않았는데 가슴이 뜨겁다면 그것은 혼자 들떠서 그런 것이지 성령의 감동은 아닙니다. 새벽기도를 열심히 하고 교회 문을 나서면서 가슴이 후끈후끈해져 "할렐루야, 할렐루야!"를 외치며 집으로 돌아왔는데, 그 밉고 미운 시어머니가 시야에 들어오자마자 감정이 복받쳐 오르고 미움이 일어납니다. "네 몸과 같이 네 이웃을 사랑하라"는 하나님의 말씀은 마음속에서 순식간에 사라져 버립니다. 그래서 감정대로 반응하고, 감정대로 행동합니다. 만약 이렇게 행동했다면 새벽기도에 가서 받은 은혜는 다 헛것이며 쓸데없는 것입니다.

사실 하나님의 말씀에 순종하고자 하는 간절함을 가지고 있다 해도 완전하게 순종할 수는 없습니다. 그러나 사슴이 시냇물을 찾듯이 주님의 뜻에 일치하는 삶을 살고자 하는 안타까운 심정을 가지고 살면 하나님께서 배부르게 하시는 은혜를 풍성하게 주시는 것은 분명합니다.

예수님께서는 하나님께서 자신을 세상에 보내신 이유가 잃은 양을 찾으라는 것임을 알고 계셨습니다. 그래서 한 영혼이라도 더 구원하는 것이 주님의 간절한 마음이었습니다. 창녀 출신의 수가성 여인을 구원하고 나서 주님의 마음이 얼마나 기쁘셨던지 제자들이 갖다 드린 음식을 먹는 것조차 잊으시고는 이렇게 말씀하십니다. "나의 양식은 나를 보내신 이의 뜻을 행하며 그의 일을 온전히 이루는 이것이니라"(요한복음 4:34). 이는 "내가 지금 저 여인을 구원함으로써 하나님의 뜻이 이 땅에서 이루어지고 있다. 하나님께서 얼마나 기뻐하실까? 그러므로 나는 음식을 먹지 않아도 될 만큼 기쁘고 만족스럽다"는 말씀입니다.

예수님께서 십자가의 죽음을 앞에 놓고 겟세마네 동산에서 공포와 싸우시면서 피눈물을 쏟고 기도하셨습니다. 그리고 결정하셨습니다. "비록 무서운 길이지만 하나님께서 이 길을 가라고 하시니 나는 순종 하리라. 십자가를 지리라." 이렇게 결심하시고 눈을 뜨시자 하늘로부터 천사가 내려와 예수님께 새 힘을 공급했다고 성경은 기록하고 있습니다(누가복음 22:43). 이처럼 주님 앞에 순종하기를 원하는 자에게는 하나님께서 때를 따라 새 힘을 주십니다.

주님께서는 제자들과 이별하면서 유명한 말씀을 남기셨습니다. "평안을 너희에게 끼치노니 곧 나의 평안을 너희에게 주노라 내가 너희에게 주는 것은 세상이 주는 것 같지 아니하니라 너희는 마음에 근심도 말고 두려워하지도 말라"(요한복음 14:27). 예수의 마음에 평안이 있었습니다. 하나님의 뜻에 일치하는 삶을 살기로 결단하고 순종하셨기 때문에 하나님께서 그 마음에 평안을 주신 것입니다. 아무도 움직일 수 없고, 아무도 흔들 수 없는 평안을 주셨습니다. "내 평안을 너희에게 주노라." 주님이 우리로 하여금 때를 따라 삶의 보람을 느끼게 하시니 배부른 것입니다.

우리에게 때를 따라 신비스러운 새 힘을 공급해 주시고 능력을 주시니 배부른 것입니다. 조금도 평안할 수 없는 상황임에도 불구하고 엄마 품에서 젖을 먹는 아이처럼 만족함과 평안이 가득합니다. 이것이 바로 하나님께서 주시는 배부름입니다. 순종하는 자에게 하나님께서는 이렇게 은혜 주신다고 약속하셨습니다.

하나님의 꿈

하나님 나라가 무엇입니까? 예수님을 믿지 않는 사람들이 복음을 듣고 예수님을 믿어서, 구원받는 것이 완성되는 것을 일컬어 하나님 나라라고 합니다. 그러므로 하나님 나라는 지금도 완성되어 가는 과정 중에 있습니다. 하나님의 뜻을 한 마디로 요약하면, 하나님 나라를 완성하는 것입니다. 다른 말로 하면 이 세상을 구원하는 것입니다. 좀더 좁은 의미로는 사람들을 구원해서 자녀 삼으시는 것입니다. 이것이 하나님의 뜻이고, 하나님의 소원이며, 하나님의 꿈입니다.

의에 주리고 목마른 사람은 자나깨나 하나님 나라가 이 땅에 임하는 꿈을 가지고 삽니다. 그 나라가 임하도록 하기 위해 "나는 무엇을 해야 할까? 오늘 나는 어떻게 살아야 할 것인가? 나의 젊음을 어떻게 준비하며 보내야 할 것인가? 비록 지금 나이가 들었지만 남은 삶을 어떻게 마무리 할 것인가?" 하는 생각을 끊임없이 합니다. 하나님의 나라를 완성하는 것에 초점을 맞추고 생각하는 것입니다. 이 사람이 의에 주리고 목마른 사람입니다.

"너희는 먼저 그의 나라와 그의 의를 구하라 그리하면 이 모든 것을 너희에게 더하시리라"(마태복음 6.33)는 말씀이 있습니다. '이 모든 것'은 먹고 마시는 문제요, 세상 사람들이 가장 앞세우는 문제이며, 매일 눈뜨면서부터 생각하는 최우선의 과제입니다.

과거에 풍족하게 살지 못하던 때 우리는 아침에 만나면 "아침 드셨습니까?" 또 하루를 보내고 저녁에 서로 만나면 "저녁 잡수셨습니까?"라고 인사했습니다. 항상 밥을 먹었는지 서로 확인하는 것이 인사였던 것입니다. 왜냐하면 그것만큼 절박한 문제가 없었기 때문입니다. 굶는 것만큼 무서운 것이 없습니다. 너무나 배가 고프게 하루하루를 살았기에 끼니를 때웠는지 묻는 것이 인사였고, 그래서 먹었다고 하면 참 복이 많은 사람이고, 못 먹었다고 하면 불행한 사람이라고 생각을 하던 때가 있었습니다.

이제는 세상이 조금 살만해졌기 때문에 만날 때마다 밥을 먹었는지 확인하는 인사말을 하면 오히려 모욕처럼 들릴 것입니다. 그럼에도 불구하고 아직도 세상 사람들의 최고의 관심사는 먹고 마시는 것입니다. "어떻게 하면 더 잘 먹을까? 어떻게 하면 더 많이 먹고 마시면서 즐길까? 그래서 건강하게 오래 살까?" 이것이 최고의 관심사입니다.

우리나라만큼 식당문화가 발달한 나라가 지구상에 또 있을지 모를 정도로 온 세상이 먹자판입니다. 식당이 얼마나 많은지 헤아리기조차 어렵습니다. 또한 우리나라 사람들은 관광을 갔다 하면 먹자 관광이 주류를 이룹니다. 해외여행을 하면서 그 나라의 여러 가지 문화유적지를 돌아본다든지, 그 나라의 전통을 공부한다든지, 그 나라 사람들의 여러 가지 좋은 점을 찾아보려고 하는 등의 일들은 거의 하지 않습니다. 그렇게 하는 사람은 열 명 중에 한 명도 안 되는 것 같습니다. 대부분은 '먹자 관광'입니다. "어디 맛있는 것이 없나? 몸에 좋은 것이 없나?" 하면서 돌아다닙니다. 심지어는 뱀도 잡아먹습니다. 곰발바닥이 있으면 값을 묻지 않고 사 가지고 들어옵니다.

온통 먹고 즐기자는 판입니다. 이것이 세상 사람의 모습입니다. 우리나라에 열 마리도 안 남았다는 사향노루를 밀렵꾼에게 청탁하여 3천만 원에 사들여서 고아 먹은 사람의 마음을 한번 들여다보십시오. 관심사가 무엇입니까? 잘 먹고 건강하게 오래 사는 것입니다. 그것을 빼고 나면 남는 것이 없습니다. "천대를 받아도 좋다. 120살까지만 살자." 이것이 세상 사람입니다.

그러나 예수님을 믿는 사람은 그래서는 안 된다고 주님께서 말씀하셨습니다. "세상 사람은 먹고 마시는 것을 앞세우지만 너희는 하나님 나라를 앞세워라. 너희의 최우선순위는 하나님 나라요, 그의 의가 이루어지는 것이다. 밤이고 낮이고 너희들은 그것을 앞세워라. 먹는 것보다 앞세워라. 마시는 것보다 앞세워라. 배고플 때도 그것을 앞세워라. 고통당할 때도 그것을 앞세워라. 심지어 생명이 끊어지는 마지막 순간에도 하나님 나라와 그 영광을 앞세워라. 이것이 하나님의 자녀다. 하나님 나라를 갈망하고 그 나라를 앞세우면 세상 사람들이 걱정하고 앞세우는 먹고 마시는 문제를 내가 책임져 주겠다."

최고의 꿈

우리는 세상 사람이 아닙니다. 세상으로부터 부름 받은 하나님의 백성입니다. 우리는 하나님의 자녀입니다. 하나님의 나라가 완성되는 것만큼 우리의 가슴을 부풀게 하는 꿈은 없습니다. 내가 부하든지 가난하든지, 내가 성공한 사람이든지 실패한 사람이든지, 내가 청년이든지 노년이든지, 내가 목회자이든지 평신도이든지, 여자이든지 남자이든지 가릴 것 없이 어떠한 형편에 있더라도 최우선순위의 관심사는 하나님 나라가 이 땅에서 완성되는 것입니다. 그 일을 위해서 안 믿는 사람을 전도해야 하고, 교회생활을 열심히 해야 하며, 내게 있는 것을 하나님 앞에 기꺼이 드리는 삶을 살아야 합니다. 이런 삶을 살려고 몸부림치며 노력하는 자를 일컬어서 의에 주리고 목마른 사람이라고 말씀하는 것입니다.

윌리엄 바클리가 의미 있는 말을 했습니다. "하나님은 우리의 일생이 무엇을 성취하였는가, 어떻게 성공을 하였는가를 놓고 판단하시기보다는 우리가 평소에 어떤 꿈을 가지고 세상을 살았는가로 판단하신다." 옳은 말입니다. 세상에 태어난 사람 모두가 성공하는 것은 아닙니다. 성공 그 자체도 지나고 보면 다 별 볼 일 없는 것입니다. 다음 세대가 이전 세대를 기억함이 없습니다. 아무리 비석을 세우고 야단법석을 떨어도 20~30년이 지나고 나면 기억이 아스라해집니다. 성공한 것이나 성공하지 못한 것이나 나중에는 똑같은 길을 갑니다.

하나님의 판단 기준은 '성공을 했는가, 또 어느 정도 성취를 했는가?' 하는 것이 아닙니다. '세상을 살 때 마음에 어떤 꿈을 가지고 있었는가?' 입니다. "하나님 나라가 이 땅에 이루어지는 것이 저의 꿈이었습니다. 그것이 저의 소원이요, 최우선순위의 과제였습니다." 우리가 이렇게 고백할 수 있다면 하나님께서는 '착하고 충성 된 종' 이라고 칭찬하실 것입니다.

하늘을 한번 보십시오. 카메라로 저 북쪽에 있는 북극성을 향해 앵글을 고정시키고 밤새도록 셔터를 열어 놓고 기다려 보십시오. 북극성의 위치는 절대로 바뀌지 않습니다. 그러나 카시오페이아(Cassiopeia)나 북두칠성은 북극성을 중심으로 밤새 한 바퀴를 돕니다. 필름 위에는 카시오페이아나 북두칠성이 한 바퀴를 돈 자국이 그대로 담깁니다. 북극성을 축으로 별자리가 움직이듯이 우리의 삶의 축은 하나님 나라입니다. 주님이 다스리는 그 나라가 임하는 것이 우리의 꿈입니다. 하나님 나라를 축으로 하여 우리의 생활이 항상 회전해야 합니다. 남자나 여자나 빈부귀천을 막론하고 매일 똑같은 생활을 반복하지만 삶의 축을 하나님 나라로 삼을 때 의에 주리고 목마른 자라고 말할 수 있습니다.

하나님 나라, 파괴된 세상을 살리는 길

우리의 가슴에 있는 꿈은 무엇입니까? 우리의 가슴에 있는 갈증은 무엇입니까? 최우선순위가 무엇입니까? 사실 우리 모두가 인정하는 것이지만 이 세상에 무슨 소망이 있습니까?

저질 선거판을 한번 보십시오. 세금을 떼먹고 사는 사람들이 어찌 그리 많은지 보통 사람들과는 비교가 안 될 만큼 고소득을 올리는 사람들이 세금도 안 내고 살면서 뻔뻔스럽게 국회의원을 하겠다고 나서고 있습니다. 잘살고 공부 많이 한 사람들, 내로라하는 집안 출신들은 디스크 환자가 왜 그리 많은지 우리나라의 의식수준을 똑똑히 보여 주는 한 단면입니다.

우리가 아직도 저소득 국가, 저개발 국가의 수준에서 벗어나지 못하는 데는 다 이유가 있는 것입니다. 이 사회를 좀더 살기 좋게 만들기 위해서, 이 나라를 자손들에게 자랑스럽게 넘겨주기 위해서 우리 그리스도인들이 최선의 노력을 다해야 합니다. 하나님 나라가 임하면 임할수록 이 사회는 선한 영향을 받고 이 사회의 여러 가지 병이 치유됩니다.

정치계가 달라지고 경제계가 달라지고 교육계가 달라집니다. 하나님의 사람들이 많아지면 달라지게 되어 있습니다.

강남역을 지나가다가 전자오락 게임기에서 나오는 요란한 소리에 저도 모르게 발길이 멈춰졌습니다. 중학교 3학년 정도로 보이는 여학생 두 명이 게임기 앞에 서서 총을 들고 게임에 열중하는 모습을 보았습니다. 대형 모니터에 무엇인가 나타났습니다. 자세히 보니 사람이었습니다. '땅' 하고 총을 쏘자 그 사람이 피를 팍 튀기면서 죽었습니다. 치마를 입고 전자총을 어깨에 멘 여학생들이 미동도 하지 않은 채 약 10분 정도 모니터에 나타나는 사람들을 쏘아 죽이고 있었습니다. 한 100명은 죽이는 것 같았습니다. 그 동안 그 게임을 얼마나 많이 했던지 백발백중이었습니다. 나왔다 하면 그 즉시 사살당하여 피를 튀기고 죽습니다. 그것을 옆에서 지켜보면서 "저 아이들이 저런 식으로 자라서 나중에 무엇이 될까? 저 아이들이 어른이 되어 이 사회를 주도하게 될 때, 엄마가 되어 자녀를 양육할 때, 그 때는 얼마나 인간성이 사나워지고 잔인해질까?" 하는 생각이 들자 소름이 끼쳤습니다.

인간성과 자연이 무섭게 파괴되어 가고 있습니다. 예수님께서 재림하실 날이 점점 다가오고 있습니다. 이러한 때에 우리의 최고 관심사와 꿈은 주님이 다스리시는 하나님 나라여야 합니다. 그 나리가 임하도록 하기 위해서 우리는 늘 꿈을 꾸고 갈증을 가지고 살아야 합니다.

하나님 나라가 이 땅에 임하도록 하는 것이 우리의 꿈입니다. 이것 때문에 우리는 마치 물 한 방울을 마시기 위해서 목말라 하는 사슴처럼 갈증을 느끼는 것입니다. 이것이 의에 주리고 목마른 자의 삶의 자세입니다.

풍성한 보상

과천교회 김기동 집사의 이야기입니다. 그의 간증 중에 제 마음을 뜨겁게 하는 것이 있었습니다. 그분은 큰 회사를 두 개나 경영하는 경영인입니다. 아침마다 자동차에 타서 시동을 걸 때면 그는 습관처럼 이런 기도를 한다고 합니다. "하나님, 오늘도 믿기로 작정한 사람을 만나게 해주세요. 하나님 믿기로 작정한 사람을 만나서 전도하게 해주세요." 그의 표현대로 하면 이렇습니다. "익은 고구마를 만나게 해주세요." 꼭 이렇게 기도하고 하루를 시작한다고 합니다. 그의 관심사는 전도, 하나님 나라, 그것밖에 없습니다.

어느 날 역시 같은 기도를 하고 직장으로 출근을 하는데 빨간 신호에 걸려서 잠시 기다리고 서 있었다고 합니다. 그 때 뒤에서 '꽝' 하고 뒤차가 자기 차를 들이 받았던 것입니다. 너무 놀라 차에서 내려 무슨 일인지 보았답니다. 그러자 뒤차를 운전하던 사람이 황급히 나와서 전적으로 자신이 잘못한 것이라며 사과를 했고, 그때서야 정신이 들어 자기 차를 자세히 보니 범퍼가 반 이상이나 들어가 버렸던 것입니다.

그 순간 "하나님께서 오늘도 전도할 수 있는 기회를 주시려고 이런 사고가 난 것이구나" 하는 생각이 번뜩 들었다고 합니다. 그는 사고를 낸 사람에게 "범퍼는 받으라고 달아 놓은 것입니다. 걱정하지 마세요"라고 말했다고 합니다.

그런 말이 입에서 금방 튀어 나온다는 것은 쉬운 일이 아니지 않습니까? 상대방이 너무나 놀라서 명함, 주민등록증, 운전면허증, 이 세 가지를 내 놓고 "어느 것이든 가지고 가십시오. 그리고 제가 모든 것을 배상해 드리겠습니다"라고 했다고 합니다. 김기동 집사는 연락을 주기로 하고 회사로 출근해 견적을 내 보니 수리비가 100만 원 정도 나왔다고 합니다.

점심때가 가까워져서 전화를 해 "아침에 받친 사람입니다. 수리를 하려면 돈이 좀 들겠지만 저는 수리하지 않고 그대로 끌고 다니겠습니다. 그 대신 오늘 점심이나 한 끼 사 주십시오"라고 하고 그 운전자를 만났다고 합니다. 그는 모 외국회사 부사장이었고, 김 집사는 한 시간 동안이나 자기 간증을 겸해서 예수님을 믿으라고 전도했다는 것입니다.

김 집사의 말을 찬찬히 듣고 난 상대방은 자기도 미국에 있을 때 교회를 몇 년 다녔지만 지금은 다니지 않고 있다고 하더랍니다. 그러면서 이렇게 말했다고 합니다. "범퍼는 받으라고 달아 놓았다는 말이나, 점심이나 사달라고 하는 말을 듣고서 처음에는 이상한 사람이라고 생각했는데, 알고 보니까 예수님을 믿기 때문에 그랬군요." 이렇게 해서 그 부사장이라는 사람은 예수님을 믿게 되었습니다.

그리고 나서 놀라운 일이 일어났습니다. 김 집사가 운영하고 있는 사업체 중에 하나가 아주 어려운 상황에 처하게 되었던 것입니다. 그 이야기를 들은 그 부사장이라는 사람이 이리 저리 도움을 주어서 지금은 그 회사가 아주 잘 되는 회사로 바뀌었습니다. 김 집사가 이런 말을 합니다. "내가 하나님 나라와 그 의를 앞세우고 살았더니 내 회사를 하나님이 책임지시고 일으켜 주셨습니다."

이사야 선지자가 그리는 아름다운 하나님 나라의 비전과 꿈을 가사로 한 찬양이 있습니다.

"사막에 샘이 넘쳐흐르리라
사막에 꽃이 피어 향내 내리라
주님이 다스리는 그 나라가 되면은 사막이 꽃동산 되리
사자들이 어린양과 뛰놀고 어린이들 함께 뒹구는
참사랑과 기쁨의 그 나라가 이제 속히 오리라
사막에 숲이 우거지리라
사막에 예쁜 새들 노래하리라
주님이 다스리는 그 나라가 되면은
사막이 낙원 되리라
독사 굴에 어린이가 손 넣고 장난쳐도 물지 않는"(이사야 11장)

해 됨도 없고, 상함도 없는 그 나라, 그 나라가 우리의 꿈이요, 우리의 갈증이요, 우리의 배고픔입니다. 그 나라가 오기 전에는 우리에게 진정한 행복과 기쁨과 평안은 없습니다.

꼭! 이것만은 기억하자!

예수님을 믿고 중생받은
하나님의 자녀에게는 순종이 요구된다.
하나님의 자녀이기 때문에
아버지이신 하나님의 뜻에 일치하는
삶을 살도록 요구된다.

믿음으로 구원을 얻었다면
그 믿음은 반드시 행함으로 열매를 맺게 된다.
하나님의 말씀에
순종하고자 하는 간절함을 가진 사람은,
의에 주리고 목마른 사람은,
자나깨나 하나님 나라가
이 땅에 임하는 꿈을 가지고 산다.

우리는 세상 사람이 아니다.
세상으로부터 부름 받은 하나님의 백성이다.
하나님 나라의 백성은
그 나라가 임하도록 하기 위해서
늘 꿈을 꾸고 갈증을 가지고 살아야 한다.

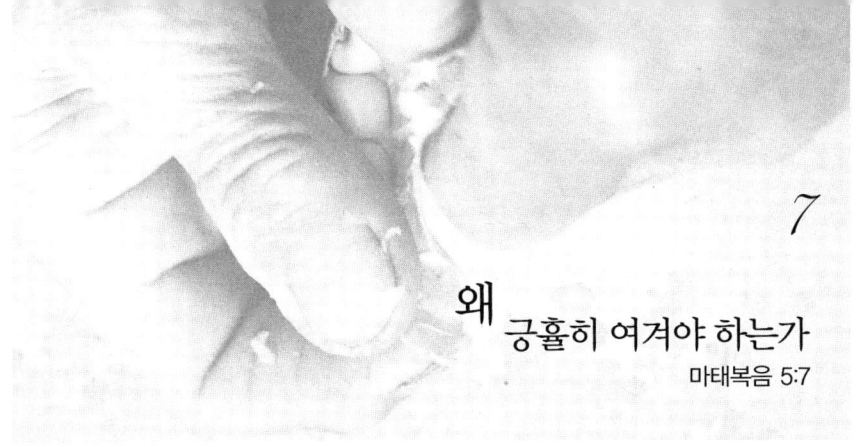

7

왜 긍휼히 여겨야 하는가

마태복음 5:7

"긍휼히 여기는 자는 복이 있나니 저희가 긍휼히 여김을 받을 것임이요."

몇 년 전 신문에 이런 기사가 보도된 적이 있었습니다. 고등학교 1학년생인 장 모 군은 선천성 판막증이라고 하는 일종의 심장병을 앓고 있었습니다. 중병을 앓고 있었기 때문에 몸이 많이 허약했고 그로 인해 다른 학생들과 쉽게 어울리지 못했습니다. 그런데 이것을 악용하여 그 반에 있는 다섯 명 가량의 학생들이 1년 여 동안 이루 말로 다 할 수 없을 정도로 심하게 그 아이를 학대한 것입니다. 걸핏하면 외딴 데로 끌고 가서 두들겨 패고, 라이터 불로 손을 지지고, 손가락 사이에 연필을 끼워서 비틀고, 군대에서나 볼 수 있는 원산폭격을 시키곤 했습니다. 결국 견디다 못해 경찰에 고발을 했고, 이 다섯 명의 학생들이 연행되어 경찰의 심문을 받게 되었습니다. 도대체 무엇 때문에 그런 짓을 했느냐는 질문에 한 아이가 이렇게 대답을 했습니다. "고통을 못 이겨 비명을 지를 때 쾌감을 느꼈습니다."

그 한 마디가 저를 얼마나 섬뜩하게 했는지 모릅니다. 사람들은 이런 사건을 두고 '인간성 파괴다', '인간성 상실이다' 하는 고상한 말을 하지만 이 사건은 우리가 사는 시대가 어른 아이 할 것 없이 점점 더 비정하고 잔인해지고 있다는 사실을 적나라하게 보여 주는 작은 실례일 뿐입니다.

예수님께서 복음을 전하시던 그 당시도 오늘날과 크게 다르지 않았습니다. 유대 나라 사람들은 자신들이 하나님의 거룩한 백성이라는 자만심으로 가득했지만, 그들 역시 율법을 지킨다는 구실 아래 남을 불쌍히 여길 줄은 몰랐습니다. 심지어 사람이 죽어 가는 데도 안식일에 일을 하면 안 된다는 이유를 들어 도와주지 않고 외면했다는 기록들을 자주 발견할 수 있습니다. 늙은 부모를 마음대로 학대해도 성전에 가서 헌금만 두둑하게 내면 대우를 받는 세상이었으니 얼마나 비정한 세상이었습니까?

그 당시 로마 사회가 얼마나 잔인하고 비정했는지는 여기서 일일이 말할 필요가 없을 것입니다. 많은 문학 작품들과 역사적 기록을 통해서 그 당시 사람들이 짐승보다 더 포악했다는 것을 잘 알 수 있기 때문입니다. 애를 낳았다가 마음에 들지 아니하면 바로 내다 버리는 것을 예사로 생각할 정도였습니다.

예수님께서는 이런 사회적인 배경을 염두에 두시고 갈릴리 호수가 시원하게 내려다보이는 산 위에서 많은 무리들을 향해 이렇게 외치십니다. "긍휼히 여기는 자는 복이 있나니 저희가 긍휼히 여김을 받을 것임이요"(마태복음 5:7). 세상이 돌아가는 방식과는 정반대의 교훈이었습니다. 매정하고 냉정한 이 세상에서는 이를 악물고 정을 억제한 채 표독스럽게 살아야 사람대접도 받고 살아남을 수도 있을 것 같은데, 주님은 거꾸로 "긍휼히 여겨라. 그래야만 행복한 자가 될 수 있다. 긍휼히 여겨라. 그래야만 하나님의 긍휼을 받을 수가 있다"라고 말씀하십니다.

하나님의 눈높이 사랑

'긍휼'이라는 말은 요즘에는 잘 쓰이지 않는 용어로 이미 고어(古語)가 되어 버린 단어입니다. 사전적인 의미로는 '남을 불쌍히 여겨서 돕는 것'입니다. 그렇지만 성경에서 하나님에 대하여 사용하는 긍휼이라는 말은 사전적인 설명으로는 그 깊은 차원을 다 담을 수가 없는 심오함을 내포하고 있습니다. 긍휼이란 흘러넘치는 사랑을 주체하지 못하시는 하나님께서 한없이 약하고 악한 사람들을 대할 때 보여 주시는 태도입니다. 이 말은 성경 내용에 따라 인자, 자비, 사랑, 불쌍히 여김, 혹은 민망히 여김 등의 말로 다양하게 번역됩니다. 그만큼 폭이 넓고 심오한 차원을 가진 말입니다.

우리 인간을 대하시는 하나님의 사랑의 태도라고 한다면 구체적으로 어떤 것을 말하는 것일까요? 그것은 '동일시'라는 말입니다. 어려움에 처한 어떤 형제가 있다고 가정해 봅시다. 그 형제의 처지에 나를 갖다 놓고, 가능한 한 그 형제의 입장에서 보고, 듣고, 말하고, 느끼고, 행동하면서 그를 도와주려고 하는 일련의 태도와 행위를 일컬어서 '동일시하기'라고 말합니다. 심리학에서는 이를 '감정 이입'이라고 하는데 이것이야말로 하나님의 긍휼을 설명할 수 있는 가장 좋은 개념이라고 생각합니다.

하나님이 우리를 보실 때 어떤 마음을 가지실까요? 할 수만 있으면 우리의 처지에서 생각하시려고 하고, 우리가 느끼고 행동하고 경험하는 모든 것에 동참하시어 우리를 이해하고 싶어 하십니다. 이것이 하나님의 마음이고 이것이 긍휼입니다.

우리를 완벽하게 긍휼히 여기시는 분은 하나님 한 분밖에 없습니다. 왜냐하면 하나님은 실제로 우리와 '동일시'하셨기 때문입니다. 하나님이 사람이 되셔서 이 세상에 오신 분이 바로 예수님입니다. 예수님은 사람이 되신 하나님이십니다. 예수님께서 하나님으로서 사람이 되셨다는 것을 신학적으로는 성육신이라고 말합니다. 이 성육신은 하나님의 긍휼이 요구하는 모든 조건을 완벽하게 갖추었습니다. 빌립보서에는 "자기를 비어 종의 형체를 가져 사람들과 같이 되었고 사람의 모양으로 나타나셨으매 자기를 낮추시고"(2:7, 8)라는 놀라운 말씀이 나옵니다. "자기를 비어"라는 말씀은 하나님으로서의 모든 영광과 특권을 다 포기하셨다는 말입니다. "사람들과 같이 되셨다"는 말씀은 우리의 모습을 입고 우리의 처지로 내려오셨다는 의미입니다. 그런데 예수님께서 내려오셔서 그저 구경만 하셨습니까? 아닙니다. 히브리서에서는 "우리와 똑같이 시험을 당하셨다"(4:15)고 말씀하십니다. 시험만 당하시고 그 후에는 아무것도 안 하셨나요? 히브리서 말씀에는 "시험을 당하면서 우리를 도와 주셨다"(2:18)고 했습니다.

이 네 가지를 묵상해 보십시오. 참으로 기가 막힌 동일시입니다. 하나님은 우리를 불쌍히 여겨 주셔서 자기의 영광을 다 포기해 버리시고 자기를 비우셨습니다. 그리고 우리와 똑같은 모습으로 세상에 오셨습니다. 우리가 당하는 모든 고통과 시험을 몸소 체험하셨습니다. 그러면서 우리를 불쌍히 여기시고 필요할 때마다 우리를 도와 주셨습니다. 이것이 하나님의 긍휼이고 '동일시하기'입니다. 하나님의 긍휼이라는 말은 이처럼 대단한 의미를 가지고 있습니다. 예수께서는 자신이 우리를 긍휼히 여기기 위해서 하실 수 있는 모든 것을 다 하셨습니다. 그리고 이제 우리에게 명령하십니다. "긍휼히 여기는 자가 되라. 긍휼히 여기는 자는 복이 있도다."

긍휼을 베풀 수 있는 은혜

하나님이 우리를 긍휼히 여기시듯이 우리가 남을 긍휼히 여기는 것은 쉬운 일은 아닙니다. 말은 쉽게 할 수 있을지 모르지만 막상 실천하려면 요원한 이야기처럼 들립니다. 형제가 어려움에 처했을 때 한두 번 옆에서 함께 마음 아파하고 도와주는 일은 가능할지 모릅니다. 그러나 계속해서 도움을 주어야 하는 형제가 있어서 내가 그의 처지가 되어 지속적으로 나의 것을 나누며 함께 고통을 감수한다는 것은 지극히 어려운 일입니다.

요즘처럼 이기주의가 극성을 부려 형제나 부모라도 자기에게 손해를 줄 것 같으면 얼굴을 돌리는 비정한 세상에 주님이 말씀하시는 이 긍휼을 우리가 실천할 수 있을까요? 어떤 면에서는 거의 불가능해 보이기까지 합니다. 그럼에도 불구하고 예수님께서는 우리에게 긍휼히 여기라고 말씀하십니다. 주님은 할 수 없는 일을 명령하시는 분이 아닙니다. 할 수 있기 때문에 명령하시는 것입니다. 하나님께서는 우리에게 어떤 명령을 하시든지 반드시 먼저 우리가 순종할 수 있도록 여건을 마련하신 후에 하신다는 사실을 잊지 말아야 합니다.

하나님께서 우리에게 긍휼을 베풀 수 있도록 하셨는데 그것은 우리가 경험했기 때문입니다. 누구든지 전혀 경험하지 못한 것을 하라고 하면 쩔쩔매면서 매우 곤란해 할 것입니다. 그러나 자기가 경험한 것은 쉽게 행동으로 옮길 수 있습니다. 정말 힘들면 비슷하게 흉내라도 낼 수 있습니다. 하나님께서는 우리에게 하나님의 긍휼을 엄청나게 경험하는 은혜를 주셨습니다. 바로 우리를 구원하실 때 그렇게 하셨습니다. 나 같은 죄인을 불러서 값없이 죄용서 하시고, 십자가의 피로 씻어주시며, 성령으로 인을 쳐서 아무 조건 없이 자녀 삼아 주셨습니다. 하나님의 이름을 부르면 언제든지 도와주시겠다고 약속하시면서 우리를 구원하셨습니다.

하나님이 우리를 구원하신 것은 어쩌다 마음이 내켜서 해주신 것이 아닙니다. 하나님 편에서는 측량 못할 긍휼을 쏟아 주셨기 때문에 우리를 구원하실 수 있었습니다. 에베소서에는 "긍휼에 풍성하신 하나님이 우리를 사랑하신 그 큰 사랑을 인하여"(2:4)라는 말씀이 있습니다. 긍휼이 흘러넘칠 만큼 풍성하신 하나님께서 우리를 불쌍히 여기시는 그 긍휼의 마음을 억누르지 못하고 허물로 죽은 우리를 그리스도와 함께 살리셨습니다(에베소서 2:5). 이처럼 하나님이 나 같은 것을 불러서 구원하신 이유는 너무나 불쌍해서 가만히 계실 수가 없었기 때문입니다.

긍휼히 여기신 이유

하나님께서 무엇 때문에 나를 이렇게 불쌍히 여기셨는지 모릅니다. 성경을 아무리 뒤져봐도 정확한 이유는 나오지 않고 선뜻 이해하기 힘든 말만 나옵니다. 로마서에서 "모세에게 이르시되 내가 긍휼히 여길 자를 긍휼히 여기고 불쌍히 여길 자를 불쌍히 여기리라 하셨으니 그런즉 원하는 자로 말미암음도 아니요 달음박질하는 자로 말미암음도 아니요 오직 긍휼히 여기시는 하나님으로 말미암음이니라"(9:15, 16)고 하나님께서는 말씀하십니다.

순전히 하나님이 좋게 여기셔서, 하나님의 마음에 들어서 부르신 것이 우리를 불쌍히 여기게 된 동기라는 것입니다. 사람이 간절하게 원하고 아무리 노력하고 애를 쓴다 해도 소용이 없다는 것입니다. 우리가 무슨 재주로 하나님의 눈에 불쌍히 여김을 받겠습니까? 상상할 수 없는 일입니다.

초등학교에 갓 입학한 아이들의 가장 큰 관심사는 누가 자기 담임선생님이 되시는가 하는 것입니다. 만일 예쁜 여자 선생님이 담임선생님이라도 되면 막 흥분합니다. 그 다음 관심사는 어떻게 하면 선생님의 눈에 들까 하는 것입니다. 그래서 모두들 선생님의 관심을 끌기 위해 나름대로 노력을 많이 합니다.

하지만 다 원하는 대로 되지는 않습니다. 어쩌다가 선생님의 눈에 드는 아이는 겨우 한두 명이기 때문입니다. 그러면 그 학생은 남다른 대우를 받게 되는데 선생님이 한 번이라도 심부름을 더 시키거나 눈길을 더 줍니다. 그리하여 다른 아이들의 부러움과 시샘을 한몸에 받습니다. 여기에는 다른 이유가 없습니다. 그 교사에게 이유를 물으면 그 애가 다른 아이들보다 귀여워서 마음을 조금 더 준 것뿐이라는 대답밖에 듣지 못할 것입니다.

하나님이 구원해 주신 것도 마찬가지입니다. 이유가 없습니다. 하나님이 불쌍히 여기고 싶어서 불쌍히 여기셨고, 긍휼히 여기고 싶어서 긍휼히 여기신 것뿐입니다. 이렇게 우리는 하나님의 신비하고 놀라운 긍휼을 입어서 구원받은 하나님의 자녀가 되었습니다.

긍휼의 샘

구원받고 나서 우리는 단 하루도 하나님의 긍휼을 입지 아니하면 숨도 쉴 수 없는 사람이 되었습니다. 제가 날마다 엎드려 기도하는 내용은 크게 다르지 않습니다.

"하나님께서 오늘도 불쌍히 여겨 주십시오. 아무리 목사지만 저 같은 자가 어떻게 완전하신 하나님을 만족시킬 수 있겠습니까? 하루 종일 아무것도 하지 않고 거룩하게 앉아서 기도만 한들 저 같은 것이 어떻게 거룩하신 하나님의 마음에 들겠습니까? 그러니 제발 불쌍히 여겨 주십시오."

세상이 얼마나 악합니까? 무슨 일을 당할지 누가 압니까? 하나님께서 불쌍히 여기셔서 마치 어머니가 자녀를 치마폭에 감싸는 것처럼 보호하시지 아니하면 우리는 오늘도 안심하고 살 수 없습니다. 하나님께서 불쌍히 여기시고 감싸주시기에 오늘 우리가 살고 있는 것입니다.

이 긍휼의 샘이 우리 안에 있습니다. 시편 저자가 이야기한 것처럼 "우리 하나님은 자비로우시며 은혜로우시며 노하기를 더디 하시며 인자하심이 풍성하십니다. 날마다 경책지 아니하시고, 항상 노를 품지도 아니하십니다. 우리의 죄악을 따라 갚지 아니하시고, 그저 참아 주시며, 기다려 주시고, 덮어 주시고, 우리의 모든 죄를 사하여 주십니다.

우리의 모든 병을 고치시며, 우리의 생명을 파멸에서 구속해 주시고, 인자와 긍휼로 관을 씌우시고, 우리의 모든 소원을 만족시켜 주십니다"(103:1~5).

이렇게 큰 긍휼을 입고 살면서 신앙생활을 하기 때문에 우리도 남을 긍휼히 여길 수 있는 것입니다. 내가 맛을 보았기 때문에 가능한 것입니다. 그러므로 불가능한 일을 왜 자꾸 시키시는지 모르겠다고 불평해서는 안 됩니다.

영국에 토마스 무어라는 믿음이 좋은 귀족이 있었습니다. 무고한 중상모략으로 인해 사형선고를 받으면서 그가 재판정에서 남긴 유명한 말이 있습니다. 재판관이 사형 언도를 하자 무어 경이 재판관을 보고 이렇게 말했습니다.

"재판관님, 오늘만은 내가 당신을 친구라고 부르게 해주세요. 친구여, 당신과 나의 관계가 바울과 스데반의 관계처럼 되기를 원합니다. 바울은 스데반을 미워해서 돌로 쳐 죽인 사람입니다. 그러나 후에 바울이 예수님을 믿고 평생토록 복음 증거자의 인생을 살았으며 지금은 하나님 나라에서 스데반과 가장 가까운 친구로서 손잡고 영원히 살고 있습니다. 당신이 나에게 사형을 언도했지만, 당신도 예수 믿고 나중에 저 하늘나라에서 나와 함께 손잡고 영원토록 기뻐하며 행복하게 사는 친구가 되기를 바랍니다."

그 말을 듣고서 재판관은 충격을 받았습니다. 그리고 물었습니다. "나는 당신에게 사형을 언도하는데 당신은 어찌해서 나에게 이렇게 선한 말을 합니까?" 토마스 무어 경은 "내가 그렇게 할 수 있는 것은 예수님께서 나에게 먼저 긍휼을 베푸셨기 때문입니다"라고 대답했습니다.

우리는 하나님의 무한한 긍휼을 경험했기 때문에 다른 이들에게 긍휼을 베풀 수가 있는 것입니다.

예수님의 긍휼

어떻게 해야 예수님처럼 긍휼히 여기는 자가 될까요? 예수님의 모범을 따르면 됩니다. 예수님께서 세상에 계실 때 우리에게 보여 주신 몇 가지 모범이 있습니다. 첫 번째, 예수님은 구원을 받지 못하는 사람들을 아주 불쌍히 여기셨습니다. 마태복음에 "무리를 보시고 민망히 여기시니 이는 저희가 목자 없는 양과 같이 고생하며 유리함이라"(9:36)는 말씀이 있습니다. 예수님은 세상에 있는 사람들을 보실 때 신분의 고하(高下)나 빈부에 관계없이 마음속에 하나님을 모시지 않고 사는 자들이라면 누구나 심히 불쌍히 여기셨습니다. 목자가 없어서 어디로 가야 할지 몰라 뿔뿔이 흩어져 헤매며 고생하는 양처럼 보셨다고 했습니다. 이것이 예수님의 긍휼입니다.

우리도 우리 주변에 있는 형제, 자매들을 하나님의 마음을 가지고 불쌍히 보아야 합니다. 결국 구원 받느냐 받지 못하느냐가 그 사람의 영원한 운명을 결정지을 텐데 이 세상에서 고대광실을 지어 놓고 살면 무엇합니까? 모두가 우러러 보는 자리에 오르면 무엇합니까? 남보다 조금 앞서면 무엇합니까? 남보다 조금 건강하게 몇 년 더 살면 무엇합니까? 만약 구원받지 못했다면 이 모든 것을 다 누리고 산 사람이라 하더라도 얼마나 불쌍한가 하는 말입니다.

교부 어거스틴은 "우리가 영혼이 떠난 육신을 앞에 놓고 통곡을 한다면 하나님 떠난 영혼을 놓고 어찌 눈물을 흘리지 않겠는가?"라는 말을 했습니다. 옳은 말입니다.

저에게는 중학교 때부터 다정한 친구가 하나 있습니다. 거의 50여 년 가까이 된 친구이지만 좀더 친해지지 못하는 벽이 우리 사이에 있습니다. 왜냐하면 저는 교회 목사이지만 그 친구는 예수님을 안 믿기 때문입니다. 아무리 다정하고 가까운 것 같아도 영적으로 통하지 않으면 힘이 듭니다. 그 친구는 지금도 제일 가까운 친구가 누구냐고 물으면 '옥한흠'이라고 대답한다고 합니다. 좋은 대학을 졸업해서 나름대로 인생을 의미 있게 사는 사람입니다. 아들 둘도 좋은 학벌을 가지고 부러움을 살 만한 직장에 다니고 있습니다. 겉으로 보기에는 행복해 보이는데 예수님을 안 믿습니다. 얼마 전에 그 친구로부터 7년 만에 전화가 왔습니다. "너 아직도 예수 안 믿지?" 안 믿는다고 합니다. 그래서 약간 밀어붙였습니다. "이제 더 이상 버티지 말고 나오지 그래." 그랬더니 그 친구가 하는 말이 저에게 아픔을 주었고 불쌍하다는 생각을 억누르지 못하게 만들었습니다. "나는 아직은 멀었어. 할 일이 너무 많아. 요즘에 남은 생을 의미 있게 보내기 위해서 보는 책도 있고, 하는 일도 있기 때문에 네 곁에 가기에는 아직 이르다고 생각해. 좀더 나중에 나이가 들어서 힘이 빠지면 반드시 네 곁에 갈 거야. 그 때 가서 잘 믿을게. 조금만 봐 줘."

영적으로 눈이 어두워져 캄캄하면 어쩔 수가 없습니다. 정말 목자 없는 양처럼 갈팡질팡합니다. 그래서 하나님께서 불쌍히 여기신 겁니다. 불쌍히 여겨야 합니다. 이것이 주님의 긍휼입니다.

눈높이를 낮추고

긍휼히 여기기 위해 예수님께로부터 배워야 할 두 번째 모범은 고통 중에 있는 자들을 긍휼히 여기는 것입니다. 우리 주님은 병든 자, 장애인, 세상에서 버림받고 천대받는 죄인들, 귀신 들린 자와 같은 사람들을 얼마나 불쌍히 여기셨는지 모릅니다. 마가복음에 가슴 뿌듯한 이야기가 나옵니다. 나병환자가 죽을 고생을 해서 예수님 앞에까지 왔습니다. 아마 돌에 맞아 죽을 각오를 하고 찾아왔을 것입니다. 그의 말을 들어 보십시오. "선생님, 선생님이 원하시면 저를 깨끗하게 할 수 있습니다"(마가복음 1:40). 얼마나 눈물겨운 하소연입니까? 예수께서 그의 모습을 보시고 하신 말씀을 성경은 이렇게 기록하고 있습니다. "예수께서 민망히 여기사 손을 내밀어 저에게 대시며 가라사대 내가 원하노니 깨끗함을 받으라 하신대"(마가복음 1:41). 이 말씀을 하시자마자 그 환자가 고침을 받았습니다.

누가복음에는 이밖에도 가슴이 뜨거워지는 장면이 7장에 또 나옵니다. 예수님께서 나인 성이라는 작은 동네를 지나가시는데 상여를 앞세운 장례식 행렬을 보셨습니다. 상여 바로 뒤에는 보기에도 딱할 정도로 오열을 하며 따라가는 여인이 하나 있있습니다. 얼마나 팔자가 사나왔는지 결혼해서 아들 하나 낳고는 남편이 죽었습니다. 그래서 그 아들을 자기 생명처럼 여기고 불면 날아갈까 쥐면 꺼질까 날마다 가슴을 졸이며 키웠습니다. 그런데 어떻게 키운 아들인데 한참 팔팔할 20대 초반의 나이에 그만 갑자기 죽어 버린 것입니다. 그러니 그 마음이 얼마나 아프겠습니까? 예수님은 장례 행렬 뒤를 따라가며 흐느끼는 그

과부의 마음을 들여다보셨습니다. 그 때 성경은 무엇이라고 말씀하고 있습니까? "주께서 과부를 보시고 불쌍히 여기사 울지 말라"(누가복음 7:13하) 하신 후 그리고는 관에 손을 얹으시고 명령하십니다. "청년아 내가 네게 말하노니 일어나라"(누가복음 7:14하). 그러자 죽었던 자가 일어나 앉아 말도 하는 것입니다. 주님은 그를 인도해서 슬픔으로 넋이 나가있던 그 어머니에게 넘겨주셨다고 했습니다. 얼마나 감동적인 장면입니까?

예수님은 세상에서 고통당하고 괴로움 당하는 많은 사람을 불쌍히 여기셨습니다. 우리도 그렇게 해야 합니다. 눈높이를 조금만 낮추고 주변을 살펴보면 애타게 긍휼을 기다리는 사람들이 너무나 많다는 것을 알 수 있습니다. 사람을 불쌍히 여기는 마음을 가지고 대합시다. 쌀쌀한 눈을 가지고 사람을 보지 맙시다. 예수님은 그렇게 하지 않으셨습니다.

용서를 통한 긍휼

우리는 예수님처럼 용서를 통해서 긍휼히 여길 줄 알아야 합니다. 예수님께서 운명하시던 장면을 기억하십니까? 그가 운명하시기 전에 하신 기도가 있습니다. "아버지여 저희를 사하여 주옵소서 자기의 하는 것을 알지 못함이니이다"(누가복음 23:34중). 쉽게 말하면 이런 뜻입니다. "하나님, 저들이 몰라서 하는 것입니다. 나를 못 박는 저 짐승 같은 로마 군인들, 나를 팔아먹은 저 무지막지한 유대인들, 다 몰라서 하는 것입니다. 아버지여, 저들을 용서해 주옵소서."

"몰라서 한다"는 말 속에는 불쌍히 여기는 마음이 들어 있습니다. 아이들이 잘못한 일이 있어서 "저 놈 오늘 저녁에 가만히 안 둔다"고 속으로 단단히 벼르고는 회초리까지 준비해 놓고 있는데, 아내가 옆에서 자꾸 말합니다. "그 애가 무얼 알겠어요. 몰라서 한 것을 때리면 무엇합니까?" 처음에는 그 말이 귀에 잘 안 들어오다가도 몇 번 듣고 있자면 사실이 그런 것 같다는 생각이 듭니다. 겨우 열서너 살짜리가 알면 얼마나 알겠습니까? 그러면 불쌍히 여기는 마음이 생깁니다. "그래. 몰라서 그랬는데 그만두자. 여보, 데리고 오지 마. 가만히 둬." 따끔하게 손을 봐 주려던 계획은 이렇게 끝납니다.

아마 예수님께서 그러셨던 것 같습니다. "몰라서 나를 십자가에 못 박는구나. 참으로 불쌍하다." 우리가 형제를 불쌍히 여기면 용서하게 됩니다. 예수님은 용서하면서 불쌍히 여기셨습니다. 불쌍히 여겼기 때문에 용서하셨습니다.

무조건적 긍휼, 조건적 긍휼

주님은 긍휼을 베푸는 자, 긍휼히 여기기를 원하는 자에게 행복을 약속하셨습니다. "긍휼히 여기는 자는 복이 있나니"(마태복음 5:7). 긍휼히 여기는 자가 행복한 데는 이유가 있습니다. 긍휼히 여기는 마음은 내 마음이 아니고 하나님의 마음, 예수님의 마음이기 때문입니다. 긍휼히 여기는 자는 자기 안에 예수님의 마음, 하나님의 마음을 가지고 있는 것입니다. 하나님의 마음은 평안합니다. 하나님의 마음에는 이기심과 갈등으로 인한 풍랑이 일지 않습니다. 하나님의 마음을 소유하면 평안이 찾아옵니다. 그러므로 행복합니다.

바클리가 "긍휼히 여기는 것은 하나님과 우리를 연합시키고, 긍휼히 여기지 않는 것은 하나님과 우리를 갈라놓는다"라고 말한 것처럼 우리가 긍휼히 여기면 하나님과 내가 하나가 됩니다. 그분의 마음이 내 마음이 되는 것입니다.

얼마 전 장애인 부서를 담당하고 있는 분의 설교를 듣는 중에 참 감동적인 말을 들었습니다. 장애 아이들을 데리고 씨름하는 120여 명의 교사들에게도 그 일이 하기 싫어서 내팽개치고 싶을 때가 있을 것입니다. 얼마나 어려움이 많겠습니까? 그만큼 그 사역은 마음을 다하여 사랑을 흠뻑 쏟아 주어야 할 수 있는 일인 것입니다. 그런데 그 장애아들을 섬기다 보니 깨닫는 것이 있다고 합니다. "아! 이렇게 하는 것은 내 마음을 가지고 하는 것이 아니고 하나님의 마음을 가지고 하는 것이구나. 이것은 내 마음이 아니라 하나님의 마음이야"라는 것입니다. 이것은 진리입니다.

계속해서 하나님으로부터 긍휼히 여김을 받는다는 것입니다. 우리가 구원을 받을 때 값없이, 조건 없이 하나님의 긍휼을 입었습니다. 그러나 구원받은 다음에 하나님의 긍휼을 입으려면 그것은 조건적입니다. "너희가 긍휼히 여기면 내가 긍휼히 여긴다. 너희가 용서하면 내가 용서한다." 거짓말이 아닙니다. "주라 그리하면 너희에게 줄 것이니 곧 후히 되어 누르고 흔들어 넘치도록 하여 너희에게 안겨 주리라 너희의 헤아리는 그 헤아림으로 너희도 헤아림을 도로 받을 것이니라"

(누가복음 6:38). 우리가 먼저 주고, 먼저 불쌍히 여기고, 먼저 구제하고, 먼저 도와주면 주님께서 우리를 도와주신다는 말씀입니다.

하나님께로부터 긍휼을 받고도 남을 긍휼히 여기지 아니하면 그때부터는 하나님도 얼굴을 돌리신다는 것입니다. "너희가 사람의 과실을 용서하면 너희 천부께서도 너희 과실을 용서하시려니와 너희가 사람의 과실을 용서하지 아니하면 너희 아버지께서도 너희 과실을 용서하지 아니하시리라"(마태복음 6:14, 15). 형제를 용서하지 않으면 하나님도 용서하지 않으시겠다는 말씀입니다. 이미 하나님의 긍휼을 입고 구원받은 사람이 계속해서 하나님의 긍휼을 입기 위해서는 먼저 용서를 베풀라는 말씀에 순종해야 하는 것입니다. 그 조건이 충족될 때마다 하나님이 나를 불쌍히 여겨 주십니다.

긍휼을 실천해야 합니다. 긍휼을 실천할 때, 하나님이 우리를 불쌍히 여기실 것입니다. 하나님이 우리를 불쌍히 여기시면 우리가 얼마나 행복한 사람이 되겠습니까? "나의 평생에 선하심과 인자하심이 정녕 나를 따르리니 내가 여호와의 집에 영원히 거하리로다"(시편 23:6). 형통할 때나 역경을 당할 때나 항상 하나님께서 불쌍히 여겨 주시고 옆에 계시는데 누구를 무서워하며, 무엇을 두려워하겠습니까? 세상에서 이 사람 만큼 행복한 사람이 어디 있겠습니까? 행복하기를 원한다면 긍휼히 여기십시오. 하나님의 긍휼을 덧입기를 원한다면 먼저 긍휼히 여기십시오.

매정하고, 잔인하고, 더럽고, 악한 세상 속에 우리는 긍휼을 베풀어 병든 사회를 치유하고 고통과 절망 속에 빠진 많은 사람을 그리스도 앞으로 인도해야 합니다. 이 세상을 살맛나는 사회로 바꾸어 놓아야 합니다. 하나님의 긍휼을 체험한 우리가 바로 이 일을 해야 합니다. 하나님의 백성 된 우리가, 예수님의 제자 된 우리가 바로 이 일을 해야 합니다.

꼭! 이것만은 기억하자!

긍휼이란
흘러넘치는 사랑을
주체하지 못하시는 하나님께서
한없이 약하고 악한 사람들을 대할 때
보여주시는 태도이다.

하나님은 할 수만 있다면
우리의 처지에서 생각하시려고 하고
우리가 느끼고, 행동하고,
경험하는 모든 것에 동참하시어
우리를 이해하고 싶어 하신다.

예수님께서는
자신이 우리를 긍휼히 여기기 위해
하실 수 있는 모든 것을 하셨다.
그리고 이제 우리에게
긍휼히 여기는 자가 되라고 명령하신다.

긍휼을 실천해야 한다.
긍휼을 실천할 때
하나님이 우리를 불쌍히 여기실 것이다.

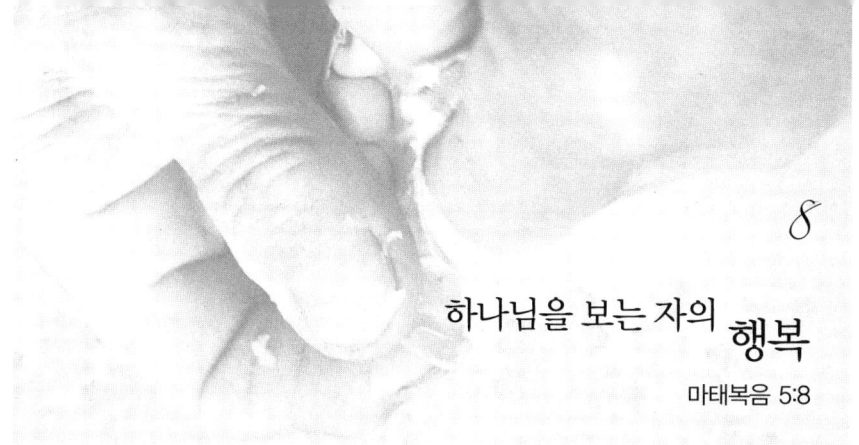

8

하나님을 보는 자의 행복

마태복음 5:8

"마음이 청결한 자는 복이 있나니 저희가 하나님을 볼 것임이요."

사람들은 누구나 무엇인가를 바라보면서 살아갑니다. 그 대상이 물질적인 것이든 정신적인 것이든 말입니다. 사업을 하는 사람들은 눈을 뜨고 있으나 감고 있으나 항상 돈을 생각하며 삽니다. 예술가들은 높은 경지의 미를 추구하면서 거기서 눈을 떼지 못합니다. 정치가들은 늘 권력과 명예를 바라보며 좇아갑니다. 사랑에 빠진 사람은 사랑밖에는 눈에 들어오는 것이 아무것도 없습니다. 이렇게 사람들은 무엇인가를 바라보면서 한평생 살아갑니다. 그러므로 어떤 사람이 무엇을 바라보고 사는가 하는 것은 그 사람의 인생의 질을 평가하는 척도가 되는 것으로 매우 의미가 있습니다.

예수님을 믿는 사람도 이 세상에서 불신자들과 마찬가지로 사회생활을 해야 합니다. 믿음이 좋다고 해서 세상 사람들이 하는 것을 하지 않고 사는 것은 아닙니다. 우리 역시 각자 성취하려고 하는 목표를 앞에 두고 그것을 바라보면서 뛰는 삶을 살아야 합니다.

구약 성경에 야곱이라는 위대한 족장이 나옵니다. 야곱은 20년 동안 처가에 얹혀서 남 보기에도 구차한 삶을 살았습니다. 그러나 그 마음

속에는 자나깨나 잊어버릴 수 없는 꿈이 있었습니다. "어떻게 하면 이 곳에서 기반을 닦아서 독립할 수 있을까?" 이 꿈 때문에 그는 20년 동안 아롱진 양, 얼룩진 염소, 까만 소와 같이 흰 것을 제외한 모든 색깔 있는 가축들만 쳐다보면서 살았습니다. 삼촌의 가축들 중에 흰 것은 다 삼촌 것이지만, 아롱지거나 얼룩지거나 까만 것은 전부 자기 것이 되도록 계약이 되어 있었기 때문입니다. 그는 결국 나중에 한 살림 톡톡히 챙겨서 독립하게 됩니다. 하나님께서는 야곱의 그와 같은 태도를 나쁘다고 나무라지 않으셨습니다.

교회 나가고, 제자훈련 받고, 하나님의 뜻대로 산다고 하면서 자기에게 맡겨진 일은 적당히 하거나 심지어 방치해 두고는 날마다 무릎 꿇고 기도만 하는 것은 하나님이 요구하시는 바가 아닙니다. 그리스도인도 경쟁 사회에서 앞을 내다보고 자신이 세운 목표를 향해 집중해서 뛰어야 합니다. 공부하는 사람은 공부에, 사업하는 사람은 사업에, 공무원은 공무에, 가정주부는 가사 일에 열심을 가지고 뛰어야 합니다. 단지 하나님께서 한 가지 요구하시는 것은, 아무리 자기가 세운 목표를 바라보고 뛸지라도 그 목표를 하나님보다는 더 사랑하지 말라는 것입니다.

마음의 눈

세상 사람과 달리 예수 믿는 사람에게는 다른 것이 하나 있는데, 그것은 하나님을 볼 수 있는 눈을 가지고 있다는 사실입니다. 이는 육신의 눈을 말하는 것도, 정신적인 눈을 이야기하는 것도 아닙니다. 바로 마음의 눈을 가리키는 것입니다. 요한복음에 "진실로 진실로 네게 이르노니 사람이 거듭나지 아니하면 하나님 나라를 볼 수 없느니라"(3:3)는 말씀이 있습니다. 이 말씀을 반대로 생각하면 "누구든지 성령으로 거듭나면 하나님 나라를 볼 수 있느니라"가 됩니다. 여기서 '보는 눈'은 심령의 눈, 마음의 눈을 가리킵니다. 즉 성령으로 거듭나면 마음의 눈이 열리게 되어 하나님 나라를 볼 수 있게 된다는 말입니다.

하나님 나라를 본다는 것은 곧 예수님을 본다는 말인데, 그것은 예수님을 나의 구주로 고백한다는 의미입니다. 또한 예수님은 하나님이시기 때문에 예수님을 본다는 말은 곧 하나님을 본다는 의미입니다. 그러므로 성령으로 거듭난 사람은 마음의 눈으로 하나님을 보는 사람이 되는 것입니다. 하나님을 보는 눈을 가지고 있는 사람만이 하나님 앞에 신령과 진정으로 예배드릴 수 있는 것입니다.

"마음이 청결한 자는 복이 있나니 저희가 하나님을 볼 것임이요"(마태복음 5:8). 이 말씀은 마음으로 하나님을 본다는 뜻입니다. 즉 "마음의 눈으로 하나님을 보는 것은 복되고 행복하다"는 것입니다. 예수님께서 제자들에게 하신 이 말씀은 우리에게도 동일하게 주시는 말씀입니다. "너희 눈은 봄으로 너희 귀는 들음으로 복이 있도다"(마태복음 13:16). 여기서의 눈은 바로 마음의 눈입니다.

보는 것과 아는 것

"하나님을 본다"는 말을 바르게 이해하기 위해서는 보충적인 설명이 필요합니다. 하나님은 거룩하십니다. 하나님은 영이십니다. 우리가 가까이 접근할 수도 없고, 육신의 눈으로 확인할 수도 없는 초월적인 존재입니다. 이 초월적인 존재를 인격적으로 경험하고 인지하는, 심오한 영적 세계를 표현할 때 성경은 '본다'라는 용어를 사용합니다.

성경에서 "하나님을 본다"고 할 때 '본다'와 거의 비슷한 의미로 사용하는 용어가 있는데 '안다'라는 단어입니다. "하나님을 본다"와 "하나님을 안다"는 거의 동일한 의미로 사용 되었습니다. 그 좋은 예가 에베소서에 나타납니다. "우리 주 예수 그리스도의 하나님, 영광의 아버지께서 지혜와 계시의 정신을 너희에게 주사 하나님을 알게 하시고 너희 마음눈을 밝히사 그의 부르심의 소망이 무엇이며 성도 안에서 그 기업의 영광의 풍성이 무엇이며 그의 힘의 강력으로 역사하심을 따라 믿는 우리에게 베푸신 능력의 지극히 크심이 어떤 것을 너희로 알게 하시기를 구하노라"(1:17~19). 로마 감옥에 갇힌 사도 바울이 사랑하는 에베소교회 성도들을 위해 아침저녁으로 차가운 돌바닥 위에 무릎을 꿇고 엎드려 눈물을 흘리며 간절히 기도하는 내용입니다. 그런데 이 내용을 가만히 보면 참 놀라운 진리가 그 안에 들어 있는 것을 발견할 수 있습니다. 에베소교회 성도들은 이미 예수님을 믿는 신실한 그리스도인늘입니다. 그들에게는 하나님을 보는 눈이 있어서 하나님을 보고 사는 사람들입니다. 그럼에도 불구하고 바울은 "하나님이여, 지혜와 계시의 성령을 에베소교회 성도들에게 허락하셔서 마음의 눈을 열어 주시고 하나님을 알게 해주시옵소서. 구원을 주신 예수님을 알게 해주시옵소서. 능력을 주시는 성령님을 더 알게 해주시옵소서"라고 기도합니다.

마음의 눈을 밝혀서 "보게 해 달라"고 하는 것이 어법상 자연스러울 텐데 "알게 해 달라"고 기도합니다. 이것은 무엇을 의미합니까? '본다'는 말이나 '안다'는 말이 별 차이가 없다는 것입니다. 그러므로 '본다'라는 표현을 이상하게 생각하지 마십시오. 우리의 마음으로 하나님을 깊이 인지하고 경험하면 이미 보고 있는 것입니다. 또 우리가 마음의 눈으로 하나님을 가득히 볼 수만 있다면 우리는 그분을 아는 것입니다. 바울이 알게 해 달라는 뜻으로 사용한 '에피그노세이(epignosei)'라는 헬라어는 대단히 복잡하고 차원이 깊은 말입니다. 빈 자리가 없도록 하나님을 아는 것으로 가득 채워 달라는 의미인데, 그 정도면 '본다'고 하나 '안다'고 하나 차이가 없습니다.

우리가 하나님을 알면 알수록 마음의 눈은 더 밝아져서 하나님을 더 가까이 보게 된다는 것입니다. 모르면 모르는 만큼 하나님은 희미하고 작게 보입니다. 그러므로 아는 것과 보는 것은 떼어놓을 수 없습니다. 이런 이유 때문에 바울이 예수님을 잘 믿는 에베소교회 성도들을 위해서 하나님을 더 알게 해 달라고 간절히 기도했던 것입니다.

깨끗한 마음

바울의 기도 가운데 우리가 놓쳐서는 안 될 중요한 사실이 있습니다. 하나님을 보기 위해서는 하나님을 아는 것만으로는 부족하다는 것입니다. 하나님을 보기 위해 반드시 필요한 것은 바로 마음이 청결해야 된다는 것입니다. "마음이 청결한 자는 복이 있나니 저희가 하나님을 볼 것임이요."

청결하다는 말에는 두 가지 뜻이 있습니다. 우선 말 그대로 깨끗하게 하는 것을 말합니다. 우리 몸에 있는 눈은 하루에 약 2만 5,000번 정도 깜빡거린다고 합니다. 그렇게 깜빡거릴 때마다 눈물샘에서 깨끗한 액체가 나오는데 그것으로 안구를 계속해서 씻어 냅니다. 그래서 작은 먼지 하나라도 남아 있지 않도록 우리 눈을 깨끗하게 유지해 줍니다. 이런 과정이 있기에 밝은 눈으로 사물도 보고, 사람도 보고, 글도 보는 것입니다. 청결이라는 말을 이해하려면 우리 눈을 깨끗하게 하는 것을 떠올리면 됩니다.

우리는 죄가 마음을 더럽게 한다는 사실을 경험으로 잘 알고 있습니다. 남을 미워하면 마음이 침침해지고 하나님이 점점 흐릿하게 보입니다. 증오를 가지고 다른 사람을 대하면 용서하지 못한 채 계속 미움의 불길이 타오르고 마음의 눈은 어두워져 하나님이 안 보이게 됩니다. 음욕을 품으면 마음이 더러워져 하나님을 볼 수 없습니다. 거짓말을 함부로 하면 하나님을 옆에 두고도 못 봅니다. 하나님을 아무리 잘 알고 있어도 더러워지면 안 보이는 것입니다. 마치 눈을 가지고 있지만 눈에 무엇인가가 덮이면 아무것도 안 보이는 것과 같습니다.

노벨문학상을 받은 문학가 프랑소아 모리악은 평소에 자기 몸속에서 독사처럼 꿈틀거리며 올라오는 성적인 욕정 때문에 몹시 고통을 당했다고 합니다. 그런 것에서 비교적 자유할 수 있도록 태어나는 사람이 있는가 하면, 불행하게도 강한 욕정에 잘 얽매이도록 태어나는 사람들도 있는데, 아마 모리악이 그런 사람이었던 것 같습니다. 다행히 그에게는 문학적인 재질이 있었기 때문에 자기 내면에서 일어나는 이런 욕정과의 싸움을 문학작품으로 승화시키는데 성공할 수 있었습니다.

모리악은 마태복음 5장 8절을 두고 이렇게 이야기를 했습니다. "마음의 불결함은 하나님으로부터 멀어지게 합니다. 영적 세계에도 물리적 세계처럼 따라야 할 법칙이 하나 있습니다. 더 높은 사랑, 그 어떤 것보다 뛰어난 하나님의 사랑을 소유하려면 정결함은 그 필수 조건입니다." 쉽게 말하면 마음이 깨끗해야 하나님 앞에 나아갈 수 있고 사랑의 하나님을 볼 수 있다는 말입니다. 마음이 더러워지면 더러워질수록 하나님은 멀어진다는 이야기입니다. 모리악은 자기 경험을 통해서 그것을 분명히 이야기하고 있습니다. 우리는 마음을 깨끗하게 해야 합니다. 죄를 받아들이지 말아야 합니다.

두 마음

청결함의 두 번째 의미는 마음이 나뉘지 아니하는 것입니다. 다시 말하면 이중적이지 않은 마음, 위선적이지 않은 마음이 바로 청결입니다. 주님은 마태복음에서 "한 사람이 두 주인을 섬기지 못할 것이니 혹 이를 미워하며 저를 사랑하거나 혹 이를 중히 여기며 저를 경히 여김이라 너희가 하나님과 재물을 겸하여 섬기지 못하느니라"(6:24)는 말씀을 하셨습니다. 그런데 이 말씀 바로 앞에 "눈은 몸의 등불이니 그러므로 네 눈이 성하면 온 몸이 밝을 것이요 눈이 나쁘면 온 몸이 어두울 것이니 그러므로 네게 있는 빛이 어두우면 그 어두움이 얼마나 하겠느뇨"(6:22, 23)라는 말씀이 나옵니다. 주님이 이렇게 연결하여 말씀하신 것에는 특별한 의도가 있습니다. 마음이 나뉘면 하나님이 보이지 않는다는 것을 교훈하시기 위함입니다.

하나님께 마음을 드렸다가도 세상에 나와서는 금방 돈에 마음을 준다면 마음이 나뉘는 것입니다. 하나님을 똑바로 보아야 될 신령한 영안을 가지고 세상적인 것들을 추구하면 마음이 나뉘어서 하나님이 안 보입니다. 왜냐하면 마음이 청결하지 못하기 때문입니다. 두 가지 생각을 한꺼번에 갖고 있으니 그 마음이 하나님 보시기에 청결하지 못한 것입니다. 눈을 감으나 뜨나 하나님을 보면서 살기를 원한다면 청결해야 합니다. 마음이 나뉘면 안 됩니다.

성령께서 우리의 영혼을 향하여 이렇게 묻습니다. "너의 마음에 하나님을 보고자 하는 거룩한 열망이 있느냐? 그분을 알고 싶은 거룩한 열망이 있느냐?" 만일 이런 열망이 있다면 마음을 더럽히는 것을 제거해야 합니다. 그 어떤 것도 마음을 갈라놓지 못하게 해야 합니다. 그래야만 하나님을 보는 행복한 자가 될 수 있습니다.

덴마크의 대표적인 기독교 철학자 키에르케고르는 평생 독신으로 살았기 때문에 창녀들의 유혹을 자주 받았습니다. 언젠가 어떤 창녀 때문에 몹시 고통을 당한 적이 있습니다. 거기에 말려 들어가면 어떤 파괴적인 결과를 가져올지 그도 잘 알았지만 절제가 되지 않고 자꾸 마음이 끌렸습니다. 그는 이를 몹시 괴로워하다가 결국 일기장에 이런 말을 남기게 됩니다. "마음의 깨끗함, 진정한 마음의 깨끗함은 오직 한 가지 목적에 몰두하는 데 있습니다. 하나님께 속한 거룩한 목적에 내가 몰두할 때에 나는 내 마음이 깨끗해지는 것을 느낍니다." 하나님을 보고자 하는 거룩한 열망, 거룩하신 하나님 앞으로 나아가고자 하는 거룩한 열망으로 가슴이 불탈 때면 마음이 더러워질 틈이 없다는 것입니다.

즉 두 가지가 상승 작용을 일으키는 것입니다. 마음을 깨끗하게 하면 하나님을 볼 수 있습니다. 또 하나님을 보고자 하는 열망이 불타면 마음은 깨끗해집니다. 결론은 간단합니다. 마음이 청결한 자가 하나님을 볼 수 있는 것입니다. 야고보가 이렇게 말씀했습니다. "하나님을 가까이 하라." 이 말은 "하나님을 가까이 가서 보라"는 의미입니다. 곧이어 그렇게 하기 위해서는 다음과 같은 조건이 필요하다고 말씀합니다. "하나님을 가까이 하라 그리하면 너희를 가까이 하시리라 죄인들아 손을 깨끗이 하라 두 마음을 품은 자들아 마음을 성결케 하라"(야고보서 4:8). 이것은 우리가 하나님 보기를 원할 때에 꼭 기억해야 될 중요한 사실입니다.

최고의 행복을 누리는 비결

예수님께서는 마음을 청결케 하여 하나님을 보는 자가 복이 있다고 말씀하십니다. "마음이 청결한 자는 복이 있다. 왜냐하면 하나님을 볼 것이기 때문이다." 이를 좀더 구체적으로 설명하면 "마음이 청결해서 하나님을 보는 사람은 정말 행복한 사람이다. 이 세상에서 하나님을 보고 사는 사람만큼 행복한 사람은 없다"라는 말입니다.

눈을 감으나 뜨나 눈앞에 하나님만 보이는 사람, 그 마음을 하나님으로 가득 채우고 있는 사람, 세상에 이 사람만큼 만족스러운 삶을 사는 사람은 없습니다. 천지만물을 창조하신 여호와 하나님이 그 마음에 가득합니다. 인간의 생사화복을 좌우하시는 하나님을 밤낮으로 보면서 삽니다. 죽은 자도 살리시고, 없는 것도 있게 하시는 전능하신 하나님이 항상 눈앞에 계십니다.

우리가 그처럼 하나님의 존전 의식을 가지고 사는 사람이라고 한다면 우리를 두렵게 할 것이 천하에 어디에도 없습니다. 하나님이 보이는 사람을 누가 두렵게 만듭니까? 마음에 어떻게 불만이 쌓일 수 있습니까? 어떻게 좌절하고 앉아서 탄식할 수 있겠습니까? 하나님 안에는 좌절이 없습니다. 절망이 없습니다. 그 하나님을 보면서 사는데 그 사람을 누가 탄식하게 만들겠습니까? 그러므로 주님께서 "하나님을 보는 자가 복이 있다. 행복하다"고 말씀하시는 것입니다.

이것은 추상적인 이야기가 아닙니다. 낫 놓고 기역자도 모르시던 옛날 부모님들의 모습을 지금도 생생히 기억하고 있습니다. 비록 세상적으로 갖추지 못한 것이 많음에도 불구하고, 날마다 살아 계신 하나님을 마음의 눈으로 보면서 만족하며 감사하는 모습, 늘 미소를 잃지 않고 찬송하면서 사시던 모습을 너무나 많이 뵈었습니다.

하나님의 등

우리가 하나님을 본다고 할 때에 한 가지 유념해야 할 것이 있습니다. 하나님의 전부를 볼 수는 없다는 것입니다. 하나님은 무한하고 광대하신 분인데 어떻게 한꺼번에 다 볼 수 있겠습니까? 하나님께는 거룩과 사랑, 전지전능, 무소부재 등의 성품이 있습니다. 그리고 그분은 영이시기 때문에 어제나 오늘이나 영원토록 동일하신 품성을 가지고 계십니다. 이런 하나님의 초자연적인 품성을 우리가 한꺼번에 볼 수는 없습니다.

모세가 하나님 앞에 기도했습니다. "하나님의 영광을 보게 해 주십시오." 떼를 쓰고 매달리자 모세를 사랑하신 하나님께서 말씀하십니다. "네 요구를 들어주마." 그러나 "네가 내 얼굴을 보지 못하리니 나를 보고 살 자가 없음이니라 여호와께서 가라사대 보라 내 곁에 한 곳이 있으니 너는 그 반석 위에 섰으라 내 영광이 지날 때에 내가 너를 반석 틈에 두고 내가 지나도록 내 손으로 너를 덮었다가 손을 거두리니 네가 내 등을 볼 것이요 얼굴은 보지 못하리라"(출애굽기 33:20~23). 하나님께서는 모세 앞을 지나시면서 손으로 모세를 잠깐 덮었다가 놓았는데 모세는 하나님의 등만 살짝 보았다고 했습니다.

우리도 마찬가지입니다. 하나님을 알고, 하나님을 본다고 말하지만 실제로는 하나님의 등만 살짝 보는 것입니다. 하나님의 여러 품성들 중에 겨우 하나만을 경험하는 것입니다. 처한 형편에 따라 정말 은혜가 되는 하나님의 일부분만을 알게 되고, 보게 되고, 경험하게 되는 것입니다.

어떤 하나님을 보십니까

아브라함은 75세에 하나님께 엄청난 약속을 받았습니다. "내가 너에게 아들을 주겠다. 그리고 그 아들을 통해서 전 세계 사람들이 복을 받을 것이다." 75세라면 나이로 봐서는 1, 2년 안에 아들을 주셔야 마땅합니다. 그럼에도 불구하고 하나님은 25년 동안 가만히 계셨습니다. 기가 막힌 시련입니다. 아브라함 자신도 몸이 늙어가고 아내도 몸이 늙어 갑니다. 옛날이나 지금이나 늙은 몸으로 아이를 낳는다는 것은 불가능한 일입니다. 그런데 주시겠다고 단단히 약속하신 하나님은 가만히 계시고 세월만 안타깝게 흐르는 것입니다. 두 사람의 몸은 점점 더 늙어만 갑니다.

그러나 아브라함은 "약속하신 그것을 또한 능히 이루실 줄"(로마서 4:21) 확신하고 항상 하나님만을 바라보았습니다. 매일같이 아브라함은 성실하신 하나님, 전능하신 하나님만 쳐다보고 산 것입니다. "하나님이 약속하셨다. 성실하신 하나님은 절대로 거짓말을 하지 않으신다. 그러므로 그 하나님은 반드시 내게 아들을 주실 것이다. 그 하나님은 내가 늙은 몸이 되어 죽은 것같이 될지라도 반드시 내 몸에서 생명이 태어나게 하실 전능하신 하나님이다." 그는 이렇게 성실하신 하나님, 전능하신 하나님만을 25년 동안 쳐다보면서 살아온 끝에 드디어 이삭이라는 아들을 얻었고, 전 인류를 구원하신 메시아의 조상이 되었습니다.

다윗의 경우 그가 정치적 망명생활을 할 때, 사울에게 쫓겨 다니면서 얼마나 가난하게 지냈던지 입에 풀칠하기도 어려울 지경이었습니다. 600여 명이나 되는 추종자들을 데리고 날마다 산으로 들로 헤매야 했으니, 눈만 뜨면 먹을 것 때문에 고민할 수밖에 없었습니다. 이렇게 어려운 상황에서 다윗이 보는 하나님은 목자처럼 푸른 초장으로 인도하시고 쉴 만한 물가로 인도하시는 하나님이었습니다. 자기 형편이 그러니 그런 하나님만 본 것입니다. 그는 "여호와는 나의 목자시니 내가 부족함이 없으리로다"(시편 23:1)라고 찬양했습니다. 그런데 다윗이 신하의 아내를 빼앗고 양심의 가책을 받아 밤마다 눈물로 요를 적시면서 탄식하고 고통할 때, 그가 보았던 하나님은 통회하고 자복하는 심령을 기뻐하시고, 용서하시는 하나님이었습니다.

 백인이 한 번도 발을 들여놓지 않은 검은 아프리카 대륙에 홀로 들어가, 복음이 들어갈 수 있는 길을 닦기 위해 평생 그 속에서 살다가 죽은 위대한 선교사 리빙스턴, 그가 검은 대륙을 향해서 들어갈 때 보았던 하나님은 "내가 세상 끝날까지 너희와 항상 함께 있으리라"(마태복음 28:20)고 약속하신 임마누엘의 하나님이었습니다. 평생토록 그 무서운 정글 속에서 리빙스턴이 바라 본 하나님은 '함께 하시는 하나님'이었습니다.

 지난 몇 년간 심적 고통을 겪을 때가 많았습니다. 조금만 잘못해도 성도들의 영혼이 병이 들고, 교회가 엉뚱한 길로 가기 때문에, 하나님의 교회를 목양할 책임을 맡은 자로서 성도들을 볼 때마다 두려움에 휩싸였습니다. 그리고 제 자신의 연약함으로 인해 고통스러웠습니다. 그럴 때마다 제가 보는 하나님은 불쌍히 여기시는 하나님이었습니다. 기도할 때마다, 찬송할 때마다 제 눈앞에 나타나시는 하나님은 불쌍히 여기시는 하나님이었습니다. 잘못한 것이 있어도 "괜찮다" 하시며 등을 두드려 주시는 하나님, 부족하고 연약한 것이 있어도 채워 주시는 하나님, 죄를 죄대로 갚지 아니하시고, 악을 악대로 징계하지 아니하시고, 오래 오래 참으시면서 항상 불쌍히 여기시는 하나님이 제 눈에 가득합니다. 제 형편이 그렇기 때문에 이런 하나님이 제 눈에 보이는 것입니다.

각자 자신에게 물어 보십시오. 날마다 어떤 하나님을 알아가고, 어떤 하나님을 보면서 살아가고 있습니까? 그 하나님이 아브라함처럼 눈에 보입니까? 다윗처럼 날마다 그 하나님을 보면서 살고 있습니까? 리빙스턴처럼 그 하나님 때문에 살맛나는 인생을 걸어가고 있습니까? 저처럼 눈을 감으나 뜨나 그 하나님과 떼어 놓을 수 없는 하루하루를 살고 있습니까?

가치 있고 보람 있는 인생의 비결

위대한 설교자 스펄전이 하나님이라는 주제가 우리에게 크나큰 위안이 된다면서 감격적인 말을 한 적이 있습니다.

"오! 그리스도를 묵상하는 것에는 모든 상처를 치유하는 치료제가 있습니다. 하나님 아버지를 명상하는 것에는 모든 슬픔을 근절시켜 주는 것이 있습니다. 성령의 감화력 안에는 모든 아픈 곳을 잊게 해주는 진통제가 있습니다. 우리가 슬픔을 잊고, 염려를 잊고 싶다면 신성의 깊고 깊은 바다, 하나님을 보는 깊고 깊은 바다에 잠겨 보십시오. 하나님의 광대함에 몰두해야 합니다. 그러면 우리는 편히 쉬다가 나오는 사람처럼 기운이 나고 생기가 돌 것입니다. 저는 하나님을 열심히 묵상하는 것보다 더 영혼에 위로를 주는 것을 알지 못합니다. 슬픔과 비탄의 굽이치는 파도를 그처럼 진정시키며 시련의 바람들을 평온하게 해주는 것을 알지 못합니다."

참 아름다운 고백입니다. 하나님을 더욱 깊이 알고, 하나님을 더욱 가까이 가서 보는 사람은 마음의 병을 치유 받을 수 있습니다.

건강한 신앙생활이란 거룩하신 하나님을 보고자 하는 열정의 연속입니다. 건강한 신앙생활은 하나님을 더 많이 알고자 하는 갈망의 연속입니다. 우리는 하나님을 알기 위해서 창조되었습니다. 우리는 거룩하신 하나님을 알기 위해서 살고 있습니다. 영생은 무엇입니까? 하나님을 아는 것입니다.

한 번뿐인 인생을 살 만한 가치가 있고, 땀 흘려서 가꿀 만한 보람이 있는 것으로 만들려면 거기에 부응하는 큰 목표가 있어야 합니다. 그 목표는 바로 하나님을 아는 것입니다. 세상에서 성공해야 하는 이유도 하나님을 알기 위해서입니다. 하나님을 더 잘 알고 날마다 하나님을 더 가까이서 보는 것보다 이 세상에 더 높고, 더 숭고하고, 더 매력적인 목표는 없습니다.

성공하는 인생의 비결

우리가 날마다 비참해지는 것은 우리 눈에 거룩하신 하나님이 보이지 않기 때문입니다. 날마다 힘을 잃고 주저앉는 것은 전능하신 하나님이 눈에 안 보이기 때문입니다. 우리의 마음이 정결하지 못하고 무엇인가로 더럽혀져 있고 마음이 나뉘어져 있습니다. 그렇기 때문에 하나님이 보여도 희미하게 보이는 것입니다. 희미하게 보이는 것은 힘을 줄 수 없습니다. 용기를 갖게 하지도 소망을 품게 할 수도 없습니다.

"내 가정은 왜 이 모양인가?" 하고 탄식하지만 말고 원인을 찾아야 합니다. 부부 사이가 왜 이렇게 힘이 드는지, 자녀가 왜 저렇게 방황하는지 이유를 찾아야 합니다. 혹시 하나님이 희미하게 보이기 때문은 아닙니까? 하나님을 또렷하게 보고 살면 그런 일들이 일어나지 않습니다. 거룩하신 하나님, 자비로우신 하나님, 영광 중에 계시는 하나님이 우리의 마음을 가득 채우고 있으면 세상 사람들을 고통으로 몰아넣는 문제들이 우리를 쥐고 흔들지 못합니다.

마음이 청결하여 하나님을 보는 자는 진정 행복한 사람입니다. 세상을 보지 마십시오. 세상에 속습니다. 사람을 보지 마십시오. 사람에게 실망합니다. 오직 하나님만 보면서 살아야 합니다. 하나님을 더 가까이 보면서 살아야 합니다. 그것이 승리하는 비결이요, 밝게 사는 비결이요, 이 세상 사람 앞에 무언가 보여 줄 수 있는 비결입니다.

범선이 한창 대서양과 태평양을 누비던 시대에 선원이 되겠다고 배에 오른 젊은이들은 특이한 방식으로 훈련을 받았다고 합니다. 그들이 맨 먼저 받는 훈련은 배의 꼭대기로 올라가는 것입니다. 10~20m나 되는 돛대 위로 올라가서 돛을 감든지 망을 보는 것입니다. 그 높은 곳에 올라갔으니 얼마나 정신이 없겠습니까? 배가 흔들리면 바다가 온통 자기에게 쏟아지는 것처럼 느껴질 것이고, 현기증이 나서 떨어질 것 같을 것입니다. 배를 처음 탄 젊은이들은 비명을 지르면서 야단법석을 떨었을 것입니다.

그럴 때마다 경험이 많은 선배 선원이 위를 향해서 이렇게 외친다고 합니다. "야, 바다를 보지 마. 물을 보지 마. 하늘을 봐. 위를 봐." 위를 보고 하늘을 보면 아무리 배가 요동쳐도 두렵지 않습니다. 어지럽지 않습니다. 자꾸 밑에 있는 물을 보고 배를 보기 때문에 정신이 없는 것입니다.

　믿음의 주요, 온전케 하시는 예수님을 바라보고 그 하나님을 날마다 쳐다보는 사람은 세상이 요동쳐도 절망하지 않습니다. 문제는 세상이 얼마나 심하게 요동을 치느냐가 아니라 하나님이 보이느냐 안 보이느냐 하는 것입니다. 하나님이 보여도 희미하게 보이느냐 또렷하게 보이느냐, 작게 보이느냐 크게 보이느냐 하는 것입니다.

　예수님의 말씀은 거짓이 아닙니다. "마음이 청결한 자는 복이 있다. 하나님을 볼 것이기 때문이다. 마음이 청결하여 하나님을 날마다 보고 사는 사람은 정말 행복한 사람이다. 그 사람을 세상이 어떻게 감당하겠느냐? 그 사람을 누가 이기겠느냐? 그 사람이 어떻게 좌절할 수 있겠느냐? 절망할 수 있겠느냐? 불평, 불만 할 수 있겠느냐?" 하나님을 보고 사는 사람은 이 세상이 감당하지 못하는 강자가 된다는 말씀입니다. 우리 모두 이와 같은 사람이 되어야 합니다.

꼭! 이것만은 기억하자!

사람들은 무엇인가를 바라보면서
한 평생 살아간다.
그런데 무엇을 바라보고 사는가 하는 것은
그 인생의 질을 평가하는 기준이 된다.

세상 사람과 달리 예수님을 믿는 사람에게는
하나님을 볼 수 있는 눈이 있다.
우리가 하나님을 알면 알수록
마음의 눈은 더욱더 밝아져서
하나님을 더 가까이 보게 된다.

그런데 죄로부터 오염되지 않은
청결한 마음의 눈으로만 하나님을 볼 수 있다.
하나님 외에 다른 것에 대한 모든 열망을 제거한
순수한 마음의 눈이 있어야 하나님을 볼 수 있다.

거룩하신 하나님을 보고자 하는
열정과 갈망의 연속이 건강한 신앙생활이다.
하나님을 보고 사는 사람이
성공하는 인생을 사는 법이다.

9

화평케 하는 자가 하나님의 아들

마태복음 5:9

"화평케 하는 자는 복이 있나니 저희가 하나님의 아들이라 일컬음을 받을 것임이요."

군인과 민간인을 합해서 450만 명 이상의 인명 피해를 냈던 악몽 같은 한국전쟁이 발발한지 벌써 50년이 지났습니다. 하지만, 해마다 6월이면 우리의 마음 한 구석에 또 다시 슬픔과 고통이 밀려오는 것을 보면, 반세기의 세월도 그 때 입은 상처를 다 아물게 하기에는 역부족인 것 같습니다.

2000년 6월 13일, 우리는 이와 같은 우울한 감정을 한꺼번에 날려 버릴 정도로 엄청난 충격과 함께 벅찬 감격을 맛보았습니다. 우리는 남북의 두 정상이 평양 순안공항에서 만나, 두 손을 마주 잡고 활짝 웃으며 서로를 반기는 모습을 텔레비전을 통해 볼 수 있었습니다. "어떻게 저런 일이 있을 수 있을까?" 하는 의구심을 털어내지 못하면서도 계속 반복해 보여 주는 장면들을 뚫어져라 쳐다보았습니다.

어떤 이들은 미리 계산된 고도의 정치적 제스처라고 해석하기도 했습니다. 그러나 정치적으로야 어떻게 해석이 되든, 중요한 것은 오랜 원수 관계에 있던 남북의 최고 지도자들이 뜨거운 가슴으로 만났다는 사실입니다. 이것 하나만으로도 얻을 것을 이미 다 얻었다고 생각합니다.

두 정상이 활짝 웃으며 서로 반기는 모습을 보면서 그 두 사람이 하나님의 아들이라는 생각을 하게 되었습니다. 틀림없이 그 순간 그들은 하나님의 아들이었습니다. 분명 어떻게 그들을 하나님의 아들이라고 부를 수 있는지 따지고 싶은 분들도 계실 겁니다. "화평케 하는 자는 복이 있나니 저희가 하나님의 아들이라 일컬음을 받을 것임이요"(마태복음 5:9)라고 하신 예수님의 말씀에 비추어 볼 때, 오랜 원한을 일시에 접고서 손을 맞잡고 흔들던 두 정상과 그 정상회담을 성사시키기 위해 보이지 않는 곳에서 땀 흘리며 수고한 모든 사람이야말로 하나님의 아들이라는 생각을 하지 않을 수 없었습니다.

남북 정상회담이 열렸던 그 다음주에 한국기독교목회자협의회 임원 수련회가 있었습니다. 수련회의 한 순서로 정상 회담의 뒷바라지를 책임지고 수고했던 통일부 차관 양영식 장로를 모시고 숨은 이야기들을 듣는 시간을 가졌습니다. 그분 이야기를 들어보니 참으로 감개무량했습니다.

이 정상회담의 성사를 위해 중직을 맡아 수행한 사람들이 거의 모두가 그리스도인이었다는 것입니다. 행사의 총 책임을 맡아 지휘를 했던 국정원 원장은 감리교 권사, 통일부 차관은 장로교 장로, 비서실장은 안수집사, 경호실장, 외교안보 수석, 적십자사 사무총장은 모두 집사입니다. 중요한 직책을 맡은 분들의 약 90%가 그리스도인이라는 말입니다. 예수님을 잘 믿는 사람들이 함께 힘을 모아서 남북한의 화해를 끌어냈다고 생각할 때 가슴이 벅찼습니다. 그들이야말로 하나님의 아들이 아닐 수 없습니다.

"어떻게 김정일 국방위원장 같은 사람을 하나님의 아들이라고 할 수 있는가?"라고 물으면 할 말이 없습니다. 그러나 우리는 다시 예수님의 말씀을 상기해야 합니다. "화평케 하는 자는 복이 있나니 저희가 하나님의 아들이라 일컬음을 받을 것임이요." 누구에게 일컬음을 받는다는 말입니까? 세상 사람들로부터 정말 하나님 아들 같다는 말을 듣는 것입니다. 하나님의 아들이 따로 있습니까? 원수끼리 서로 만나서 손을 잡고 화해하면 하나님의 아들입니다. 그러므로 김정일 국방위원장이 진정으로 우리 민족의 평화와 행복과 우리 후손들의 안녕을 위해 가슴을 열고 대한민국 대통령을 만났다고 한다면, 그 순간만큼은 그 사람도 하나님의 아들임에 틀림이 없다고 저는 믿습니다. 놀라운 일입니다. 하나님은 화평을 사랑하십니다. 하나님은 평화의 왕이십니다.

혼자 계시지 못하는 하나님

하나님이 사람을 만드시면서 이런 말씀을 하셨습니다. "우리의 형상을 따라 우리의 모양대로 우리가 사람을 만들고"(창세기 1:26중). 그런데 이 문장을 대할 때 우리는 한 가지 의문점을 갖게 됩니다. 하나님께서는 "나의 형상을 따라 내 모양대로 내가 사람을 만들어야지"라고 말씀하시지 않고 왜 굳이 '우리'라는 2인칭 대명사를 사용하셨을까 하는 것입니다.

어떤 신학자가 다음과 같은 재미있는 해석을 했습니다. 하나님은 본래 혼자 계시지 못하고 본성적으로 더불어 존재하시는 신이시기 때문이라는 것입니다. 하나님은 유아독존 식으로 홀로 계시는 것에 만족하시지 않고, 서로 사랑하는 관계 속에서 아름다운 교제를 나누며 살기를 기뻐하시는 인격자이심을 '우리'라는 말 속에서 표현하셨다는 것입니다.

사탄의 유혹을 받아서 자기 품을 떠나 이미 원수가 되어 버린 인류를 하나님께서 친히 찾아오시어 모든 죄를 씻어 주시고 "나와 화목하자"고 하신 이유는, 하나님은 평화를 사랑하시는 신이시며 더불어 살기를 좋아하시는 하나님이시기 때문입니다. 예수님께서는 하나님의 이미지를 문 밖에 서서 집 나간 자식이 돌아오기를 기다리는 아버지로 묘사하셨습니다. 이것을 통해 예수님께서는 우리 하나님은 많은 자녀로부터 사랑받기를 기뻐하시고, 또 자기도 많은 자녀를 거느리고 사랑하면서 더불어 사는 것을 기뻐하는 분이심을 보여 주십니다.

하나님은 평화를 사랑하시는 분이기 때문에 사람을 창조할 때도 자신과 닮은 존재를 창조해야겠다고 생각하신 것입니다. 그래서 "우리의 형상을 따라 우리의 모양대로 우리가 사람을 만들자"라고 말씀하신 것입니다. 본래 하나님이 창조하신 인간의 삶의 모습은 하나님과 똑같이 평화를 사랑하고 더불어 함께 교제하며 사는 모습이었습니다. 싸우고, 다투고, 미워하고, 등을 돌리고, 원수 짓고, 죽이는 것은 본래 하나님이 만드시려고 했던 인간의 실존이 아닙니다.

사탄의 아들들로 득실거리는 세상

불행하게도 이 땅에는 평화를 깨고 사람과 사람 사이를 원수 맺게 하며, 서로 상처 주는 것을 좋아하는 사람이 많습니다. 그런 사람들은 하나님의 아들이라고 할 수 없습니다. 하나님과는 닮은 데가 없기 때문에 사탄의 아들이라고밖에 말할 수 없습니다. 본래 사탄이 하는 짓은 가르고, 나누고, 미워하고, 원수 되게 하고, 죽게 만드는 것입니다. 죄를 가지고 우리 조상을 유혹한 후에 하나님과 원수 되게 만든 것이 바로 사탄입니다.

에덴동산에서 쫓겨난 아담과 하와로 하여금 900년이 넘도록 갈등하게 만든 장본인이 바로 사탄입니다. 에덴동산에서 밀월의 단 꿈을 꾸며 행복하게 살던 사람들이 갑자기 동산 밖으로 쫓겨 나와, 더위와 싸우고 추위와 씨름하며 땅을 파먹고 산다는 것이 얼마나 힘들었겠습니까? 자연스럽게 짜증이 나고 원망이 나왔을 것입니다. 사탄이 계속 그 마음을 충동질했을 것입니다.

아담은 하와를 향해 이렇게 짜증내고 원망했을 것입니다. "왜 선악과는 따먹어서 다른 사람까지 이렇게 고생시키는 거요?" 이 말을 듣고 가만히 있을 하와가 아닙니다. "아니, 당신은 남편이라는 사람이 선악과를 먹는 것을 보고도 왜 말리지도 않고 가만히 보고만 있었죠? 그 때 내가 선악과 먹는 것을 막았으면 이런 일이 없었을 것 아니에요?" 그 당시 사람들은 900년 이상 살 수 있었기 때문에 아마 그들은 오래오래 싸웠을 것입니다.

그 집에 가인과 아벨이라는 두 아들이 태어났습니다. 이번에는 사탄이 가인을 충동질했습니다. 그러자 가인이 질투에 눈이 멀어 동생을 돌로 쳐 죽이는 끔찍한 비극이 일어났습니다. 사탄은 그때나 지금이나 달라진 것이 하나도 없습니다. 주변을 둘러보십시오. 얼마나 많은 사람이 마음을 닫고 등을 돌린 채 서로 원수처럼 살고 있습니까? 가까운 사람일수록 더한 것 같습니다. 부부 사이가 더한 것 같고, 형제 사이가 더한 것 같고, 오랫동안 사귀었다는 친구 사이가 더한 것 같습니다. 우리 모두는 이전에 비해서 훨씬 더 많은 것을 소유하고 있고 더 편안하게 살고 있지만 이상하게 점점 더 마귀를 닮아가고 있습니다. 이기주의자가 되어가고 있습니다. 하나님의 아들이라고 말을 하기가 부끄러울 정도로 변해가고 있습니다.

1980년대에 미국 대법관을 지냈던 워렌 버거가 쓴 글을 보고 크게 공감한 적이 있습니다. 미국에서는 지금 사람들이 갈수록 소송을 많이 하고 있다고 합니다. 판사들이 숨 돌릴 틈도 없을 정도로 해마다 소송 건수가 늘어나는 것입니다.

워렌 버거가 그 원인이 어디 있는지 깊이 생각하고 나서 자기 나름대로 다음과 같이 결론을 내렸습니다. "가정과 교회가 그 기능을 잃어가기 때문에 이런 일이 일어나는 것이다." 교회가 제 구실을 하고, 교회에 출석하는 사람들이 하나님의 말씀대로 살려고 할 때에는 웬만한 충돌이나 갈등 정도는 교회 안에서 서로가 기도하면서 해결해 왔다는 것입니다. 그러나 교회가 도덕적인 힘을 잃고 더 이상 사람들의 심성을 떠받쳐 주지 못하면서부터 문제가 발생하면 사람들은 스스로 감당하지 못하고 법원에서 해결하려 들기 시작했다는 것입니다.

우리나라에서도 이와 같은 현상이 일어나고 있습니다. 분쟁을 일으키는 것은 마귀의 짓입니다. 사람들이 점점 이 마귀를 닮아가고 있습니다. 사탄의 아들로 변해 가고 있습니다. 이런 상황 속에서 우리가 어떻게 하면 화평케 하는 자가 될 수 있을지 깊이 생각해 볼 필요가 있습니다.

복음, 원수된 것을 소멸시키는 능력

우선 복음을 열심히 전하는 증인이 되어야 합니다. 십자가의 복음은 화목하게 하는 말씀입니다. 십자가의 형틀에는 수평과 수직이 있습니다. 복음을 전할 때 수직적으로는 하나님과 사람 사이가 화목하게 되고 수평적으로는 사람과 사람이 사랑으로 이어지게 됩니다. 이것이 십자가입니다. 예수님의 십자가를 전하면 그 진리의 말씀은 능력이 있어서 하나님과 원수 된 자가 하나님의 품에 안기게 됩니다. 모든 죄를 용서받고 하나님의 사랑을 받는 자녀가 됩니다. 이와 같이 하나님의 놀라운 사랑을 받는 하나님의 자녀가 되면 비로소 옆에 있는 형제들을 껴안을 수 있는 피스 메이커가 됩니다.

에베소서에 "원수된 것을 십자가로 소멸하시고"(2:16하)란 말씀이 있습니다. 이 말씀은 곧 십자가는 원수 된 관계를 소멸시킨다는 것입니다. "또 오셔서 먼데 있는 너희에게 평안을 전하고 가까운데 있는 자들에게 평안을 전하셨으니"(2:17)란 말씀은 예수 그리스도의 이름, 십자가의 복음은 하나님과 우리 사이에 있는 담을 헐어 버리고, 먼 데 있는 자나 가까운 데 있는 자나 하나님의 사랑으로 서로 화목하게 하는 놀라운 능력을 가지고 있다는 것입니다.

우리는 복음을 전해야 합니다. 예수님을 믿으라고 사람들을 붙들고 호소해야 합니다. 예수님을 믿고 하나님 앞에 죄용서 받고 하나님의 사랑을 체험하면 원수라도 사랑하는 사람이 됩니다. 우리가 복음을 담대히 전할 때 세상 사람들은 우리를 보고 하나님의 아들을 닮았다고 말할 것입니다.

예수님을 믿고 거듭난 삶

이제는 고인이 된 한신교회 이중표 목사의 책 『나는 매일 죽노라』를 읽어보았습니다. 그 안에 참 감동적인 이야기가 하나 들어 있었습니다. 그가 젊은 목사 시절, 조그마한 교회를 담임하고 있었을 때 그 교회에 참한 자매가 있었습니다. 얼마나 믿음이 좋은지 새벽에 나와서 기도도 많이 하고, 봉사도 남보다 늘 먼저 하려고 애쓰는 자매였습니다. 자연스럽게 그 자매를 눈여겨보게 되었다고 합니다.

그런데 이 자매에게는 마음의 큰 고통이 있었는데 남편으로 인한 것이었습니다. 그녀의 남편은 우체국 집배원이었습니다. 그는 예수님을 안 믿었다고 합니다. 게다가 알코올 의존증 환자였던 것입니다. 이틀이 멀다 하고 술을 마시고 들어와서는 무조건 아내를 두들겨 패는 겁니다. 이 목사가 한번은 그 남자를 찾아가서 왜 아내를 그렇게 때리느냐고 핀잔을 주었더니 "당신이 뭔데 나한테 그런 소리를 하느냐? 내가 내 마누라 때리는데 웬 간섭이냐?"고 사납게 달려들더랍니다.

어느 날 그 집 아들이 이 목사에게 헐레벌떡 달려와서 엄마가 죽었다고 울고불고 야단을 치더라는 것입니다. 놀래서 달려가 보았더니 그 자매가 기절을 해 마당에 피를 흘린 채 쓰러져 있더란 것입니다. 그 남편이 술을 마시고 들어와 목침으로 자기 부인을 때린 것입니다. 이 목사는 즉시 그 부인을 등에 업고 보건소로 뛰어 갔고, 겨우 위기를 모면할 수 있었답니다. 그때부터 이 목사는 자기가 두들겨 맞는 한이 있더라도 그 사람이 예수님을 믿도록 해야 되겠다는 생각을 했답니다.

어느 수요일 저녁에 이 목사가 그 남편을 찾아갔을 때, 마침 저녁을 먹고 있었다고 합니다. "선생, 오늘 저녁에 나하고 교회 갑시다." 이 목사는 강한 어조로 이야기를 했다고 합니다. 술에 취해있지 않을 때는 멀쩡하기 때문에 "네, 그러지요"라고 대답을 했다는 것이었습니다. 밥을 다 먹을 때까지 옆에서 기다리고 있었답니다. 밥을 먹고 나더니 화장실에 갔다 온다며 슬그머니 나가더라는 것입니다. 도망가는구나 싶어서 급히 따라 갔다고 합니다. 이 목사가 그 남편을 따라가자 정말 화장실로 들어갔고, 문 밖에서 기다리는데 10분이 지나고, 20분이 지나고, 30분이 지나도 도무지 나올 생각을 안 하더란 것입니다. 교회에서는 벌써 초종을 치고 있었습니다. 옛날에는 종을 두 번 쳤습니다. 예비종 즉, 초종을 한 번 치고 30분 후에 두 번째 종을 쳤습니다. 그래도 이 목사는 작심을 하고서 그곳을 떠나지 않고 "흠, 흠" 하면서 기다렸다고 합니다. 견디다 못한 그 남자가 화장실 문을 열고 나오면서 "정말 지독하네"라는 말을 내뱉더란 것입니다.

 이 목사는 그 사람의 바지춤을 잡고 교회로 끌고 갔다고 합니다. 그리고 태권도 유단자인 두 젊은이들을 양쪽에 앉혀서 예배를 드리게 했답니다. 그리고는 자기가 원래 준비한 설교는 하지 않고 그 사람을 생각하면서 마음에서 우러나오는 설교를 했다고 합니다. 정말 눈물겨운 감정으로 말씀을 전했답니다. "한 번밖에 없는 인생인데 어떻게 술을 마시고 아내를 때려가면서 사는가? 그런 짓을 하다가 세상을 떠나면 어떻게 하나님 앞에 설 수 있는가?" 이렇게 직설적인 설교를 했다는 것입니다.

 설교를 마쳐 갈 때쯤 유심히 그 남자를 쳐다보았는데 울고 있더랍니다. 그러더니 예배를 마치고 나오면서 그 사람이 "목사님, 오늘부터 내가 예수님을 믿겠습니다. 그리고 목사님, 내일 새벽부터 새벽 종 치는 것을 저에게 맡겨 주십시오"라고 말하더라는 것입니다. 그래서 맡겨 줬다고 합니다. 그 다음날부터 그는 새벽마다 종을 치는 것은 물론, 술도 끊고 아내를 때리던 나쁜 습관도 고쳤다고 합니다. 집배원이기에 집집마다 다니면서 전도할 기회가 얼마나 많겠습니까? "편지 왔어요" 하고는 그 다음에 반드시 "천국에서 온 편지도 있습니다"라고 말하면서 전도를 하는 것입니다. 참으로 놀랍게 변화되었습니다.

그러던 어느 날 이 목사에게 찾아와 이렇게 말했답니다. "목사님, 우리 집사람이 어쩌면 그렇게 아름답고 천사 같습니까?" 이 목사가 속으로 "이제 알았냐?"라고 했답니다. 그런데 그는 이후에 신학 공부를 하고 지금은 서울 삼양동에서 목회를 하고 있답니다. 이 사람이야말로 예수님을 믿고 정말로 거듭난 삶을 사는 사람입니다. 하나님을 믿으면 가정에 평화가 옵니다. 원수도 사랑하게 됩니다.

용서는 망각이 아닙니다

피스 메이커가 되려면 서로 용서해 주어야 합니다. 한번 금이 간 사이는 피차 용서하지 않고는 회복되기가 어렵습니다. 골로새서에 "누가 뉘게 혐의가 있거든 서로 용납하여 피차 용서하되 주께서 너희를 용서하신 것과 같이 너희도 그리하고 이 모든 것 위에 사랑을 더하라 이는 온전하게 매는 띠니라"(3:13)란 말씀이 있습니다. 어떤 이유에서든지 마음에 서로 갈등이 생기고 갈리게 되면 지체하지 말고 피차 용납하고 용서하라는 말씀입니다.

물론 잘못한 쪽이 먼저 와서 용서를 비는 것이 당연한 일이겠지만 일반적으로 자기가 먼저 잘못했다고 하는 사람이 매우 드문 것이 현실입니다. 그러므로 하나님을 믿는 우리가 먼저 찾아가서 용서를 구하고 화목하기를 힘써야 합니다. 그럴 때 우리가 하나님 아들이 되는 것입니다. 나에게 엄청난 경제적인 피해를 주고도 얼굴색 하나 달라지지 않고, 잘못했다는 소리는 더욱 기대하기 힘든, 정말로 쳐다보기도 싫은 사람들이 있을 수 있습니다. 그럴 때는 내가 먼저 찾아가서, 그를 먼저 용서해 주고 서로가 마음의 장벽이 높이 쌓이지 않도록 노력을 해야 합니다. 이것이 하나님의 자녀의 모습이요, 하나님이 기뻐하는 사람의 모습입니다.

우리는 이 세상에서 가장 많은 용서를 받은 사람들입니다. 하나님이 우리의 모든 죄를 다 용서해 주셨습니다. 너무나 큰 용서를 받은 우리이기에 우리는 이 세상에서 누구보다 더 많은 용서를 해야 합니다. 용서는 단순히 시간과 함께 잊어버리는 망각의 행동이 아닙니다. 예수님께서 우리를 용서하셨기에 나도 용서해 주려는 모방의 행위입니다. 그리고 내가 용서받았다는 사실 때문에 감격해서 자발적으로 행동에 옮기는 결단입니다.

용서는 희생과 사랑이 필요합니다

베드로가 예수님을 찾아와서 이렇게 물었습니다. "형제가 나에게 잘못하면 몇 번 용서해 주어야 합니까? 일곱 번 정도면 됩니까?" 그 때 예수님께서는 "일흔 번씩 일곱 번이라도 용서하라"고 대답하시면서 저 유명한 비유를 드셨습니다. 평생을 뼈가 부스러지도록 일해도 갚을 수 없는 빚을 진 어떤 신하가 왕에게 가서 그 모든 빚을 탕감 받는 비유였습니다.

비유의 결론은 용서한다는 것은 마치 빚을 탕감해 주는 것과 같다는 것입니다. 빚을 탕감해 준다는 것은 돈을 날린다는 것을 의미합니다. 재정적으로 손해를 보는 것입니다. 용서는 손해를 보는 것입니다. 용서는 내가 받을 것을 못 받는 것입니다.

용서는 나에게 있는 좋은 것을 날리는 것이나 마찬가지입니다. 한 푼도 손해 보지 않고 한 마디의 불쾌한 말도 듣지 않겠다는 계산으로는 아무도 용서하지 못하고, 아무에게도 용서받지 못합니다. 내가 희생을 감수할 때, 용서가 가능한 것입니다.

베를린을 동서로 갈라놓았던 긴 장벽이 무너졌습니다. 담이 무너지고 장벽이 무너지면 그 다음에는 그 부서진 많은 벽돌 조각을 치워야 합니다. 우리가 용서했다고 서로 말은 하지만, 상처는 아직도 아물지 않아서 서먹서먹합니다. 여전히 상한 감정이 남아 있습니다. 이런 것들을 싸맬 수 있는 후속조치가 뒤따라야 합니다. 그래서 주님은 피차 용서한 다음에 그 위에 사랑을 더하라고 하십니다. 사랑은 둘을 하나로 묶는 띠라고 말씀하셨습니다. 우리가 용서를 했으면 용서했다는 그것에서 머물지 말고 더 자주 만나서 위로하고, 더 가까이 다가가서 아름다운 교제를 나누며, 서로를 위해서 더 열심히 기도해 주고, 서로의 상처를 싸매는 작업이 필요합니다. 그럴 때 피스 메이커가 될 수 있고 하나님의 아들의 모습을 보여 줄 수 있습니다.

평화를 지키기 위한 노력

바울 사도는 "평안의 매는 줄로 성령의 하나 되게 하신 것을 힘써 지키라"(에베소서 4:3) 고 말씀했습니다. 바꾸어 말하면 좋은 관계가 깨지지 않도록 최선을 다하라는 것입니다. 여기서 "힘써 지키라"는 말은 헬라어로 '스푸다조(spoudazo)'입니다. 로마 시대에는 피에 굶주린 군중들이 원형극장에 모여서 어느 한 사람이 피를 흘리며 쓰러질 때까지 검투사들이 싸우는 것을 보며 괴성을 지르는 문화가 유행했습니다. 얼마나 잔인한 문화였는지 모릅니다. 자기 차례가 돌아와 무기를 들고 원형극장 안으로 들어가는 검투사에게 그를 훈련시킨 조교가 뒤에서 이렇게 말합니다. "스푸다조(죽지 않으려면 죽을힘을 다해서 싸우라)."

우리는 평화를 깨지 않으려고 있는 힘을 다해 노력해야 합니다. 인간관계는 유리그릇과 같아서 조금만 잘못해도 깨져 버립니다. 한 몸이라고 부르는 부부 사이도 믿을 수가 없다는 것을 경험적으로 알고 있습니다. 우정을 쌓는 데는 수십 년이 걸리지만 그것을 무너뜨리는 데는 1분이면 족합니다. 인간관계라는 것이 얼마나 예민한지 모릅니다. 그러므로 정성을 다해서 이것이 깨지지 않도록 지켜야 합니다. 이 노력이 없으면 피스 메이커의 역할을 할 수가 없습니다.

마태복음을 보면 주님의 말씀 가운데서 굉장히 중요한 메시지 하나를 발견할 수 있습니다. 형제에게 나도 모르게 '라가'라고 욕을 했습니다. 형제에게 나도 모르게 미련한 놈이라고 저주를 했습니다. 가까운 형제 사이라서 별 생각 없이 그냥 내뱉는 것입니다. 그리고 나서 성전에 와서 하나님 앞에 제사를 드리는데 갑자기 형제에게 저주하고 욕한 것이 생각이 납니다. 이럴 때 끝까지 제사를 지내라고 말씀하지 않았습니다. 당장 하나님 앞에 예물 드리는 것을 중단하고, 먼저 그 형제를 찾아가서 잘못했다고 사과하고, 화목한 후에 돌아와서 다시 제사를 지내라고 하셨습니다(마태복음 5:22~24). 그 이유는 상한 감정을 그대로 내버려두면 그것이 악화되었을 때 어떤 피해와 고통이 따를지 알기 때문에 그것을 사전에 막으라는 것입니다. 깨진 관계를 다시 회복하기 위해서도 정성을 기울여야 하겠지만, 깨어지지 않도록 사전에 예방하는 것은 더 중요하고 더 보람 있는 일입니다. 그러므로 함부로 인간관계를 깰 수 있는 말이나 행동을 하지 않도록 정성을 다해서 노력해야 합니다.

평화를 심는 사람

구약 성경에 나오는 아브라함은 위대한 믿음의 조상이면서 동시에 본받아야 할 피스 메이커입니다. 그에게는 조카 롯이 있었습니다. 두 가정이 하나님의 복을 받아서 점점 재산이 늘어났습니다. 그 당시 재산이라면 가축을 의미합니다. 양쪽 집에서 모두 가축이 늘어나자 목초지가 모자라는 사태가 벌어졌습니다. 그러자 양가의 목자들이 서로 다투고 자주 충돌이 일어납니다. 자연히 아브라함과 롯도 사이가 불편해졌습니다. 어느 날 아브라함이 조카를 불러 이렇게 제의를 했습니다. "우리는 골육이 아니냐? 친족 간에 싸우면 안 된다. 싸우지 말자. 네가 동으로 가면 내가 서로 가고, 네가 우하면 내가 좌하겠다. 우리가 갈라서자"(창세기 13:9, 10). 롯은 그 말을 듣고 잘됐다 싶어 좋은 땅을 먼저 선택했습니다.

롯이 먼저 땅을 선택해서 옮겼기 때문에 자연히 아브라함은 그 반대쪽으로 갈 수밖에 없습니다. 그 반대쪽은 목축하기에 그렇게 썩 좋은 땅은 아니었습니다. 그럼에도 불구하고 아브라함은 자기가 갖고 있던 좋은 조건을 다 포기해 버리고 그쪽으로 옮겼습니다. 아브라함에게는 평화가 재산보다 더 중요했습니다. 형제와 형제가 우애하고 사랑하는 것이 돈을 모아 놓는 것보다도 더 보람되고 아름다운 것이라 믿었습니다. 그래서 자기가 손해를 본다고 해도 형제 사이가 잘못되지 않기를 바랐던 것입니다. 하나님이 아브라함을 찾아오셔서 "아브라함아, 너 있는 곳에서 동서남북을 바라보라. 네 눈에 들어오는 모든 이 영토를 다 너와 네 후손에게 주겠다"(창세기 13:14, 15)고 약속하십니다. 하나님은 피스메이커를 사랑하십니다. 왜냐하면 자기를 닮았기 때문입니다.

우리는 이것저것 양보하고 서로 사이가 나빠지지 않도록 애를 쓰다가도 돈 문제만 나오면 두 눈에 쌍심지를 켭니다. 절대 양보하려 하지 않습니다. 오늘 우리에게는 하나님의 아들다운 모습이 없습니다. 마귀의 아들 같습니다. 돈 문제만 걸리면 인정사정이 없습니다. 하나님의 아들, 하나님의 딸이라는 말을 들어야 합니다. 피스 메이커가 되어 분쟁이 있는 곳에 평화를 심는 하나님의 자녀가 되어야 합니다. 그러기 위해서 복음을 전하고, 서로 용서하며 힘써 우리의 평화를 지켜야 합니다. 우리의 가정을 돌아보고 직장을 살펴보십시오. 그리고 지금 즉시 막힌 담을 헐어야 될 사람들이 없는지 한 번 돌아보십시오. 교회 안에서 서로 담을 쌓고 몇 개월, 혹은 몇 년 마음을 열지 못하고 있는 형제, 자매가 없는지 세심하게 살펴보십시오. 문제가 있다면 그대로 방치해서는 안 됩니다. 만일 이 부분은 그대로 방치해 두고서 날마다 기도만 한다면 그것은 기독교 신앙을 기만하는 것입니다.

 남북이 반세기가 넘도록 갈려 있는 이 땅, 동서가 지역감정으로 깊은 골을 안고 씨름하는 이 불행한 나라에 예수님을 믿는 우리가 하나님의 아들로서, 피스 메이커로서의 모습을 보여 주지 못한다면 이 땅에 무슨 소망이 있고, 평안이 있겠습니까? 우리 모두가 하나님의 아들다운 피스 메이커가 되어야 합니다. 이 사명을 가지고 이 사회를 치유하고 이 나라를 치유합시다. 그러면 하나님이 이 땅을 복 주실 것입니다.

꼭! 이것만은 기억하자!

평화를 사랑하는 하나님은
하나님과 똑같이 평화를 사랑하고
더불어 함께 교제하며 살아가는 존재로
사람을 창조하셨다.

그러나 이 땅에는 평화를 깨고
사람과 사람 사이를 원수 맺게 하며
서로 상처주는 것을 좋아하는 사람이 많다.

사람들이 점점 마귀를 닮아가고 있다.
복음을 전해야 한다.
하나님과 사람 사이를 화목하게 하고
사람과 사람을 사랑으로 이어지게 하는 능력인
복음을 전해야 한다.

이 땅에 평화를 심는 피스메이커로 살 때
세상은 우리를 하나님의 아들이라고 부를 것이다.

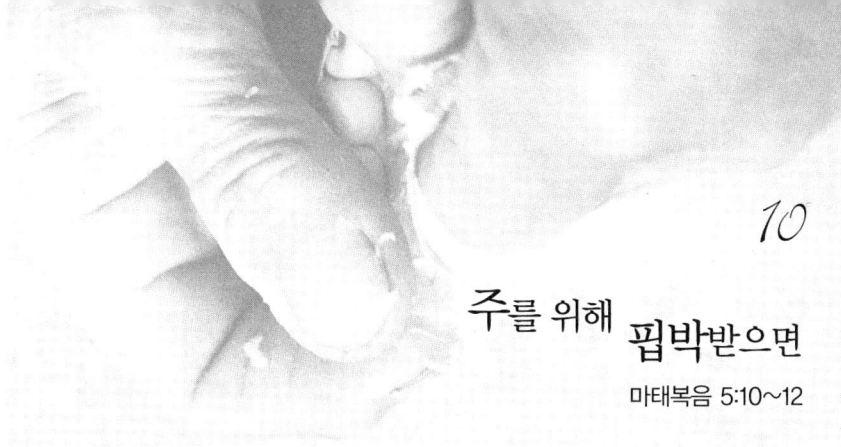

10
주를 위해 핍박받으면
마태복음 5:10~12

"의를 위하여 핍박을 받은 자는 복이 있나니 천국이 저희 것임이라 나를 인하여 너희를 욕하고 핍박하고 거짓으로 너희를 거스려 모든 악한 말을 할 때에는 너희에게 복이 있나니 기뻐하고 즐거워하라 하늘에서 너희의 상이 큼이라 너희 전에 있던 선지자들을 이같이 핍박하였느니라."

지금 북한에서는 우리의 예상보다 훨씬 많은 수의 성도가 예수님을 믿는다는 한 가지 이유 때문에 철저하게 인권을 유린당하면서 혹독한 핍박을 받고 있습니다. 어림잡아 1만 명에서 수만 명에 이른다고 합니다.

북한에서 예수님을 믿는다는 이유 때문에 고통을 당한 어느 형제의 간증문을 직접 읽은 적이 있습니다. 무슨 글자인지 알아보기 힘든 편지였는데 내용은 대강 이런 것이었습니다. 그는 예수님을 믿는다는 이유로 보위부에 끌려가 여러 달 동안 독방에 갇혀 온갖 고초와 고문을 당했다고 합니다.

그런데 그가 그곳에 가서 놀란 것은 거기 있는 사람들의 80%가 예수님을 믿는다는 이유 때문에 끌려와서 고생을 하고 있더라는 것입니다. 그 가운데는 80대의 노인도 있었다고 합니다. 어찌나 심하게 고문을 당하고 매를 맞았던지 다시는 정상적으로 걸을 수 없을 만큼 장애를 입게 된 사람도 많이 있었다는 것입니다. 전기 고문을 받아서 정신이 온전치 못한 사람들까지 생겨났다는 것이었습니다. 한 번은 그가 하도 배가 고

파서 먹을 것을 달라고 기도를 했다고 합니다. 그런데 기도가 끝나자마자 쥐가 몇 마리 튀어나오더랍니다. 그 중에 두 마리를 잡아서 껍질을 벗겨 날 것으로 먹으면서 "하나님, 감사합니다. 이것이라도 주시니 고맙습니다" 하며 기도했다는 것이었습니다.

우리는 그들이 당하는 핍박에 직접 동참할 수는 없지만, 그들을 위한 기도만은 해야 합니다. 모였을 때나 흩어졌을 때나 항상 기도해야 합니다. 다니엘이 예루살렘 성을 향하여 난 창문을 열어 놓고 하루 세 번씩 기도했듯이 우리 모두가 북녘 하늘을 바라보며 기도할 필요가 있습니다.

예루살렘 성도들이 핍박을 받았을 때 밤중에 다락방에 모여서 이렇게 소리 높여 기도했습니다. "주여 이제도 저희의 위협함을 하감하옵시고 또 종들로 하여금 담대히 하나님의 말씀을 전하게 하여 주옵시며 손을 내밀어 병을 낫게 하옵시고 표적과 기사가 거룩한 종 예수의 이름으로 이루어지게 하옵소서 하더라"(사도행전 4:29, 30). 그들은 핍박을 물리쳐 달라고 기도하기 전에 핍박 중에서도 복음을 더 담대하게 전할 수 있게 해 달라고 기도했고, 핍박당하는 그들을 통해 하나님의 능력과 권세가 나타나서 모든 사람의 마음을 감동시키고 하나님의 영광을 보게 해달라고 기도했습니다.

그 기도가 끝나자마자 성령이 그 자리에 임하셔서 모인 곳을 진동하시고, 모든 성도로 하여금 성령 충만하게 하시어 복음을 더 담대하게 전하도록 했습니다(사도행전 4:31). 그 결과 예루살렘이 십자가 앞에 굴복했습니다. 온 유다와 사마리아가 하나님 앞으로 돌아오는 기적이 일어났습니다.

핍박의 의미와 의의

북한에 있는 우리 형제들을 생각하면서 이 본문을 묵상해 보는 것은 대단히 의미가 있습니다. 한글 개역성경에는 "핍박을 받은 자"라고 번역되어 있는데 원문상 '받는 자'로도 번역이 가능합니다.

주님이 말씀하셨습니다. "의를 위하여 핍박을 받은 자는 복이 있나니 천국이 저희 것임이라 나를 인하여 너희를 욕하고 핍박하고 거짓으로 너희를 거스려 모든 악한 말을 할 때에는 너희에게 복이 있나니 기뻐하고 즐거워하라 하늘에서 너희의 상이 큼이라 너희 전에 있던 선지자들을 이같이 핍박하였느니라"(마태복음 5:10~12).

'의를 위하여'란 '나를 인하여', 즉 '예수님 때문에'라는 뜻입니다. 의를 위하여 핍박받는다는 말은 예수님 때문에 핍박받는다는 것을 의미합니다. '핍박'이라는 말은 그 의미가 굉장히 무겁게 다가옵니다.

그러나 주님은 감옥에 끌려가서 고생을 하고 순교를 해야 만이 핍박을 받는 것은 아니라고 설명하십니다. 주님이 말씀하시는 핍박은 예수님 때문에 욕을 먹는 것, 예수님 때문에 모욕을 당하는 것이 핍박받는 것이라고 하십니다. 예수님 때문에 중상모략을 당하고 예수님 때문에 손해를 보는 것도 핍박받는 것이라고 하십니다.

이 핍박은 가정에서도 일어날 수 있고, 평화와 자유가 보장되는 민주사회에서도 일어날 수 있으며, 직장에서도 일어날 수 있습니다. 북녘 땅과 같이 정치가 잘못 되고, 사상이 잘못 되어도 일어날 수 있는 것입니다. 어디서나 이런 핍박은 일어날 수 있습니다. 주님은 "기뻐하고 즐거워하는 마음으로 핍박을 받으라!"고 하셨습니다. 그러면 하나님께서 약속한 엄청난 은혜를 받는다고 하십니다. 그것은 천국이 저희 것이 되고 하늘에서 그들을 위해 큰 상이 준비되는 것입니다.

자유와 평화가 보장되는 나라에 살면서 목사가 되어 이제껏 설교를 해왔지만 아무도 제 멱살을 잡고 왜 그런 설교를 했냐며 모욕한 사람은 없었습니다. 지금까지 예수님을 믿고 잔뜩 누리고만 살았지 핍박받은 적이 없습니다. 기뻐하고 즐거워하면서 핍박을 받으라고 했지만, 가끔 전도를 나가서 예수님을 믿으라고 할 때, 상대방이 저를 째려보면서 모욕하거나 감정을 상하게 하는 소리를 한 마디라도 들으면 하루 종일 우울하게 지낸 적이 한두 번이 아니었습니다. 저는 도무지 핍박에 대해 말할 자격이 전혀 없는 사람입니다. 그럼에도 불구하고 이 말씀을 전하는 것은 이 말씀을 전함으로써 저 자신이 받을 은혜가 있기 때문입니다.

"자유와 평화가 보장되는 세상에 그렇지 않아도 스트레스 때문에 골치가 아픈데 왜 핍박 이야기를 하는지 모르겠다"는 식으로 생각하면 이 말씀을 통해서 하나님이 주시려는 은혜를 놓쳐 버리고 맙니다. 우리는 이 말씀을 통해 지금 핍박당하고 있는 지구상의 수많은 성도에게 뒤지지 않는 신앙생활을 해야겠다는 각오를 해야 합니다. 뿐만 아니라 우리도 언제 핍박을 당할지 모르기 때문에 그때를 대비하여 준비하는 사람이 되어야 합니다.

그리고 핍박당할 때만 즐거워하고 기뻐할 것이 아니라 핍박이 없는 사회에서 신앙생활을 하는 우리가 좀더 즐겁고 기쁜 모습이 되어야 합니다.

핍박은 정상이다

예수님을 믿는 사람에게 핍박은 정상입니다. 마태복음, 마가복음, 누가복음, 요한복음에 기록된 예수님의 말씀들을 한 마디씩 자세히 살펴보면 예수님은 대단히 솔직하신 분이라는 사실을 발견하게 됩니다. "나를 믿으면 너희도 핍박을 받을 것이다"라는 말을 듣고 예수님을 믿을 사람이 얼마나 될 것 같습니까?

"생명을 내어놓고 죽을 각오를 하지 아니하면 나를 좇아 올 수 없다. 자기 목숨을 아끼려고 하는 사람은 나를 따를 수 없다. 나를 따르려거든 너희의 십자가를 지고 나를 좇아 와야 한다. 이 길은 좁은 길이다. 이 길은 고난의 길이다." 이런 말을 듣고서도 예수님을 따라갈 사람이 어디 있겠습니까? 인간적으로 생각하면 아무도 예수님을 믿을 사람이 없을 것 같습니다. 그럼에도 불구하고 예수님을 믿으면 핍박당한다는 것을 드러내놓고 이야기하셨습니다. 놀라운 일입니다. 주님은 사람들의 눈치를 보면서 하나님의 진리를 적당하게 포장하여 말씀하신 일이 없습니다.

요한복음에서 예수님은 이렇게 말씀하십니다. "너희가 세상에 속하였으면 세상이 자기의 것을 사랑할 터이나"(15:19상). 이 말은 "너희가 세상에 속해 있으면 세상이 너희를 절대 핍박하지 않는다. 자기 자식을 미워하는 부모가 없듯이 세상이 너희를 사랑할 것이지만"이라는 뜻입니다. "너희가 세상에 속하였으면 세상이 자기의 것을 사랑할 터이나 너희는 세상에 속한 자가 아니요 도리어 세상에서 나의 택함을 입은 자인고로 세상이 너희를 미워하느니라 내가 너희더러 종이 주인보다 더 크지 못하다 한 말을 기억하라 사람들이 나를 핍박하였은즉 너희도 핍박할 터이요"(15:19, 20)라고 주님은 숨기지 않고 말씀하셨습니다.

그러나 예수님의 제자들은 주님을 따라갔습니다. 한평생 복음을 전하다가 모두 순교했습니다. 예수님을 믿으면 이 세상에서 핍박당한다는 것을 알면서도 초대 교회 성도 모두가 예수님을 믿고, 주님을 따라갔습니다. 그 결과 그들은 가족을 잃었고 직업을 잃었습니다. 세상으로부터 따돌림을 받았습니다. 나중에는 산 속에서 유리하고, 사막에서 방황하다가 굶어 죽었습니다. 그 중에 어떤 사람은 끌려가서 모진 고문을 당하다가 결국은 아무도 보지 않는 외로운 형장에서 주님의 이름을 부르면서 순교했습니다.

못합니다, 못합니다

초대 교회 성도들에게 있어서 가장 힘들었을 때기 로마 항제를 신이라고 하면서 예수님을 배반하고, 로마 황제를 믿으면 용서해 주겠다고 유혹할 때였습니다. 예수님을 안 믿겠다는 말 한 마디만 하면 풀려나서 다시 정상적인 생활로 돌아갈 수 있는데, 그 한 마디 말을 못해서 세상 사람이 볼 때 가장 바보같은 인생의 종말을 고한 사람들이 초대 교회 안에 수십만 명이 있었습니다. 사자 굴에 던져지고, 십자가에 못 박

힘을 당하고, 화형을 당하고, 자녀들이 뿔뿔이 흩어져 고아 신세가 되는 고통과 아픔을 당하면서도, "예수님을 모른다"는 말 한 마디를 할 수가 없어서 주님이 가신 그 길을 따라간 성도들이 얼마나 많았는지 모릅니다.

공산주의의 그 어두운 그림자가 지구의 한 모퉁이를 덮고 있을 때, 시베리아, 구 소련, 동구권, 북한, 중공에서는 수많은 성도가 생명을 걸고 싸우다가 형장의 이슬로 사라졌습니다. 시베리아에 끌려가 수십 년 동안 고통을 당하면서도 "예수님을 모른다. 나는 예수님을 안 믿겠다"는 그 말 한 마디를 못해서 한 평생을 수용소에서 늙어 버린 사람이 한두 명이 아닙니다.

북한에서는 아오지 탄광과 같은 사지에 끌려가서 하루 종일 석탄을 캐다가 피를 토하고 한 생을 마친 성도들이 얼마나 많은지 모릅니다. 지금도 예수님을 모른다는 말 한 마디를 못해서 너무나 고통스러운 한 생을 살고 있는 사람들이 많습니다.

일제 시대 일본은 우리에게 간교한 유혹을 했습니다. "천황에게 절하라. 천황이 신이다." 주기철 목사와 같은 분들은 생명을 걸고 싸웠습니다. 그가 구속당하기 얼마 전에 한 유명한 설교를 기억합니다. "못합니다. 못합니다. 그리스도의 신부는 다른 신에게 정절을 깨뜨리지 못합니다. 못합니다. 못합니다. 그리스도의 신부는 일본 신사에게 절하지 못합니다. 나는 어렸을 때 주 안에서 자랐고 예수 그리스도에게 충성을 열 번 백 번 맹세했습니다. 드리리다. 드리리다. 이 목숨 하나만이라도 주님께 드리리다." 결국 감옥에 들어간 그는 시체가 되어서 나왔습니다.

나 살겠다고 예수님을 버렸는데

예수님을 믿는 사람에게 핍박은 정상입니다. 그것은 곧 예수님을 따라가는 것을 의미하는 것입니다. 베드로처럼 목숨을 부지하겠다고 예수님을 부인하면, 그 상처가 얼마나 큰 지 평생 거기서 헤어나지 못한다고 합니다. 물론 나중에 회개하고 예수님께 다시 돌아온 사람도 많습니다. 그러나 "나는 한 때 예수님을 모른다고 부인했는데. 나 살겠다고 예수님을 버렸는데" 하는 가책이 늘 괴롭히며 따라다닌다고 합니다.

이미 세상을 떠나신 한경직 목사가 기독교의 노벨상이라고 불리는 템플턴 상을 수상하셨을 때의 일입니다. 경사스러운 일을 축하하기 위해서 교계의 인사들이 함께 모여 예배를 드린 후 식사를 했습니다. 인사를 하기 위해서 나온 한경직 목사의 입에서는 엄청나게 충격적인 말이 나왔습니다. "여러분, 저는 죄인입니다. 저는 일본 신사 앞에 절한 죄인입니다." 얼마나 충격을 받고 놀랐는지 모릅니다. 절을 했다는 것도 놀라운 일이었지만, 반세기가 지난 시점에서 고백을 하는 그의 용기에 더 충격을 받았습니다. 그리고 느낀 것은 "그 동안 가슴에 얼마나 가책을 많이 받았으면 저런 말씀을 하실까?" 하는 것이었습니다.

지금도 핍박은 계속되고

지금도 전 세계적으로는 많은 핍박이 있습니다. 기독교 잡지는 아니지만 감동적인 이야기로 많은 사람에게 잘 알려져 있는 《리더스 다이제

스트)가 1997년 10월 호에 오늘날처럼 기독교가 박해받은 일이 역사상 별로 없었다는 기사를 실었습니다.

그 기사에 따르면 1900년대, 즉 20세기에 전 세계적으로 2억~2억 5천만 명이 넘는 사람들이 예수님을 믿는다는 이유 때문에 혹독한 핍박을 당했거나 현재 당하고 있다는 것입니다. 조금만 생각해 봐도 그 말이 전혀 과장이 아니라는 것을 알 수 있습니다. 공산 치하에서 고통당한 사람들의 수가 얼마인지 우리가 어떻게 압니까? 지금도 회교권에서 예수님을 믿는 것 때문에 종교적인 핍박을 당해 죽어가는 사람들이 얼마나 많은지 우리는 모릅니다.

북부 아프리카의 수단은 인구의 5분의 1이 그리스도인입니다. 그런데 그들은 인구의 5분의 4에 해당하는 회교도들에게 극심한 핍박을 받고 있습니다. '누바'라는 지방에 있는 사람들은 지난 10년 동안 청장년 남자들만 50만 명이 끌려가서 순교를 당했다고 합니다. 이 얼마나 끔찍한 일입니까?

북한에서는 지금 얼마나 많은 사람이 예수님 때문에 순교를 당하고 있는지 그 숫자조차도 모릅니다. 그들은 고문을 당했고 노예처럼 인권을 유린당했습니다. 강간당했습니다. 투옥 당했습니다. 가족들이 뿔뿔이 흩어져서 격리 당했습니다. 평생 동안 중노동을 하다가 그 자리에서 죽어갔습니다.

분명히 알고 있어야 합니다. 예수 그리스도를 따라 가는 길은 그저 품고 있던 소원이 다 이루어져서 편안하게 사는 길이 아닙니다. 핍박을 받을 각오를 하고 예수 그리스도를 믿는 것이 주님을 따라가는 길입니다.

빈 마음에 임하는 천국

하나님께서 핍박당하는 성도에게 가장 최고의 상과 복을 약속하셨습니다. "천국이 저희 것임이니라"와 "하늘에서 상이 큼이니라"라고 약속하셨습니다. 적당한 상이 아니라 엄청나게 큰 상을 준비하고 계십니다. 여기서 천국이라고 하는 말은 단순히 예수님을 믿고 구원받아 천국에 들어가는 것을 말하는 것이 아닙니다.

만일 큰 상이 그런 것이라면 천국을 상급의 개념으로 굳이 반복하여 언급할 필요가 없었을 것입니다. 예수님을 믿으면 다 들어가는 곳인데, 그것을 특별히 하나님이 주시는 복으로 따로 말씀할 필요가 없기 때문입니다.

여기서 천국은 우리의 마음에 임하는 하나님의 임재를 가리킵니다. 주님이 다스리시는 세계가 내 마음에, 내 심령에 임하는 것입니다. 그리고 하나님이 내 안에 임하시는 것을 직접 체험하는 데서 오는 신비스러운 기쁨을 누리는 것입니다. 이것이 천국입니다.

우리가 핍박을 받고 있다고 상상해 보십시오. 혹독하게 핍박을 받다가 막다른 길에 이르면 오직 한 분을 놓치지 않기 위해서 나머지는 전부 버려야 합니다. 그 오직 한 분이 바로 예수 그리스도입니다. 그분을 놓치지 않고 끝까지 붙들기 위해서는 모든 것을 다 포기하고 희생해야 합니다. 마치 바울이 타고 가던 배가 조난을 당하자마자 살아남기 위해서 배 안에 있는 것을 자꾸 내버리는 것과 같습니다. 나중에는 양식까지도 다 버렸습니다. 결국 몸과 배만 남습니다.

마찬가지로 핍박을 당하면 예수님 한 분을 끝까지 따라가기 위해서 부모도 버립니다. 처자도 버립니다. 나중에는 재산도 빼앗깁니다. 다 버리는 것입니다. 그렇게 되면 마음이 텅텅 비어 빈 마음이 됩니다. 그 빈 마음에 바로 천국이 임하는 것입니다. 내 마음에 예수님 외에는 남아 있는 것이 없으면 그 자리가 바로 천국인 것입니다. 하나님이 임하시는 거룩한 천국입니다.

하나님의 임재를 즐기는 사람들

팔복에서 가장 먼저 나오는 말씀이 "심령이 가난한 자는 복이 있나니 천국이 저희 것임이요"(마태복음 5:3)입니다. 하나님께서 첫 번째로 약속한 행복과 마지막에 약속한 행복이 똑같습니다. 이것을 통해 이 둘이 일맥상통한다는 것을 알 수 있습니다. 우리의 심령이 가장 가난해질 수 있는 때는, 평안할 때, 환경이 좋을 때가 아니라 핍박당할 때입니다. 그럴 때 천국이 임하는 것입니다. 그러므로 심령이 가난할 때, 하나님이 약속한 복과 핍박을 받을 때 하나님이 약속한 복은 같은 것입니다.

우리가 사랑하는 찬송이 하나 있습니다. 「주 예수보다 더 귀한 것은 없네」라는 찬송입니다.

> "주 예수보다 더 귀한 것은 없네
> 이 세상 부귀와 바꿀 수 없네
> 영 죽을 내 대신 돌아가신 그 놀라운 사랑 잊지 못해
> 세상 즐거움 다 버리고 세상 자랑 다 버렸네

주 예수보다 더 귀한 것은 없네 예수밖에는 없네"

이 찬송을 부르는 사람의 심령은 천국입니다. 예수님 외에는 없습니다. 그러나 우리가 이 찬송을 애창하는 것은 사실이지만 사실 우리의 삶은 그 가사와 같지 않은 경우가 많습니다. 입으로는 "예수보다 귀한 것이 없다"고 찬양하지만 우리의 양 손은 이것저것을 잔뜩 쥐고 있습니다. 입으로는 예수밖에 없다고 하면서도 우리의 마음속에는 육신의 정욕과 안목의 정욕을 만족시키려는 것들을 가지고 살고 있습니다. 오히려 평안할 때, 모든 일이 잘될 때, 예수님을 믿고 복 받았다고 생각할 때 더 마음을 비우지 못하는 것 같습니다.

사실 평화로운 때에는 마음을 비우는 것이 쉽지 않습니다. 그런데 핍박을 당하면 타의든 자의든 간에 다 포기하게 됩니다. 심령에 주님만이 남게 됩니다. 주님만이 남는 곳, 그곳이 천국입니다. 천국이 임하는 곳은 하나님의 임재가 체험되는 곳입니다. 하나님이 내 안에 계시는 것을 너무 강하게 체험하기 때문에 거기서 기쁨이 터집니다. 핍박당하는 자에게 하나님이 이것을 약속하신 것입니다.

마크 갈리(Mark Galli)는 기독교 2,000년 역사에서 순교를 당한 사람들의 사적을 연구하는 학자입니다. 그는 많은 순교지를 연구한 후에 결론적으로 이런 말을 했습니다. "순교자들 하나하나를 뜯어보고 그들의 발자취를 따라가다 보면 발견할 수 있는 공통점 한 가지가 있는데, 그것은 바로 하나님의 임재였다." 또한 그는 "그 순교자들은 죽음의 순간까지 하나님의 임재를 즐기는 사람들이었다"라는 놀라운 고백을 했습니다.

캐롤라인 콕스(Caroline Cox)는 현재 영국 상원의 부대변인으로 일하고 있는데 그는 믿음이 좋기로 소문이 나있습니다. 그는 수단에서 핍박당하고 있는 성도들을 위해서 지난 10년 동안 열일곱 차례나 그곳을 방문했는데, 그가 수단을 다녀와서 쓴 글에 이런 말이 있었습니다.

"핍박받는 교회 현장에 가면 나를 꼼짝없이 겸손하게 만드는 것이 있습니다. 나로 하여금 한없이 낮아지게 만드는 것이 있습니다. 그것은 핍박당하는 그들이 누리는 엄청난 영적 자원입니다. 그것은 그들 안에 있는 살아 움직이는 믿음이요, 설명할 수 없는 기쁨입니다. 약이 없어서 병들어 속수무책으로 죽어 가면서도, 먹지 못해 뼈만 앙상하게 남아 있으면서도, 그들의 가슴에는 기쁨이 있었습니다. 그 기쁨 앞에 나는 한없이 겸손할 수밖에 없었습니다."

바로 천국이 그들 심령에 임하여 있는 것입니다. 신약 성경에 기록된 최초의 순교자는 스데반 집사였습니다. 주먹만한 돌멩이가 사정없이 날아오는 현장에서 그가 본 것은 자기와 함께 계시는 하나님이었습니다. 예수 그리스도께서 자기 안에 있음을 보았습니다. 그것은 그 사람의 심령에 임한 천국을 환상으로 정확하게 본 것입니다. "보라 하늘이 열리고 인자가 하나님 우편에 서신 것을 보노라"(사도행전 7:56). 자기 마음에 임한 천국을 환상으로 역력하게 보면서 그것 때문에 황홀함을 견디지 못해 소리를 지른 것입니다.

북한에 있는 굶주려 죽어가는 성도들, 고문당하다 죽어가는 성도들, 정치범 수용소에서 짐승 취급을 당하면서 죽어가는 성도들이 비록 육신적으로는 고통당하고 굶주림과 추위에 떨고 있지만, 하나님께서는 그들의 심령에 약속하신 천국을 주실 것입니다.

하늘 상급

하나님께서 핍박당하는 자에게 약속하신 상급이 있습니다. "하늘에서 너희의 상이 큼이라"(마태복음 5:12). 그 상급이 얼마나 대단한 것인지 전혀 설명할 수도 없고, 상상할 수도 없습니다. 핍박당하는 자를 위해서 특별히 두 가지를 하나님께서 상급으로 약속하셨습니다.

첫째, 생명의 면류관을 약속했습니다. "네가 장차 받을 고난을 두려워 말라 볼찌어다 마귀가 장차 너희 가운데서 몇 사람을 옥에 던져 시험을 받게 하리니 너희가 십일 동안 환난을 받으리라 네가 죽도록 충성하라 그리하면 내가 생명의 면류관을 네게 주리라"(요한계시록 2:10). 둘째, 그리스도와 함께 왕 노릇할 것을 약속했습니다. 이 세상에서 예수님의 복음을 증거하고 하나님의 말씀을 전하다가 목 베임을 당한 사람들과, 사탄의 앞잡이가 되었던 짐승과, 우상 앞에 절하지 않고 이마와 손에 그의 표를 받지 않다가 희생당한 사람들이 예수님과 함께 1,000년 동안 왕 노릇할 것이라고 말씀하고 있습니다.

생명의 면류관이나 주님과 함께 1,000년 동안 왕 노릇하는 영광은 편안하게 예수님을 믿다가 천국에 가는 사람에게는 약속된 것이 아닙니다. 주님 때문에 핍박당하고, 주님을 위하여 모든 것을 희생한 사람들에게 하나님께서 특별히 약속하신 복입니다. 이런 것들이 있기에 주님은 "너희들이 핍박당할 때 기뻐하고 즐거워하라"고 하신 것입니다. 주님은 핍박당하는 자들의 마음에 천국이 임하게 하셔서 그들의 심령이 기뻐하지 않을 수 없도록 만들어 주십니다. 그들의 눈을 여시어 주님이 약속하신 생명의 면류관, 주님과 더불어 왕 노릇할 영광이 기다리고 있는 것을 보게 하십니다.

루마니아의 살아 있는 순교자라고 불리는 범브란트의 책 속에 있는 한 구절이 오랫동안 기억에서 사라지지 않고 남아 있습니다. 그는 체험적으로 하나님의 말씀이 얼마나 진리인가를 증명한 사람입니다. 핍박당할 때 그는 즐거워했습니다. "제가 감옥에서 보낸 14년의 햇수가 길게 여겨지지 않았던 것은 홀로 독방에 갇혀 있으면서 믿음이나 사랑을 넘어선 어떤 기쁨을 하나님 안에서 발견하였기 때문입니다. 그 기쁨이란 이 세상 어느 것에도 견줄 수 없는 아주 깊고도 독특한 황홀경 같은 것이었습니다." 그 기쁨을 가지고 살다 보니 14년을 겨우 몇 년처럼 보냈다는 말입니다.

우리의 생각으로는 잘 이해가 되지 않지만 바로 그 감옥이 그에게는 천국이었습니다. 드디어 그가 출옥을 하게 되었습니다. 감옥을 나올 때의 느낌에 대해 그는 이렇게 표현하고 있습니다.

"제가 감옥 문을 열고 나오자 저는 마치 수십 리에 뻗쳐 있는 평화롭고 아름다운 시골 전경이 환히 내려다보이는 높은 산정(山亭)에 살다가 갑자기 아무것도 안 보이는 평지로 내려오는 것 같은 느낌이었습니다." 천국에서 살다가 갑자기 나온 사람의 말처럼 들립니다.

예수님을 믿고 손해 보는 법은 절대로 없습니다. 우리 중에 핍박당하는 형제, 자매가 있다면 절대 손해 보는 것이 아닙니다. 하나님께서 우리에게 주시는 은혜는 엄청난 것입니다. "예수님을 믿어서 욕을 먹었다. 예수님을 믿어서 모욕을 당했다. 예수님을 믿어서 가족에게 쫓겨나왔다"고 하는 분이 있다면 일시적으로는 고통스럽고 어렵지만 기뻐하고 즐거워하면서 그 핍박을 받아야 합니다.

고통을 나누라

우리는 지금 핍박이 폭풍처럼 몰아치는 세상에서 살고 있지 않습니다. 지금 상황을 봐서는 어떤 이변이 일어나지 않는 이상, 앞으로도 예수님을 믿는 것 때문에 핍박당할 확률은 거의 없습니다. 그러면 "핍박을 받는 것이 정상이요, 핍박받을 때 즐거워하라"는 말씀은 나하고 관계없는 말씀이라고 생각해서 이 말씀을 대수롭지 않게 넘기면 큰 실수를 범하는 것입니다.

성경 전체를 보십시오. 예수님을 믿는 사람들은 핍박받아야 한다는 내용이 전체의 20% 이상을 차지하고 있습니다. 그러므로 우리는 비록 핍박이 없는 세상을 살지라도 자세만은 똑바로 가져야 합니다. "그리스도와 함께 영광을 받기 위해서는 고난도 함께 받아야 된다"(8:17)는 로마서의 말씀을 염두에 두고 몇 가지를 실천해야 합니다.

우선 핍박당하는 자들의 고통을 같이 나눌 수 있어야 합니다. 우리는 매일 그들을 위해서 기도함으로 그렇게 할 수 있습니다. 북녘에 있는 성도들을 위해 하루도 잊지 말고 기도해야 합니다. 이것이 그들의 핍박에 함께 동참하는 것이요, 그들의 고통을 함께 나누는 것입니다.

기도할 뿐만 아니라 실세적으로 어떻게 도와주어야 할지 날마다 생각해야 합니다. 그들에게 필요한 것들이 너무나 많습니다. 굶주린 그들에게 양식을 보내야 합니다. 헐벗은 그들에게 옷을 보내야 합니다. 유린당하고 있는 그들의 인권이 더 이상 짓밟히지 않도록 국제적인 채널을 통해서 압력을 가해야 합니다. 우리가 할 수 있는 모든 노력을 다 해야 합니다.

둘째로는 핍박받는 성도의 심정으로 신앙생활을 해야 합니다. 비록 우리는 핍박을 모르고 살지만 지금 내가 예수님 때문에 핍박당하고 있다는 심정으로 신앙생활을 하자는 말입니다. 이런 마음을 가지고 신앙생활을 하면 마음에 잡동사니가 쌓이지 않습니다. 예수님 외에 그 어떤 것도 자리 잡을 수 없습니다. 그리고 마음에는 항상 천국이 임합니다.

"핍박당할 때 죽으면 죽으리라" 하는 자세를 가지고 신앙생활을 하면 이 세상에 두려울 것이 아무것도 없습니다. 그 누가 욕하고, 모욕해도 하나님 나라가 이 땅에 임하도록 하기 위하여 예수 그리스도를 담대하게 전할 수 있습니다. 이럴 때에 우리는 핍박당한 성도들과 함께 하늘에서 상급을 받으며 하나님께 영광을 돌릴 수 있습니다. 하나님의 임재를 날마다 체험하여 천국을 마음에 소유한 것 때문에 세상 사람이 모르는 기쁨을 보여 주고 살면 우리는 작은 예수가 될 수 있습니다. 세상 사람들은 우리를 보고 그들이 알지 못하는 신비한 무엇이 있다고 생각할 것입니다. 그리고 우리를 통해서 그들이 구원받을 수 있는 길이 활짝 열릴 수 있을 것입니다.

꼭! 이것만은 기억하자!

예수님을 따라가는 길은
그저 품고 있던 소원을 이루고
편안히 사는 길이 아니다.
핍박받을 각오를 해야 한다.

예수님을 믿는 사람에게
핍박은 정상이다.
핍박받는다는 것은
예수님을 따라가는 것을 의미한다.

혹독한 핍박에 모든 것을 포기한
빈 마음에 천국이 임한다.
예수님 이외에 남아 있는 것이 하나도 없는
빈 마음에 하나님의 거룩한 임재가 나타난다.

지금 핍박당하고 있는 자들을 위해 기도하라.
그리고 그들의 실제적인 필요를
채우기 위해 노력하라.
무엇보다 그들의 심정으로 살아가라.
그러면 예수님 이외의
그 어떤 것도 자리하지 않을 것이다.
항상 천국이 함께 할 것이다.

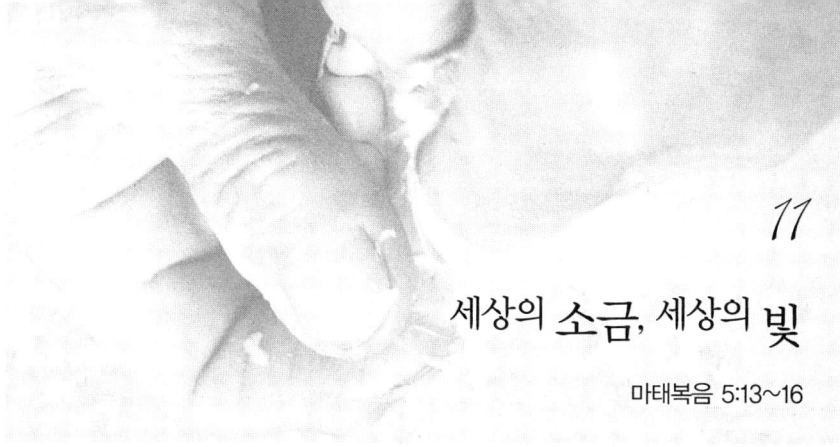

11
세상의 소금, 세상의 빛
마태복음 5:13~16

"너희는 세상의 소금이니 소금이 만일 그 맛을 잃으면 무엇으로 짜게 하리요 후에는 아무 쓸데 없어 다만 밖에 버리워 사람에게 밟힐 뿐이니라 너희는 세상의 빛이라 산위에 있는 동네가 숨기우지 못할 것이요 사람이 등불을 켜서 말 아래 두지 아니하고 등경 위에 두나니 이러므로 집안 모든 사람에게 비취느니라 이같이 너희 빛을 사람 앞에 비취게 하여 저희로 너희 착한 행실을 보고 하늘에 계신 너희 아버지께 영광을 돌리게 하라."

우리가 예수님을 알고 하나님의 말씀을 깨닫기 전에는 이 세상이 얼마나 부패하고 어두운가를 잘 몰랐습니다. 그러나 예수님께 조금씩 더 가까이 나아가면서 이 세상이 얼마나 영적으로 썩어 냄새나는 곳인가, 얼마나 캄캄하고 어두운 곳인가를 알게 되었습니다. 이런 세상을 앞에 놓고 예수님은 "너희는 세상의 소금이라. 너희는 세상의 빛이라"고 말씀하십니다. "아무리 세상이 썩고 어두워도 나는 너희만을 믿는다. 왜냐하면 너희만이 세상의 소금이고 너희만이 세상의 빛이기 때문이다"라는 말씀입니다.

준비된 성품이 있어야

예수님께서 강조하신 '너희'는 예수님의 말씀을 듣고 있는 열두 제자들과 제자들을 통해서 복음을 듣고 하나님의 자녀가 된 우리 모두일 것입니다. 예수님께서 큰 기대를 갖고 "너희만이 세상의 소금이다. 너희만이 세상의 빛이다"라고 말씀하시던 그 때 그 말씀을 듣고 있던 열두 명의 제자들은 세상적인 관점으로 볼 때 너무나 초라한 사람들이었습니다. 배운 것도, 가진 것도, 기댈 곳도 없는 사람들이었습니다. 이렇게 별 볼일 없는 사람들을 놓고 마치 이 세상의 운명이 모두 그들의 어깨에 달려 있는 것처럼 말씀하시는 예수님을 우리는 선뜻 이해하기 어렵습니다.

오늘을 살아가는 우리 역시 마찬가지입니다. 세상이라는 거대한 괴물 앞에 우리 자신도 제자들과 별반 다를 것이 없는 한없이 작고 초라한 존재들입니다. 이런 우리의 모습을 보면 도무지 빛을 발한다거나 소금 노릇을 한다는 것이 불가능해 보입니다. 그럼에도 불구하고 예수님은 우리를 조용히 내려다보시면서 "너희만 믿는다. 너희마저 없다면 이 세상에는 소망이 없다. 절망이다"라고 말씀하십니다. 이 말씀은 우리에게 한편으로는 부담으로, 다른 한편으로는 긍지를 느끼게 합니다.

예수님은 팔복을 통해 제자들의 성품에 대해 말씀하셨습니다. 마음이 가난해야 하고 애통해야 하며, 의에 주리고 목말라야 하고, 마음이 청결해야 하고, 화평케 해야 하며, 의를 위하여 핍박을 받을 수 있어야 한다고 말입니다. 그런 다음에 바로 "너희는 세상의 소금이다. 너희는 세상의 빛이다"라고 말씀하십니다. 예수님께서 이런 순서를 취하신 것은 다음과 같은 메시지를 주시기 위함이었을 것입니다. "너희들이 이와 같은 성품을 가진 나의 제자가 된다면, 너희는 이 세상에서 소금이 될 수 있고, 빛이 될 수 있다." 즉, 우리가 팔복의 요건을 제대로 갖추지 못한다면 우리는 세상의 소금과 빛과는 아무런 관계가 없을 수도 있다는 말입니다.

세상의 소금

소금은 짠맛이 특징입니다. 그 짠맛은 방부제 역할을 합니다. 예수님께서 사셨던 지중해 연안은 고온 지역입니다. 그래서 식품을 보관하기가 매우 힘들었습니다. 그런데 이 소금만 넣으면 적어도 한두 달은 신선하게 보존할 수 있었습니다. 그래서 "하늘의 태양 다음으로 이 세상에서 제일 소중히 여기는 것이 소금이다"라는 말이 나올 정도로 당시 사람들은 소금을 무척 아끼고 귀히 여겼다고 합니다.

썩지 않게 하는 이 방부제의 특성은 마치 예수님을 잘 믿는 하나님의 자녀가 이 세상에서 다른 사람에게 인격적으로 끼치는 감화와 비슷한 데가 있습니다. 마치 짠맛이 들어가서 고기나 음식물의 신선도를 유지하여 썩지 않게 하듯이, 가만히 있기만 해도 우리에게서 스며 나오는 예수 그리스도의 성품 때문에 다른 사람이 좋은 영향을 받는 것입니다. "어딘가 다른 데가 있다. 나도 저렇게 되었으면 좋겠다"라는 생각이 들게 합니다. 소극적이지만 조용히 다른 사람에게 짠맛을 내는 일은 매우 중요합니다. 가정이나 직장에 짠맛을 가진 사람이 조금만 있어도 그 가정과 직장은 영적으로 어두워지지 않습니다.

세상의 빛

빛은 어두움을 몰아내고 그 가운데 있는 것을 환하게 드러내는 특징을 갖고 있습니다. 빛은 그 특성상 대단히 직선적이고 적극적입니다. 우리는 어두움 앞에서 머뭇거리는 빛을 본 일이 없습니다. 예수님이 세상에 계실 때 그는 세상의 빛이었습니다. 예수님 때문에 우리는 하나님을 볼 수 있었고, 우리 자신의 진면목을 발견했고, 구원의 길이 어디에 열려 있는가를 발견할 수 있었습니다.

이제 예수님은 세상을 떠나셨지만 그 빛 되신 예수님을 마음에 모시고 사는 우리 모두가 이 세상의 빛이 되었습니다. 예수님이 태양이라고 하면 우리는 그 태양의 빛을 반사하는 달입니다. 에베소서에 참 소중한 말씀이 있습니다. "너희가 전에는 어두움이더니 이제는 주 안에서 빛이라 빛의 자녀들처럼 행하라 빛의 열매는 모든 착함과 의로움과 진실함에 있느니라"(5:8, 9). 이 말씀에서 이야기하는 '너희'는 물론 예수님을 믿는 우리 모두입니다. 성경은 우리를 빛이라고 합니다.

그런데 사람들은 우리가 빛인 것을 우리의 착한 행실을 보고 알 수 있습니다. 우리의 진실한 모습을 보고, 우리의 의로운 행동을 보고, 세상이 우리를 빛으로 봅니다. 물론 우리가 우리 자신을 볼 때는 "소금이나 빛은 고사하고 냄새만 안 나도 좋겠다"라고 생각할지 모르지만 하나님은 우리를 얼마나 크게 보시는지 모릅니다.

도덕이 실종된 사회

우리가 빛과 소금이라는 사실을 확인했다면 어떤 영역에서 빛과 소금의 역할을 해야 하는지를 생각해야 합니다.

첫째, 이 세상에서 도덕적 우위를 지키는 일에 빛과 소금이 되어야 합니다. 선과 악을 분명하게 분별할 수 있는 안목을 가진 사람을 일컬어서 '도덕성이 높다'고 말합니다. 선을 선택하고 선을 추구하기를 원하는 사람을 보면 '도덕성이 건전하다'고 칭찬합니다. 그러나 선인지 악인지 제대로 분별하지 못하고, 흐리멍덩하게 잘못된 것을 선택해서 따라가는 사람을 보면 '도덕성이 낮다'고 말하기도 하고 '도덕성이 실종된 사람'이라고 하기도 합니다. 이런 차원에서 예수님을 믿는 사람은 이 세상 사람들에 비해 도덕적 표준이 높아야 합니다. 즉, 도덕적인 우위를 유지해야 합니다. 이것이 없다면 빛이니, 소금이니 하는 말을 입에 올리는 것 자체가 부끄러운 일이 될 것입니다.

요즘 젊은이들은 도덕적 표준을 자꾸만 하향 조절하는 경향을 가지고 있습니다. 그 좋은 예로서 교회 밖의 젊은이들이 '절대'라는 말에 알레르기 반응을 보인다는 사실입니다. '절대 신'이라고 하면 "절대 신이 어디 있느냐?"고 반발합니다. '절대 선'에 대해서 말하면 "요즘 같은 세상에 절대 선이 있을 수 있느냐?" 하고 빈정댑니다. '절대 악'이라고 하면 "절대 악을 판단하는 기준이 무엇이냐?"라고 거부반응을 일으킵니다. 이런 현상이 나타나는 것은 도덕적인 표준을 끌어내림으로써 그만큼 자신들이 부담을 덜 느낄 수 있게 되고 편하게 생각할 수 있기 때문입니다. 그래서 각자가 자기 좋은 대로 도덕성을 디자인하려고 합니다. 심지어 교회 안에서도 절대 선이신 하나님을 향해 필요할 때는 '나의 하나님'이라고 부르지만, 필요 없다고 생각되면 '내가 하나님'이라며 교만한 소리를 합니다.

러시아의 대문호 도스토예프스키가 그의 책 『카라마조프의 형제』에서 "우리가 하나님을 밀어내 버리면 모든 것이 허용된다"라고 한 말은 옳습니다. 선과 악이 따로 없습니다. 무엇이든지 다 허용되는 것입니다. 경우에 따라 선이 악이 될 수도 있고 악이 선이 될 수도 있습니다. 무엇이든지 자기가 기준이 되어 마음대로 바꿀 수 있는 것입니다. 우리 주변이 점점 그렇게 되어 가고 있는 것을 보면 정말 아찔한 생각이 듭니다.

40% 이상의 격차

정직을 예로 들면 대부분의 사람에게는 어디까지가 정직인지 분명하지 않은 것 같습니다. 상황에 따라 이럴 수도 있고 저럴 수도 있다고 하는 생각을 마음에 감추고 있습니다. 이미 표준이 흐릿해져서 흑과 백을 구별할 수가 없다는 이야기입니다.

그러나 우리의 표준은 하나님이 주신 계명입니다. "거짓 증거하지 말라"(마가복음 10:19) 우리는 이것이 무엇을 의미하는지 너무나 잘 압니다. 그러므로 거짓을 미워합니다. 거짓을 거부합니다. 우리는 참과 거짓을 뒤섞어 놓고 살기를 원치 않습니다. 분명히 거짓은 배격하고 참을 따라가려고 하는 자세를 갖습니다. 설혹 그렇게 하다가 남들 눈에 바보스럽게 비쳐도, 손해를 보아도, 진실과 거짓을 혼돈하면서 사는 것은 원치 않습니다. 이처럼 도덕적인 우위를 유지하겠다는 강한 의지가 있을 때 우리는 비로소 이 세상에서 소금이 될 수 있고, 빛이 될 수 있는 것입니다.

미국에 있는 '조지바나리서치센터'는 주로 기독교계를 대상으로 활동하는 신뢰도가 상당히 높은 기관입니다. 그곳 자료 중에 이 주제와 관련된 매우 가치 있는 것이 있어 소개합니다. "예수님을 믿는 사람들이 사회적으로 영향력을 가진 존재가 되기 위해서는 도덕성에 있어서 예수님을 안 믿는 사람들에 비해 40% 이상의 격차가 있어야 된다"는 것입니다.

예를 들면 예수님을 안 믿는 사람 100명 가운데서 정직한 사람 20명이 나왔다고 하면 예수님을 믿는 사람 100명 가운데서 정직한 사람이 적어도 60~70명이 나와야 된다는 것입니다. 그래야지만 예수님을 믿는 사람들이 이 사회에 영향을 주는 소금이 되고, 빛이 될 수 있다는 말입니다.

그런데 실제로 조사를 해 보니 그 정도의 수치가 나오지 않는다는 것입니다. 그리스도인들에게 "당신은 가끔 포르노 영화를 봅니까?"라고 질문했습니다. 그러자 100명 가운데서 30명이 가끔 본다고 솔직하게 대답을 했습니다. 이번에는 예수님을 안 믿는 사람 100명에게 똑같은 질문을 했습니다. 40명이 그렇다고 대답했습니다. 이 정도는 차이가 없는 것이나 마찬가지입니다. 열 명의 차이 가지고는 도무지 영향력을 행사할 수가 없습니다.

우리 주변을 돌아보면 신자나 불신자나 이렇게 비슷합니다. 약간 나은 것 같지만 이 정도로는 도덕적인 우위를 유지할 수가 없습니다. 도덕적인 우위가 유지되지 아니하면 자신이 소금이라고 아무리 떠들어도 다 헛소리로 들릴 뿐이고, 빛이라고 아무리 소리쳐도 과장 광고에 지나지 않습니다.

우리가 짠맛을 내고 강렬한 빛을 비추어서 이 사회에 영향을 주기를 원한다면 도덕적인 면에서 세상 사람들과 큰 격차를 보여야 합니다. 그러나 우리가 그렇지 못할 때가 많다는 것 때문에 주님 앞에 얼마나 죄송한지 모릅니다. 우리 모두 회개하는 마음을 가지고 기도하는 마음으로 이 말씀을 마음에 새겨야 합니다.

네가 유혹했지?

어느 목사가 가톨릭 유선 방송을 본 후에 이야기하는 것을 들은 일이 있습니다. 요셉의 이야기를 드라마로 방영했다고 합니다. 요셉은 10대 소년으로 애굽에 팔려가는 노예 신세가 되었습니다. 요즘으로 하면 대통령 경호실장이라고 할 수 있는, 애굽의 바로 왕의 제1경호실장 보디발의 집에 팔려온 요셉은 주인의 신임을 얻어 그 가정의 총무가 되었습니다.

  세월이 흘러 나이가 20대 중반을 넘어선 요셉은, 젊음의 광채가 나는 멋진 젊은이가 되었습니다. 그를 아는 모든 사람에게 우아하고 잘생기고 똑똑한 청년으로 비쳐졌습니다. 그러자 보디발의 아내가 눈독을 들였습니다. 상대가 노예였기 때문에 자기 마음대로 즐길 수 있다고 생각했을 것입니다. 함께 잠자리에 들어가자고 날마다 유혹하지만 요셉은 거절합니다. 주인의 아내이기 때문에 그럴 수 없다고 생각했고 그래서 도망 다녔습니다.

  그러던 어느날 그만 아무도 없는 집안에서 둘이 마주치게 되었습니다. 여자가 남자의 옷자락을 잡고 사정을 합니다. 너무나 급한 나머지 요셉은 자기도 모르게 웃옷을 벗어 놓고 도망갔습니다. 요셉의 옷을 움켜쥔 채 그가 도망가는 모습을 보면서 요셉을 향한 이 여자의 그리움은 증오로 바뀌었습니다. "이 놈, 두고 보자. 내가 너를 가만히 둘 줄 아느냐? 너는 오늘 끝장이다." 그녀는 이를 부득부득 갈며 저녁에 남편이 돌아오기를 기다렸습니다.

드디어 남편이 오자마자 보디발의 아내는 옷을 내놓으면서 "당신이 돈을 주고 사온 히브리 소년 저 요셉이라는 자가 나를 성폭행하려고 달려들기에 내가 소리를 질렀더니 옷을 벗어 놓고 도망갔습니다. 당신이 알아서 하세요"라고 했습니다. 보디발은 매우 불쾌했고 요셉을 감옥에다 넣었습니다.

그런데 사실 요셉을 감옥에 넣는다는 것은 있을 수가 없는 일입니다. 주인의 아내를 범하려고 한 노예라면 감옥이 필요 없습니다. 노예인데 무슨 재판이 필요합니까? 그 자리에서 죽여 버리는 것이 그 당시의 풍습이었습니다.

보디발의 아내로서는 당장 요셉이 죽는 꼴을 볼 것이라고 기대했는데, 남편이 그를 살려서 감옥에다 집어넣는 것을 보자 이만저만 화가 나는 것이 아니었습니다. 그날 밤에 남편을 걸고 넘어졌습니다. "당신 아내를 겁탈하려고 하는 그 나쁜 짐승 같은 놈을 왜 살려 둡니까? 뭐가 좋아서 살려 두는 겁니까?" 그때 보디발이 이렇게 말했습니다. "나는 지금까지 요셉이 하나님의 이름으로 하는 말을 한 번도 거짓말이라고 생각해 본 일이 없어. 나는 그가 하는 말을 믿어." 이 소리를 듣고 그 부인은 화가 머리 꼭대기까지 나서 "그럼 내가 거짓말을 했단 말이에요?" 하고 달려들었습니다. 그러자 보디발이 그 동안 참았던 분노를 터뜨리며 자기도 모르게 주먹으로 아내를 때립니다. "이 요사스러운 것 같으니, 네가 유혹했지? 네가 꼬리친 거지?"라고 고함쳤습니다.

굉장히 실감나는 묘사라고 생각합니다. 보디발이 요셉의 말을 아내의 말보다 더 믿었던 것은 요셉의 도덕성이 얼마나 높은가를 알고 있었기 때문입니다. 요셉은 하나님 앞에 이런 악한 짓을 할 수가 없습니다. 요셉의 도덕적인 표준은 사람도 아니고, 상황도 아니었고, 오직 하나님이었습니다.

평소에 그것을 보고 있었던 보디발은 요셉이 하나님의 이름을 걸면서 맹세하다시피 하는 말에는 절대로 거짓이 없다는 것을 이미 잘 알고 있었습니다. 세상에 살면서 우리가 유지해야 할 도덕성의 우위는 요셉처럼 되어야 합니다. 그럴 때만이 우리가 빛이요 소금이라고 말할 수가 있습니다.

전도: 재생산 작업

복음은 그 자체가 부패를 막는 소금입니다. 예수 그리스도의 십자가 복음은 그 자체가 어두움을 몰아내는 빛입니다. 그러므로 우리가 전도할 때 가장 짠 맛을 낼 수 있습니다. 우리가 예수님을 믿으라고 말할 때 불신자들의 세계에 강한 빛을 비칠 수 있습니다.

전도는 소금을 많이 만들어내는 재생산 작업입니다. 한 사람이라도 더 예수님을 믿게 했다면, 그 사람이 소금이 되는 것입니다. 한 사람이라도 더 전도하면, 그 사람이 빛이 되는 것입니다. 그래서 예수님을 믿는 사람이 늘어날수록 이땅에는 소금이 많아지고 빛이 많아지는 것입니다.

지난 50년 동안 한국 교회가 많은 복을 받았는데, 그 가운데 참으로 복을 받은 것은 교회의 부흥입니다. 50년 전만 해도 한국에는 예수님을 믿는 사람이 불과 30만 명밖에 되지 않았습니다. 그러나 10년이 지나니 300만이 되고, 조금 더 지나니 800만이 되었습니다. 정말 많은 사람이 예수님을 믿게 되었습니다. 물론 수적으로 많아짐에 따라서 고약한 냄새를 피우는 일들도 가끔 있었지만 그것은 극히 일부의 일이고, 대부분의 성도들은 사회의 이곳저곳에서 빛이 되려고 노력했으며, 소금이 되려고 혼신의 힘을 다 기울였습니다. 예수님을 믿는 사람만큼 회개하는 사람이 없습니다. 예수님을 믿는 사람만큼 양심을 바로 가지려고 애쓰는 사람도 없습니다. 예수님을 믿는 사람만큼 하나님을 두려워하는 사람도 없었습니다.

대다수의 그리스도인은 오늘도 이땅에서 소금이요, 빛이 되고 있습니다. 우리는 열심히 전도해야 됩니다. 전 국민을 복음화시켜서 하나님 앞에서 모두가 빛이 되고 소금이 되도록 해야 합니다. 이 일을 위해 앞장설 때 우리가 빛과 소금이라고 할 수 있습니다.

가장 시급한 당면 문제

자연보호에 앞장 설 수 있어야 소금과 빛이 될 수 있습니다. 미래를 걱정하는 세계 석학들의 논문이나 책을 손에 잡히는 대로 몇 개만 뽑아서 한 번 읽어보십시오. 이구동성으로 하는 말은 21세기에 인류의 존립을 위협하는 가장 무서운 적은 바로 환경오염이라는 것입니다. 약 20년 전, 누가 생수를 마신다고 하면, "수돗물이 어디가 어때서 생수를 마시는가? 돈이 남아서 감당을 못하는가?"라며 욕했습니다. 그런데 오늘날은 생수를 마시는 것이 상식이 되었습니다. 생수를 안 마시는 사람을 보면 눈이 휘둥그레져서 "저러면 큰일 날 텐데"라고 걱정합니다.

세상이 변해 20년 전에 남의 이야기같이 들리던 것들이 오늘날 우리 발등에 떨어진 불이 되었습니다. 더 잘 먹고, 더 많이 즐기기 위해 자연을 함부로 파괴한 결과, 대기 온도는 점점 올라가고 날씨는 어떻게 변할 줄 모르는 공포의 대상이 되었습니다. 또 그로 인해 세계 곳곳은 끔찍한 재앙을 만나 몸살을 앓고 있으며, 생태계는 혼란에 빠져서 1년에 몇 백 종씩 지구상에서 사라지고 있습니다.

우리나라만큼 환경 파괴를 예사로 하는 나라가 또 있는지 모르겠습니다. 우리 민족만큼 후손의 내일을 걱정하지 않는 무책임한 백성이 또 있는지 모르겠습니다. 매사에 "나 하나 잘살다 가면 그만"이라는 식이 의식 밑바닥까지 팽배해 있습니다.

서울 변두리에 있는 과수원 이야기를 들으셨는지 모르겠습니다. 벌이 자꾸 없어집니다. 나비가 자꾸 사라집니다. 그러니 열매가 맺지 않습니다. 어쩔 수 없이 사람이 벌이나 나비처럼 돌아다니면서 인공으로 수정을 시키고 있습니다. 나비와 벌을 다 죽여 놓은 것은 다름 아닌 인간입니다. 또한 그 벌을 필요로 하는 것은 단순히 과수원의 나무만이 아니라 우리 인간들도 포함된다는 것을 인식해야 합니다.

야생 동물과 바다 고기는 점점 씨가 말라갑니다. 하천은 썩어가고 지하수마저 오염되어 먹을 수가 없습니다. 더욱 심각한 것은 먹을 수 없게 된 물 자체도 점점 양이 줄어들고 있다는 사실입니다. 정말 이대로 가다가는 어떤 끔찍한 상황을 맞이하게 될 지 두렵습니다.

환경운동의 정신적 스승이라 불리는 레스터 브라운은 생존하는 미국의 가장 존경받는 50인 중의 한 명입니다. 우리나라 모 일간지 기자가 그를 인터뷰한 후에 쓴 기사를 읽어 보았습니다. 그의 말 가운데 가슴이 섬뜩한 이야기가 있었습니다. "만일 우리가 지금처럼 환경을 계속 파괴해 가면 우리 후손은 우리를 절대로 용서하지 않을 것입니다." 용서하지 않는다는 말이 마음에 화살처럼 날아와 박혔습니다. 앞으로 20년, 30년 후, 우리 후손들이 우리가 함부로 파괴하고 오염시킨 자연으로 인해 온갖 재난을 겪으며 고통을 당할 때 조상들의 무덤에 와서 침을 뱉지 않는다고 누가 장담하겠습니까? 자기만 잘살다 갔지 후손의 행복은 조금도 생각하지 아니한 짐승보다 못한 조상이라고 그들이 저주하지 않는다고 누가 장담할 수 있습니까?

지금부터라도 파괴되어가는 자연 앞에 심각한 고민을 안고 씨름해야 합니다. 하나님이 6일 동안 창조하시고 우리에게 주신 이 아름다운 자연, 하나밖에 없는 지구를 살리고 보존하기 위해서, 그리고 우리 자손에게 아름다운 땅으로 물려주기 위해서 어떻게 해야 빛이 되고 소금이 될 수 있는가를 고민해야 합니다.

하나님이 만약에 지금 성경을 쓰신다면 이 말을 반드시 첨가하셨을 것입니다. "먼저 하나님을 사랑하라. 둘째는 네 이웃을 네 몸과 같이 사랑하라. 셋째는 자연을 네 몸과 같이 사랑하라." 틀림없이 그렇게 덧붙이실 것입니다.

한 포기의 풀도 사랑하는 눈으로 보고 별 것 아닌 잡목이라도 마치 자녀를 쓰다듬듯이 사랑해야 합니다. 작은 다람쥐 한 마리라도 내 자식을 보듯이 아끼고 소중히 여기고 자연을 사랑해야 자연을 살릴 수 있습니다. 야수라도 멸종시키면 안 됩니다. 야수가 멸종되면 그만큼 생태계는 균형을 잃어버리기 때문입니다.

욕심을 버리고 사치하지 말아야 합니다.

욕심이란 걸림돌을 제거하라

사치하는 습관을 버리고 절제하고 검약해야 합니다. 세계에서 모피 수입량이 가장 많은 나라가 한국입니다. 기가 막힌 이야기입니다. 이 작은 나라에서 왜 그 많은 모피를 수입해야 하는지 알 수가 없습니다. 날씨가 얼마나 춥다고 짐승 가죽을 뒤집어쓰고 다녀야 하는지 모르겠습니다.

좀더 적게 먹고, 좀더 적게 쓰도록 노력하고, 너무 큰 집을 소유하려고 하지 마십시오. 작은 평수에 사나 큰 평수에 사나 살다 보면 다 똑같습니다. 30평에서 살던 사람이 50평에서 살게 되었다고 해서 잠이 잘 오는 것도 아니고, 특별히 마음이 평안해서 천국을 이루는 것도 아닙니다.

그럼에도 불구하고 식구는 불과 두세 명밖에 안 되면서 왜 자꾸 집을 늘리려고 하는지 모르겠습니다. 10평을 더 늘려서 살면 그만큼 자연이 설 땅을 잃습니다. 더 넓어진 평수를 유지하기 위해 기름과 물을 얼마나 더 써야 되는지 알 수 없습니다.

앞서 소개한 레스터 브라운을 취재한 기자가 그가 사는 집까지 따라갔습니다. 이 세계적인 사람이 어떻게 사는지 궁금해서 가 보았더니 방 하나가 있는, 작고 허름한 아파트에 살고 있더라는 것입니다. 그리고 사무실까지 오고 가는데 20분씩 걸리는 거리를 걸어서 다니고, 주로 이용하는 교통수단은 자전거였다고 합니다. 비록 당장 모든 것을 다 바꿀 수는 없다 하더라도 이렇게 근검절약하려고하는 노력을 조금씩 해 나갈 때 이 자연이 지고 있는 무거운 짐을 덜어줄 수 있습니다. 오염되고 파괴되어가는 이 자연을 끌어안을 수가 있습니다.

헨리 데이빗 소로우는 매우 의미 깊은 말을 했습니다. "간소화하고 간소화하십시오. 하루에 세 끼를 먹는 대신 필요하면 한 끼만 드십시오. 100가지 요리를 다섯 가지로 줄이고, 다른 일도 그런 식으로 줄이도록 하십시오." 우리 생활과 마음속에서 욕심이란 걸림돌을 제거해야 합니다. 우리 모두가 자연보호에 앞장서는 빛과 소금이 되어야 합니다. 이 위급한 상황에서 우리가 감당해야 할 역할을 적극적으로 찾아야 합니다.

환상을 품고 살아가야 한다

우리 신분은 감출 수가 없습니다. 주님이 말씀하셨습니다. "너희는 세상의 빛이라 산위에 있는 동네가 숨기우지 못할 것이요"(마태복음 5:14). 이탈리아나 지중해 연안을 여행하다 보면 높은 언덕, 높은 산 위에 있는 아름다운 도시들이 자주 눈에 띕니다. 멀리서 보면 참 아름답습니다. 밤에는 더 휘황찬란하기 때문에 숨길 수가 없습니다.

예수님을 믿는 사람은 자신을 숨길 수가 없습니다. 항상 노출되기 때문입니다. 조금만 잘해도 금방 소문이 나고, 조금만 잘못해도 금방 냄새가 납니다. 예수님을 믿는 사람은 자신을 감추어 놓을 수가 없습니다. 그러므로 우리는 이 노출성을 최대한 이용해야 합니다. "좋아, 어디 가도 우리 자신을 숨길 수가 없다면 빛으로서 살자. 소금으로서 살자." 이런 각오가 굉장한 파급효과를 가져올 수 있습니다.

그러므로 우리가 빛으로서, 소금으로서 살아가는 아름다운 환상을 가져야 합니다. 우리나라를 도덕 선진국으로 만들고 국민 전부를 복음화시키겠다고 하는 환상을 가져야 합니다. 이 땅을 아름다운 금수강산으로 다시 만들어 후손에게 넘겨주겠다는 꿈을 꾸이야 합니다. 그렇게 할 때 이 세상 사람들이 우리를 보고 하나님께 영광을 돌리는 놀라운 일들이 일어날 것입니다. 지금은 예수님을 믿는 우리가 할 수 있다는 환상을 가지고 세상을 향해서 달려 나가야 할 때입니다.

꼭! 이것만은 기억하자!

예수님의 성품을 닮은
예수님의 제자는 세상의 희망이다.
고기나 음식물의 신선도를 유지시키는
소금의 짠 맛처럼
우리를 통해 스며 나오는
예수 그리스도의 성품은
다른 사람들에게 미치는 선한 영향력이다.

어두움을 몰아내는 빛처럼
우리의 진실한 모습과 의로운 행동을 보고
세상은 어두움을 알게 된다.

우리의 표준은 하나님이 주신 계명이다.
우리가 강한 짠 맛을 내고
강렬한 빛을 비추어서
강력한 영향을 주기 원한다면
도덕적인 면에서
세상 사람들과 큰 격차를 보여야 한다.

12

율법의 완성자 예수 그리스도

마태복음 5:17~19

"내가 율법이나 선지자나 폐하러 온 줄로 생각지 말라 폐하러 온 것이 아니요 완전케 하려 함이로라 진실로 너희에게 이르노니 천지가 없어지기 전에는 율법의 일점 일획이라도 반드시 없어지지 아니하고 다 이루리라 그러므로 누구든지 이 계명 중에 지극히 작은 것 하나라도 버리고 또 그같이 사람을 가르치는 자는 천국에서 지극히 작다 일컬음을 받을 것이요 누구든지 이를 행하며 가르치는 자는 천국에서 크다 일컬음을 받으리라."

지구는 우주의 중심이어서 움직이지 않고 태양이 지구 주위를 돈다는 천동설을 온 세상이 믿고 있던 시절이 있었습니다. 그때 갈릴레오 갈릴레이는 『천문대화』라는 책을 통해 오히려 지구가 태양의 주위를 돈다는 학설을 주장했습니다.

이 사건으로 인해 그는 70세의 나이였지만 당시 세도가 대단했던 가톨릭 교회의 종교 재판소로 끌려 나가 참회복을 입고 재판을 받았습니다. 고령인데다가 주변이 워낙 공포 분위기여서 그랬는지는 몰라도 자기의 주장을 철회하기로 마음먹은 그는 성경 위에 손을 얹고 이렇게 서약을 했습니다. "저는 태양이 세계의 중심이며, 움직이지 아니하고, 지구가 움직이고 있다고 하는 어리석은 학설을 거부하고 비판하고 저주합니다. 동시에 다시는 이런 혐의를 받을 수 있는 글을 발표하거나 주장하지 않기로 맹세합니다."

이렇게 완전히 손을 들어 항복했는데도 불구하고 3년 동안의 고행을 언도 받았고, 그의 책은 다시는 보급되지 못하도록 배포 금지령이 내려졌습니다. 법정에서 끌려 나올 때 그가 했다는 유명한 말이 지금도 인류에 회자되고 있습니다. "그래도 지구는 돌고 있다."

이제는 고인이 된 요한 바오로 2세가 수년 전 350년 만에 교회가 갈릴레오에 대해서 내린 판결은 잘못되었다고 시인했습니다. 갈릴레오에 대하여 무죄 선언을 한 것입니다. 350년 만에 겨우 이와 같은 바른 판단이 나온 것입니다.

이처럼 한번 무지의 소치로 오해를 하기 시작하면 그 오해를 풀기까지 엄청난 시간이 걸릴 뿐만 아니라 상당한 노력이 필요합니다. 그 오해가 무지에서 생긴 것이든, 편견 때문에 생긴 것이든, 또는 어떤 이해관계 때문에 생긴 것이든 간에 일단 자기 자신에게 진리로 굳어져 버리면 그것 때문에 그 다음부터는 아무리 옳은 것이라 해도 전부 다 부정해 버리는 무서운 사람으로 바뀔 수 있습니다.

무식하면 용감하다(?)

유대의 지도자들은 예수라는 청년이 등장해서 하나님 나라의 복음을 전하는 것을 의구심을 가지고 주의 깊게 지켜보았습니다. 그리고 그의 말, 그의 행동, 그의 주변 상황을 종합해 본 결과, 그가 하나님의 율법을 무시하는 것이 틀림없으며 이제는 율법을 폐지해도 된다고 사람들을 선동한다는 결론을 내리게 되었습니다.

그들은 안식일에 해서는 안 될 것들을 수십, 수백 가지씩 정해 놓고 그대로 지키느라 무진 애를 쓰는데, 예수님은 안식일에도 공공연히 병자들을 고치셨습니다. 왜 안식일을 범하느냐는 비난에 조금도 주저하지 않으시고 "안식일의 주인은 나다"(마태복음 12:8)라고 대답하셨습니다. 예수님은 지탄과 정죄의 대상이던 세리나 창녀, 그밖의 여러 죄인을 오히려 자신의 곁으로 오게 하시고, 그들을 변호하는 언사를 서슴지 않으셨습니다. 심지어 어떤 때는 그들의 악을 정당화시키는 듯한 말씀을 하시는 것처럼 보였습니다.

이 때문에 예수님에 대한 유대 지도자들의 오해는 점점 더 깊어질 수밖에 없었습니다. 급기야 예수님을 음해하고, 공격하는 데까지 이르게 되었습니다. 복음서는 이것을 20회 이상이나 기록하고 있습니다.

반면에 예수님은 유대 지도자들, 즉 대제사장과 서기관, 율법사, 바리새인들을 향해 "외식하는 서기관과 바리새인들이여, 회개하라"고 경고하셨습니다. 그리고 경우에 따라서는 그들을 "독사의 자식들"이라고 부르시며 무섭게 저주하셨습니다.

예수님은 율법을 주신 하나님이십니다. 율법의 근원이시고 율법의 주인이십니다. 율법 위에 계시는 초법적인 존재입니다. 그러므로 예수님은 율법을 가장 정확하게 해석하실 수 있는 분입니다. 그런 예수님께서 이 세상을 율법에서 구원하시기 위하여 율법 아래로 오셨고, 죄가 없으시면서도 죄 있는 사람처럼 율법에 복종하셨습니다.

그런데 유대인들은 그것을 알지 못했고 믿으려 하지도 않았습니다. 만일 이 사실을 인정했다면 유대 지도자들은 지금까지 전통적으로 지켜온 것일지라도 예수님 앞에서 자신들의 잘못을 인정하고 고쳐야겠다는 반응을 보였을 것입니다. 그러나 그들은 그럴 생각이 전혀 없었습니다. 예수님을 하나님의 아들로 인정하지 않았고 결국 예수님을 십자가에 매달아 처형하고 말았습니다.

일점일획도 없어지지 않고

예수님께서는 율법을 경시하신 적이 없고, 또한 율법을 필요 없는 것으로 말씀하신 일도 없습니다. 오히려 율법을 높이 평가하시고 율법의 절대 권위를 인정하셨습니다.

예수님은 "내가 율법이나 선지자나 폐하러 온 줄로 생각지 말라 폐하러 온 것이 아니요 완전케 하려 함이로라"(마태복음 5:17)고 말씀하십니다. 즉, "나는 율법이나 선지자, 즉 구약 성경을 폐하려고 온 것이 아니고 완전케 하기 위해서 왔다"는 말씀을 통해 우리는 예수님께서 구약 성경을 하나님의 말씀으로 얼마나 철저히 인정하고 복종하셨는가를 보게 됩니다.

또 예수님은 "진실로 너희에게 이르노니 천지가 없어지기 전에는 율법의 일점 일획이라도 반드시 없어지지 아니하고 다 이루리라"(마태복음 5:18)라고 말씀하십니다. 여기서 '일획'이라는 것은 구약 성경을 기록한 히브리 철자 중에 가장 작은 것을 가리킵니다. 또한 '일점'이라고 하는 것은 그 가장 작은 철자에 찍는 작은 점을 이야기합니다. 그러므로 구약 성경에 기록된 글자 하나, 작은 점 하나도 반드시 하나님의 말씀으로 드러날 것이라는 말입니다.

이런 맥락에서 예수님은 "누구든지 이 율법에 기록된 말씀을 경히 여기거나 잘못 가르치는 사람은 천국에서 멸시를 받아 가장 작은 자라는 평가를 받을 것이고, 이 율법의 말씀을 그대로 가르치고 그대로 지키는 자는 천국에서 존경을 받을 것이다"(마태복음 5:19)라고 말씀하신 것입니다.

말씀대로 이루기 위해

예수님께서 겟세마네 동산에서 십자가를 지기 위해 피눈물을 쏟고 기도하시던 장면을 기억할 것입니다. 기도가 끝나자마자 가룟 유다를 앞세운 군대가 몰려와 예수님을 포위했습니다. 베드로가 엉겁결에 옆구리에 차고 있던 칼을 빼서 휘둘렀습니다. 이것을 보신 예수님은 "칼을 도로 집에 꽂으라"(마태복음 26:52)고 하시면서 유명한 말씀을 하셨습니다.

"너는 지금 내가 하늘에 계신 아버지께 기도해서 하늘에 있는 수십만의 천사들을 불러 올 수 없는 줄 아느냐? 만약에 그 천사들을 불러서 이 무리들을 전부 다 쫓아 버리고 내가 십자가를 지지 않는다면, 구약 성경에서 하나님의 아들이 세상을 구원하기 위해 십자가를 질 것이라고 예언한 말씀이 어떻게 이루어지겠느냐? 하나님의 말씀이 예언된 이상 이루어지지 않는 일은 절대로 없다. 그러므로 나는 천사를 보내라고 기도하지 않으며, 말씀대로 이루기 위해서 십자가의 길을 걸어간다"(마태복음 26:53, 54).

주님은 하나님의 말씀을 높이 받들었습니다. 예수께로부터 배울 것은 율법과 선지자의 예언이 들어 있는 구약 성경 말씀을 우리도 높이 받들고 하나님의 말씀으로 인정해야 한다는 것입니다.

냉대받는 구약 성경

지금은 은혜의 시대이기 때문에 구약 성경은 큰 의미가 없다고 생각해서, 신약 성경만 열심히 읽고 구약 성경은 잘 안 읽는 분들을 가끔 보게 됩니다. 어떤 분들은 구약 성경은 없고 신약 성경만 있는 성경을 들고 교회에 나오기도 합니다. 하루에 구약 성경 몇 장, 신약 성경 몇 장을 함께 읽으라고 권면을 하지만 구약 성경은 읽다 보면 머리가 아파오기 때문에 적당히 읽고 넘어갑니다. 이런 식의 태도는 하나님의 말씀을 대할 때 예수님처럼 하지 않는 것입니다. 만일 우리에게도 이런 태도가 있으면 고쳐야 합니다.

어거스틴이 한 유명한 말이 있습니다. "신약 성경은 구약 성경 속에 감추어져 있고 구약 성경은 신약 성경 속에서 드러난다."

구약 성경 안에 신약 성경이 있습니다. 왜냐하면 구약 성경은 신약 성경에 있는 내용을 미리 예언하고 예견한 것이기 때문입니다. 그리고 신약 성경에 가면 구약 성경이 나타납니다. 그것은 구약 성경을 배경으로 하지 않고는 신약 성경이 해석되지 않기 때문입니다.

불트만이라는 신학자는 그리 좋은 신학자는 아니지만 이 말 한 마디는 바로 했습니다. "우리가 신약 성경을 이해하기 위해서는 구약 성경 아래 서야 한다. 왜냐하면 구약 성경은 신약 성경의 전제 조건이기 때문이다." 이런 말들을 종합하면 구약 성경과 신약 성경을 차등해서 대우할 수가 없다는 것을 알 수 있습니다.

완전케 하시다

구약 성경이 중요한 이유는 예수님께서 구약 성경에 있는 율법과 선지자의 예언을 완전케 하기 위해서 오셨기 때문입니다. "나는 완전케 하려 함이니라"(마태복음 5:17하). 완전케 한다는 말은 성취한다, 완성한다, 끝맺음을 해준다는 뜻입니다. 거기에는 크게 두 가지 의미가 있습니다.

그 첫 번째 뜻은 예수님께서 구약 성경의 언약을 성취하신다는 것입니다. 우리가 잘 아는 대로 구약 성경 39권에는 창세기 3장 16절의 원시 복음을 시작으로 말라기에서 엘리야를 보내겠다고 하는 최종적인 예언에 이르기까지, 하나님의 아들이 오실 때는 어떻게 오실 것인가, 그가 오시면 어떤 삶을 살고 어떤 교훈을 하실 것인가, 어떻게 죽으실 것인가, 어떻게 살아나실 것인가, 그리고 그를 통해서 이 세상이 어떻게 구원받을 것인가가 모두 예언되어 있습니다.

어떤 학자의 계산에 의하면 예수님을 직·간접적으로 예언하는 구약 성경의 내용을 전부 합하면 적어도 1,500회 이상 된다고 합니다. "그분이 오시면, 그분이 오시면" 하고 구약 성경은 수천 년 동안 예언을 했는데, 하나님의 아들이신 예수님이 드디어 오셨습니다. 실체가 등장한 이상, 과거 행해진 그에 관한 모든 예언들은 모두 완결되었습니다. 예수님께서 오심으로 구약 성경의 모든 예언이 성취된 것입니다.

의식법의 종결, 십자가

예수님께서 율법과 선지자를 완전케 하셨다는 두 번째 의미는 율법을 종결시켰다, 율법에 마침표를 찍었다는 것입니다. "그리스도는 모든 믿는 자에게 의를 이루기 위하여 율법의 마침이 되시니라"(로마서 10:4).

모세 오경이 바로 율법입니다. 학자들의 분석에 의하면 그 율법에는 세 가지 법이 들어 있다고 합니다. 바로 의식법, 시민법, 도덕법입니다. 의식법은 제사와 관련된 법이요, 제사를 드리는 제사장과 레위인에 대한 법입니다. 그리고 제사를 드리는 성소, 즉 장소에 관한 법이요, 제사를 드리는 절기에 관한 법들입니다. 출애굽기, 레위기, 신명기에 주로 많이 나옵니다. 특히 레위기를 읽다 보면 정신을 못 차릴 정도로 수많은 제사들이 나옵니다.

그런데 이 모든 의식은 한결같이, 장차 예수님이 이 세상에 오셔서 세상 죄를 짊어지고 십자가에서 죽으실 그 죽음을 가리키고 있습니다. 예수님이 오시면 번제로 죽은 염소처럼, 속죄제로 죽은 양처럼, 화목제로 죽은 황소처럼 인류의 죄를 짊어지고 십자가에서 죽으실 것을 예표하고 있는 것입니다.

바로 그 예수님이 오셨습니다. 자신의 몸을 어린양 제물로 삼고, 자기 자신이 대제사장이 되어, 십자가를 거룩한 제사를 드리는 성소의 번제단으로 삼으시고, 그 위에서 모든 인류의 죄를 대속하는 보혈의 피를 흘리셨습니다. 실체가 와서 진짜 제사를 드린 결과 지금까지 그림자같이 구약 성경에서 드리던 모든 제사는 일단락된 것입니다. "저가 한 제물로 거룩하게 된 자들을 영원히 온전케 하셨느니라"(히브리서 10:14). 그러므로 죄를 위해서 더 이상 다른 제사를 드릴 필요가 없어졌습니다. 예수님께서 모든 죄를 다 속할 수 있는 완전하고 영원한 제사를 드렸기 때문입니다. 구약 성경에 있는 모든 제사는 끝났습니다.

법적 구속력을 상실한 시민법

하나님께서 이스라엘 백성을 모든 민족 가운데서 자기 백성으로 선택하셨습니다. 그리고 "너는 내 것이다. 나는 네 하나님이다. 그러므로 너는 거룩해야 된다. 다른 민족과 구별되어야 한다" 하시면서 하나님이 직접 이스라엘을 통치하셨습니다. 이것을 일컬어 신정국가라고 합니다.

그런데 선정국가라도 백성들이 서로 이해관계 때문에 부딪혔을 때 판결을 내려 주어야 할 법규들이 있어야 합니다. 그래서 하나님께서는 이런 법, 저런 법을 많이 만들어 주셨는데 이것이 시민법입니다. 예를 들면 "남자가 여자 옷을 입으면 안 되고, 여자는 남자 옷을 입으면 안 된다" 혹은 "이런 음식은 먹지 말고, 저런 음식은 먹어라" 하는 것 등입니다.

이 시민법도 이제는 예수 그리스도께서 이 세상에 오심으로 막을 내렸습니다. 하나님의 아들 예수님이 오셨으면, 하나님의 택한 백성 이스라엘은 쌍수를 들고 환영을 해야 했습니다. 그런데 예수님을 십자가에 처형했습니다. 그로 인해 선택받은 백성으로서의 자격을 상실했습니다. 예수님께서 십자가상에서 숨을 거두시자마자 그 순간부터 이스라엘은 하나님의 선택된 백성으로서는 끝난 것이고 신정국가도 끝난 것입니다.

더 이상 하나님께서 이스라엘 백성만을 두고 "너는 내 백성이다"라고 하시지 않습니다. 하나님의 선민으로서의 자격을 상실했습니다. 그 대신 예수님을 믿고 주님 앞으로 돌아오는 전 세계의 거룩한 하나님의 자녀들이 하나님의 백성이요, 하나님의 선민입니다. 따라서 우리에게는 이스라엘 백성에게 준 시민법은 필요 없습니다.

완전한 순종, 도덕법의 완성

도덕법은 십계명으로 압축되는 아주 중요한 법입니다. 이 법은 폐지되지 않습니다. 이것은 하나님의 거룩한 의지입니다. 우상 숭배나 살인, 간음 등을 금하시는 하나님의 의중을 이 법을 통해서 읽을 수 있습니다. 그것은 하나님이 거룩하시기 때문에 그의 자녀들도 거룩해야 된다는 것입니다. 그러므로 하나님의 거룩하심이 영원히 존속되는 이상, 이 법과, 이 법의 정신은 영원히 존속됩니다.

도덕법은 한 마디로 이렇게 요약할 수 있습니다. "마음을 다하고 힘을 다하고 뜻을 다하고 목숨을 다하여 주 하나님을 사랑하고 네 이웃을 네 몸과 같이 사랑하라"(마가복음 12:30). 이 법은 하나님의 거룩을 상징하는 영원한 법입니다.

예수님께서는 이 도덕법도 완성하셨습니다. 예수님 자신이 하나님이 요구하시는 이 도덕법에 완선히 순종함으로써 이 법을 완성하신 것입니다. 우리는 완전히 순종하지 못합니다. 그러므로 우리는 구원받을 가능성이 1%도 없습니다. 그러나 예수님께서 오셔서 우리 대신 하나님의 이 거룩한 법을 완벽하게 순종해 주셨습니다. 따라서 우리가 완전하게 순종하지 못한다고 해도 그것 때문에 구원을 놓칠 위험은 없습니다.

우리는 이미 죄를 많이 범했습니다. 조상 대대로 율법을 많이 어겼습니다. 율법대로 하자면 우리는 반드시 그 죗값을 치러야 합니다. 이것이 하나님께서 준비하신 지옥입니다. 그런데 예수님이 오셔서 우리가 치러야 할 모든 죄의 형벌과 저주를 십자가에서 다 감당하시므로 이 도덕법을 완성하셨습니다. 그래서 하나님을 만족시키셨습니다. 이것이 십자가의 은혜입니다.

동굴 속에 갇힌 사람 vs 거룩한 자유인

시민법도, 의식법도, 도덕법도 예수 그리스도로 말미암아 완성 되었습니다. 그 결과, 예수님 때문에 우리는 말로도 다 할 수 없고, 글로도 다 쓸 수 없는 정말 놀랍고도 대단한 복을 누리게 된 것입니다.

그 복을 한 마디로 요약하면 '자유' 입니다. 율법으로부터의 자유입니다. 양심의 고통으로부터의 자유입니다. 우리를 속박하는 모든 형식과 모든 규율로부터의 자유입니다. 주님이 그 율법에 매이고 대신 우리를 그 율법에서 자유케 해 주셨습니다. "주는 영이시니 주의 영이 계신 곳에는 자유함이 있느니라"(고린도후서 3:17).

예수 그리스도께서 영으로서 우리와 함께 하시는 이상, 우리는 율법으로부터 자유함을 받은 거룩한 자유인입니다. 만일 예수님으로 말미암아 율법에서 자유하지 못했다면 오늘도 죄를 사함받기 위해서 그 복잡한 제사 법칙을 따라 제사를 지내야 했을 것입니다. 그러나 십자가 앞에 나아가 나의 죄를 주님 앞에 고백하고 진실로 회개하면 짐승을 잡아서 제사를 지내지 않아도 하나님께서 모든 죄를 용서해 주십니다. 왜냐하면 주님이 우리를 율법에서 자유케 하셨기 때문입니다.

만일 그렇지 않았다면 우리 모두는 율법대로 돌에 맞아 죽어야 될 사람들입니다. 요한복음 8장에 보면 감동적인 이야기가 있습니다. 어떤 여인이 간음하다가 현장에서 붙잡혀서 유대의 지도자들에 의해 예수님 앞으로 끌려 왔습니다. 그들은 모세가 준 율법에 의하면 이런 여자를 돌로 쳐 죽이라고 했는데 어떻게 하시겠느냐고 다그쳤습니다. 하나님의 사랑, 죄의 용서를 선언하시던 예수님의 입장에서 돌로 치라고 말하면 자기모순에 빠지는 것입니다. 그렇다고 해서 돌로 치지 말라고 하면 "왜 율법을 어기느냐?"고 꼬투리를 잡힐 수 있습니다. 딜레마입니다.

예수님께서는 "너희 중에 죄 없는 자가 먼저 돌로 치라"(요한복음 8:7하)고 말씀하셨습니다. 그 자리에 있는 사람이나 우리나 죄 없는 사람이 어디 있습니까? 매력적인 이성을 보고 좋지 못한 생각을 안 해본 사람이 몇이나 됩니까? 따지고 보면 다 그 사람이 그 사람입니다. 율법대로 하면 전부 돌멩이에 맞아 죽어야 될 사람들입니다. 그렇기 때문에 감히 아무도 돌을 들어 여자를 치지 못하는 것입니다. 그래도 양심은 남아 있었던지 전부 도망가 버렸습니다.

예수님께서 여자에게 "나도 너를 정죄하지 아니하노니 가서 다시는 죄를 범치 말라"(요한복음 8:11하)고 말씀하셨습니다. 주님이 여인에게 어떻게 이런 말씀을 하실 수 있었을까요? 그것은 돌에 맞아 죽어야 할 모든 저주를 주님이 대신 당하시고 우리를 율법에서 자유케 하셨기 때문입니다.

놀라운 이야기입니다. 어거스틴이 이 사건에서 예수님을 두고 한 말은 참 감동적입니다. "사랑받을 수 없는 사람을 사랑하심으로 사랑받을 자격을 가진 존재로 다시 태어나게 하셨습니다." 이것이 우리를 율법에서 자유케 하신 예수님께서 주신 은혜입니다. 율법에서 자유케 됨으로 오는 복은 이루 다 헤아릴 수 없이 많을 뿐 아니라 너무나 풍성하고 아름답고 감격적입니다.

그런데 이 사실을 잘 몰라서, 예수님을 믿으면서도 여전히 죄책감에 끌려 다니며 율법 때문에 벌벌 떠는 사람들이 있습니다. 그런가 하면 예수님을 자랑하기보다 자기 자신의 선행을 내세워 자랑하려는 사람들이 있습니다. 둘 다 불행한 사람들입니다. 주님이 주신 자유를 마음껏 누리지 못하는 것입니다.

언젠가 이런 이야기가 신문에 보도된 일이 있습니다. 괌에서 있었던 일인데, 요코이 쇼이치라고 하는 일본 병사가 전쟁이 끝난 후에도 무려 27년 동안이나 정글 속에 있는 어느 굴에서 혼자 살았다고 합니다. 나중에 붙잡아서 왜 그 속에서 살았는지 물었더니 아직도 전쟁이 끝나지 않은 줄 알았다는 것입니다. 또 일본 군대가 다 몰살하고 자기만 살아남은 줄 알았다는 것입니다. 그래서 무서워서 거기 혼자 있었다는 것입니다.

우리는 그 사람을 바보 같다고 할 것입니다. 그러나 우리 중에도 꼭 그와 같은 사람이 있습니다. 예수님께서 우리를 자유케 하시고 율법으로부터 해방시켜 주셨는데도 이 사실을 잘 몰라 여전히 율법이라는 동굴 속에 갇혀서 벌벌 떠는 사람들이 너무나 많습니다. 동굴 속에 갇힌 사람들의 신앙생활은 재미가 없고 기쁨이 없기 마련입니다.

자유는 기쁨을 주고

신앙생활은 기뻐야 합니다. 이 놀라운 자유와 기쁨을 주신 하나님 앞에 찬송하면서 살아야 합니다. 어떤 상황에서도 예수님만 생각하면 가슴이 뜨거워져야 합니다. 왜냐하면 예수님이 우리를 자유케 하신 것은 엄청난 일이기 때문입니다.

비록 병이 들었어도, 비록 가난해도, 비록 앞길이 꽉 막혀서 답답해도, 예수님께서 나에게 주신 이 은혜만은 빛을 발하고 있습니다. 그러므로 그 은혜를 생각하면 어떤 환경에서도 저도 모르게 주님을 찬송할 수밖에 없습니다. 이것이 그리스도인의 삶입니다.

우리가 자주 부르는 찬송 가운데 이런 것이 있습니다.

"십자가 죄 사하셨네
주님의 이름 찬양해
주 나의 모든 것
쓰러진 나를 세우고
나의 빈 잔을 채우네
주 나의 모든 것
예수 어린 양 존귀한 이름
예수 어린 양 존귀한 이름"

구약 성경을 읽을 때도 복음을 듣습니다. 레위기처럼 제사 법칙이 복잡하게 나오는 성경을 읽으면서도 "이렇게 복잡하고 까다로운 제사를 내가 드리지 않고 예수님의 피로 죄 용서 받게 되었으니" 하고 생각하면 본문 말씀이 꿀맛같이 마음에 들어옵니다. 예언서를 보면 우상 숭배한 이스라엘 백성들을 향해 눈을 부릅뜨고 무섭게 심판하시는 하나님을 만날 수 있습니다. 그럴 때마다 "나도 예수님이 아니었더라면 저렇게 되었을 텐데, 예수님 때문에 하나님께서 나에게 이렇게 저주하지 아니하시고, 오히려 아들, 딸이라 부르시며 안아 주시니 할렐루야!" 하고 찬송하게 됩니다.

얼마나 놀라운 복인지 모릅니다. 그런 맛으로 구약 성경을 읽습니다. 칼빈이 한 말은 진리입니다. "우리는 사복음서를 볼 때마다 예수님의 음성을 듣고 예수님의 모습을 봅니다. 마찬가지로 우리가 구약 성경을 읽을 때도 예수님의 음성을 들을 수 있습니다."

잔칫집 사람들

100년 전 우리나라에 복음이 처음 들어왔을 때 사회에서는 이런 말이 돌았다고 합니다. "불교를 믿는 사람들은 초상집에 사는 사람 같고, 유교를 믿는 사람은 제삿집에 사는 사람 같은데, 예수님을 믿는 사람들은 잔칫집에 사는 사람 같다."

가난합니다. 나라도 잃어 버렸습니다. 가지고 있던 땅마저 다 빼앗기고 만주로 쫓겨 가기도 했습니다. 입에 풀칠을 하려고 하루 종일 나무를 베고 풀뿌리를 캐다가 손발에 동상이 걸리는 고통을 당했습니다.

그러나 그와 같은 상황에서도 예수님을 믿은 우리의 선조, 위대한 믿음의 선배들은 찬송했습니다. 그것은 주님이 주신 은혜가 너무나 크다는 것을 알았기 때문입니다. 그들은 차가운 방바닥에 엎드려 하나님 앞에 감사하고 감격하면서 기도했습니다. 바로 그 힘을 가지고 어려운 위기를 극복했던 것입니다. 예수님을 믿는 사람은 잔칫집에 사는 사람들처럼 날마다 예수님 때문에 기뻐하며 사는 사람이어야 합니다.

우리 모두 이와 같은 아름다운 삶의 능력을 회복해야 합니다. 자유인으로서의 긍지 있는 모습을 세상 앞에 보여 줄 때 한 사람이라도 더 예수님에 대해 매력을 갖도록 만들 수 있는 것입니다.

나만 율법에서 자유하게 되었다고 좋아하면 안 됩니다. 아직도 율법에 매여 있고, 저주 아래서 신음하고 있는 저 불쌍한 영혼들, 수십 년이 지나면 영원히 돌아오지 못할 무서운 형벌 속으로 빠져 들어갈 사람들을 가만히 내버려 두지 말고 전도해야 합니다. 그래서 그들도 우리와 함께 율법에서 자유케 하신 예수 그리스도를 찬양하고 기뻐하며 춤추는 그런 내일을 약속 받아야 할 것입니다.

꼭! 이것만은 기억하자!

예수님은 율법을 주신 하나님이시다.
예수님은 율법을 경시하신 적도,
율법을 필요 없는 것으로 말씀하신 일도 없다.

신약 성경은 가까이 하지만
구약 성경을 멀리하는 것은
하나님 말씀을 대할 때
예수님처럼 하지 않는 것이다.

신약 성경은 구약 성경 속에 감추어져 있고,
구약 성경은 신약 성경 속에서 드러난다.
예수님은 구약 성경에 있는 율법과 선지자의 예언을
완전케 하기 위해서 오셨다.
예수님의 오심으로 율법이 완성되었고,
우리는 자유라는 큰 복을 누리게 되었다.

주님이 주신 은혜의 감격을 아는 자들은
어떤 상황 속에서도 감사하며 기도하고 찬송한다.
잔칫집에 사는 사람들처럼
날마다 예수님 때문에 기뻐하며 살아간다.

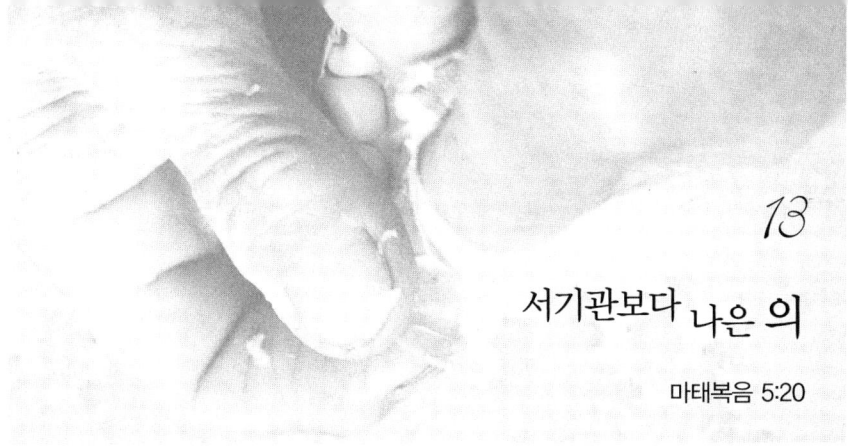

13
서기관보다 나은 의
마태복음 5:20

"내가 너희에게 이르노니 너희 의가 서기관과 바리새인보다 더 낫지 못하면 결단코 천국에 들어가지 못하리라."

세상을 살다 보면 좋은 일도 있지만 손해를 보는 일도 있습니다. 건강을 잃어서 혹은 재물을 잃거나 억울하게 명예가 훼손되어 손해를 볼 때도 있습니다. 당신이 생각하는 가장 큰 손해는 무엇입니까?

예수님은 "사람이 만일 온 천하를 얻고도 제 목숨을 잃으면 무엇이 유익하리요"(마태복음 16:26상)라고 말씀하십니다. 언뜻 들으면 상식적인 것 같습니다. 모든 부귀영화를 누리고 살며 날마다 매스컴에 나오는 인기 있는 사람이라도 죽으면 아무 소용이 없음을 잘 알고 있습니다. 그런데 예수님께서 모두가 다 아는 이야기를 반복해서 말씀하시는 이유는 바로 '재림과 심판에 관련된 중요한 의미(마태복음 16:27절)'를 담고 있기 때문입니다.

가장 큰 손해, 가장 큰 비극

예수님의 재림과 심판은 사람이 천국으로 갈 것인가 지옥으로 갈 것인가를 판가름하는 사건이 될 것입니다. 그러므로 이 말씀은 "사람이 이 세상에 살면서 온 천하를 소유한다 할지라도 천국에 들어가지 못하면 아무 소용이 없다"고 하는 의미를 담고 있는 것입니다.

이 세상에서 가장 큰 손해는 천국을 놓치는 것입니다. 가장 큰 비극은 천국 문 앞에서 거절을 당하는 것입니다. 예수님은 이것을 아주 실감나게 표현하셨습니다. "슬피 울며 이를 갊이 있으리라"(마태복음 22:13). 틀림없이 들어갈 줄 알고 천국에 왔는데 문이 닫히면서 "너는 안돼"라고 거절당하는 사람은 영원토록 울며 이를 갈 것이라는 의미입니다.

개인적으로 이를 가는 것이 무엇인지 잘 모릅니다. 이를 갈만큼 원통한 일을 당해 본 일이 없기 때문입니다. 그런데 어떤 글을 읽으면서 비로소 그것이 무엇인지 어렴풋이나마 알게 되었습니다. 사람이 한이 맺혀서 분을 풀지 못하면 자기도 모르게 이를 간다는 것입니다. 원통한 일을 당하여 극심한 고통 속에 빠지면 신체적인 반응들이 다양하게 나타날 수 있습니다. 예수님은 그중에서도 이를 가는 것이 그 원통함을 가장 잘 드러내는 것이라고 판단하신 것 같습니다.

결단코 들어가지 못하리라

예수님은 이렇게 선언하십니다. "너희 의가 서기관과 바리새인보다 더 낫지 못하면 결단코 천국에 들어가지 못하리라"(마태복음 5:20). 주님께서 어감이 매우 강한, '결단코 ~하지 않다'라는 용어를 천국에 들어가는 것과 연계해서 사용하신 경우는 딱 두 번입니다. 하나는 이 말씀이고, 다른 하나는 "너희가 돌이켜 어린 아이들과 같이 되지 아니하면 결단코 천국에 들어가지 못하리라"(마태복음 18:3)는 말씀입니다.

이 말은 헬라어로 '우메(ou me)'인데, 어떤 수단과 방법으로도 안 된다는 뜻입니다. 어떤 성경학자는 "왜 이런 무서운 말씀을 하셨을까?"라는 질문을 던지고서 "기독교는 절대로 단순한 종교가 아니라는 것을 경고하기 위한 것이다"라고 답해 놓은 것을 읽은 적이 있습니다. 예수님을 믿으면 천국에 간다는 말 때문에 "예수님만 믿으면 그만"이라는 식의 안이한 생각을 하는 것도, 세상에서 제 마음대로 살면서 적당히 신앙생활하는 것도 기독교와 거리가 멀다는 사실을 주님이 교훈하셨다는 것입니다.

서기관과 바리새인이 결단코 천국에 들어갈 수 없다면 누가 들어갈 수 있습니까? 그들이 내세우고 자랑하는 의보다도 훨씬 더 나은 의를 가진 사람만이 들어갈 수 있습니다. 여기서 "더 낫다"는 말은 본래 "둑 위로 물이 넘친다"는 의미입니다. 서기관과 바리새인들의 의가 둑이라고 한다면 천국에 들어갈 수 있는 사람의 의는 그 둑을 넘는 물이라야 한다는 것입니다. 비교가 안 될 만큼 우위에 속하는 의를 가져야만 한다는 것입니다.

커다란 착각

"서기관보다 더 나은 의"라는 말에는 두 가지 의미가 들어 있습니다. 첫째는 '믿음의 의'입니다. 즉, 믿음으로 얻는 의입니다. 믿음은 자신을 부정하는 것입니다. "나에게는 선한 것이 아무것도 없습니다. 자랑할 만한 공로도 전혀 없습니다. 그러므로 나는 오직 예수님만 믿겠습니다. 예수님만 의지하겠습니다. 예수님의 옷자락만 붙들겠습니다"라고 하는 것이 믿음입니다.

따라서 자신이 선하다고 생각하는 사람은 믿음을 갖기가 쉽지 않습니다. 크게 잘못한 것 없이 양심적으로 이 세상을 살아왔다고 은근히 자부하는 사람은, 믿음이 있는 척 하지만 진실한 믿음을 갖기가 어렵습니다. 믿음은 완전히 자기를 포기하고 예수님을 붙드는 것입니다.

서기관들과 바리새인들은 이와 같이 예수님만 전적으로 붙들고 의지하면서 하나님 앞으로 가겠다는 믿음이 없었습니다. 그래서 예수님을 배척했습니다. 그들은 자기를 부정하기는커녕 성전에 가서 자기를 자랑하며 기도했습니다. "하나님, 저는 토색하지 않습니다. 간음하지도 않습니다. 사기를 치지도 않습니다. 세상 사람들처럼 그렇게 악하게 살지 아니한 것을 감사합니다. 저는 안식일을 철저히 지킵니다. 하나님은 성경에서 1년에 한 번씩 금식하라고 하셨지만 저는 일주일에 두 번씩 금식합니다. 저는 십일조를 꼬박꼬박 냅니다." 이 기도를 듣는 사람들은 "야, 저 사람이야말로 천국에 꼭 들어가겠구나" 하고 생각했을지 모르지만 예수님은 그들이 천국에 들어갈 수가 없다고 단정하십니다.

서기관들과 바리새인을 향한 예수님의 말씀을 들으면서 가장 크게 놀란 사람들이 누구겠습니까? 제자들과 유대인들입니다. 그것은 그들 역시 서기관들이나 바리새인과 같은 생각들을 하고 있었기 때문입니다. 그런 그들은 아마 메가톤급의 충격을 받았을 것입니다.

서기관이라고 하면, 아침부터 저녁까지 성경을 베껴 쓰는 사람들입니다. 그 당시에는 인쇄술이 없었기 때문에 성경 말씀을 한 장 한 장 베껴 써야 했습니다. 서기관들은 바로 이 일을 하는 필생들이었습니다. 그러니 성경을 얼마나 잘 알겠습니까? 모든 백성 앞에서 성경을 가르칠 수 있는 유일한 권위를 가진 사람들이었습니다. 그들은 백성을 가르칠 때, 서서 가르치면 권위가 떨어진다고 하여 한 명이 듣든지 100명이 듣든지 간에 앉아서 가르쳤습니다. 실로 대단한 권위였습니다. 그러므로 사람들은 "서기관들만큼만 율법대로 살아라. 그러면 반드시 구원받을 것이다"라고 생각하고 있었던 것입니다.

바리새인은 어떤 사람입니까? 바리새인이라는 말은 '다르다'는 의미를 가지고 있습니다. 남과 다르다는 것, 구별된다는 것을 나타내기 위해서 이름을 그렇게 지은 것입니다. 그들은 사람들 보기에 철저하게 성경 말씀대로 사는 존재들이었습니다. 의로운 사람들이었습니다. 목에는 성구를 써서 걸고 옷 술에는 율법의 계명을 적어서 달고 다녔습니다. 사람들이 보면서 바리새인은 의롭게 사는 사람이라고 생각하지 않을 수 없었습니다.

당시에 이런 이야기가 돌고 있었습니다. "만약 하나님이 천국 문을 열어 놓고 단 두 사람만 받아들이겠다고 하신다면 하나는 서기관이요 하나는 바리새인이다." 그만큼 서기관과 바리새인들은 천국에 들어갈 수 있는 확실한 자격을 가진 사람들이라고 인정을 받았던 것입니다. 그런데 예수님은 "안 된다. 서기관과 바리새인들의 의를 가지고는 천국에 결단코 들어오지 못한다"고 말씀하셨습니다.

오직 예수님만이

서기관들과 바리새인들이 이처럼 주님으로부터 인정을 받지 못한 이유는 믿음의 의가 없었기 때문입니다. 그들은 자기에게 있는 의를 자랑하면 하나님이 받아 주실 것이라고 생각했습니다.

착각입니다. 성경은 "율법의 행위로 그의 앞에 의롭다 하심을 얻을 육체가 없나니 율법으로는 죄를 깨달음이니라"(로마서 3:20)고 말씀하셨습니다. 서기관들은 성경에 정통했고 바리새인들은 율법을 줄줄 외우면서 다녔습니다. 그렇다면 그들은 자신들이 얼마나 하나님 앞에 악하다는 것을 깨달아야 했습니다. 그것이 지극히 정상입니다. 그런데 날마다 율법을 연구하고, 걸핏하면 율법을 들먹거리던 그들이 자신의 악함은 보지 못하고 도리어 자신의 행위로 인해 하나님께 선하다고 인정받을 것이라 생각했습니다. 이것은 율법을 완전히 거꾸로 보았다는 사실을 증명하는 것입니다. 날마다 하나님 앞에 자랑할 것만 생각하는 이런 사람이 천국에 들어가지 못하는 것은 당연합니다.

"이제는 율법 외에 하나님의 한 의가 나타났으니 율법과 선지자들에게 증거를 받은 것이라 곧 예수 그리스도를 믿음으로 말미암아 모든 믿는 자에게 미치는 하나님의 의니 차별이 없느니라"(로마서 3:21, 22)고 성경은 말씀합니다. 하나님이 인정하시는 의가 곧 예수님을 믿는 것입니다. 하나님은 예수님을 통해 이 의를 나타내 보이셨습니다.

그럼에도 불구하고 바리새인들은 예수님을 눈앞에 두고도 믿지 않았습니다. 서기관들도 예수님을 전혀 하나님의 아들로 인정하려 들지 않았습니다. 결국 그들은 하나님의 나라에 영원히 들어갈 수 없는 불행한 자가 되어 버렸습니다.

그러나 우리에게는 주님께서 주신 믿음의 의가 있습니다. 에베소서에 보면 주님이 이것을 선물로 주셨다고 말씀합니다. "너희가 그 은혜를 인하여 믿음으로 말미암아 구원을 얻었나니 이것이 너희에게서 난 것이 아니요 하나님의 선물이라"(2:8)고 말씀하십니다.

안타깝게도 교회를 오래 다닌 분들 중에 이 믿음의 의를 깊이 깨닫는 은혜를 모르는 사람들이 있습니다. "나는 죄인이고 자랑할 것이 전혀 없기 때문에 오직 예수님만 믿어야 하나님 나라에 들어갈 수 있다. 예수님은 율법을 완전히 지키고 완성하셨다. 나대신 모든 율법의 저주를 다 당하시고 나를 율법에서 자유케 하셨다." 이런 고백을 하면서 주님의 옷자락을 꽉 붙잡는 데 너무나 오랜 시간이 걸리는 사람들이 있습니다. 수십 년간 신앙생활을 해왔지만 임종이 가까워서야 비로소 예수님을 부르며 눈물을 흘리는 사람들이 있습니다. 주님은 우리를 의롭게 하기 위해서 죽으시고 살아나셨습니다. 주님은 율법의 모든 요구를 충족하시고 우리를 하나님 앞으로 인도하는 의가 되셨습니다.

거꾸로 사는 사람들

서기관보다 더 나은 의는 '순종의 의'입니다. 서기관들과 바리새인들은 겉으로 보기에는 굉장히 의로운 것 같아도 마음을 꿰뚫어 보시는 주님 앞에서는 아주 못된 사람들이었습니다. 말만 하고 행동으로 보여주지는 않는 위선자들이요 외식자들이었습니다.

대부분의 사람들은 그 사실을 몰랐습니다. 성경을 잘 가르치니 분명히 말씀대로 살 것이라고 믿었습니다. 겉으로 워낙 거룩한 체 했기 때문에 그 정도면 천국에 못 들어갈 리가 없다고 인정해 주었습니다. 그러나 예수님이 보시기에 그들은 회칠한 무덤이었던 것입니다. 안에는 썩는 송장들이 가득한데 겉으로만 보기 좋게 꾸며놓은 무덤과 똑 같았습니다.

그래서 마태복음에서 예수님은 한두 번도 아니고 무려 네다섯 번씩이나 반복해서 그들을 책망하십니다. "외식하는 서기관들과 바리새인들이여." "이 위선자들이여." 그들은 사람들이 보는 앞에서는 거룩한 척 하면서 이것저것 지키는 것 같았지만 실제로 하나님께서 율법에 중요하다고 명시하신 본질, 즉 그 정신은 싹 무시해 버렸습니다. 그들이 무시하는 것은 의와 인과 신입니다. 예수님은 "화 있을찐저 외식하는 서기관들과 바리새인들이여 너희가 박하와 회향과 근채의 십일조를 드리되 율법의 더 중한바 의와 인과 신은 버렸도다 그러나 이것도 행하고 저것도 버리지 말아야 할찌니라"(마태복음 23:23)라고 말씀하셨습니다.

이러한 책망은 사실이었습니다. 의라는 것은 공의를 말하는 것입니다. 하나님께서 요구하시는 공의는 옳은 것은 옳다고 잘못된 것은 잘못되었다고 공정하게 판정하는 것입니다. 그런데 서기관과 바리새인들은 남들이 보는 앞에서는 거룩하게 기도한납시고 오랜 시간 손을 들고 서 있습니다. 그러나 남이 안 보는 곳에서는 고아나 과부처럼 힘없는 사람들은 깔아뭉개고 그 재산을 착취하면서도 힘있는 사람들은 나쁜 짓을 해도 모른 척 하거나 심지어 옳다고 인정을 해주는 것입니다. 한 마디로 공의를 버린 사람들이었습니다.

그들은 안식일을 지킨다고 요란을 떨면서 막상 병들어 죽어가는 환자를 보고도 손을 대지 않았습니다. 안식일을 범하는 것이 될까 두려워 그냥 내버려 둡니다. 인을 버렸습니다. 불쌍히 여기는 자비심을 버린 것입니다. 이것도 하나님 앞에 죄입니다.

그들은 하나님만 전적으로 의지해야 될 나약한 인간임에도 불구하고 자기를 자랑하고 의지하려고 했습니다. 믿음을 버린 것입니다. 예수님은 "소경된 인도자여 하루살이는 걸러 내고 약대는 삼키는도다" (마태복음 23:24)라고 까지 말씀하셨습니다.

하루살이 같이 조그마한 곤충들은 삼키고 낙타처럼 큰 것은 뱉어내어야 정상입니다. 그런데 그들은 거꾸로 하고 있었습니다. 하루살이 같이 사소한 것들을 놓고는 사람들을 몰아세우고 겁을 주면서 은근히 자기 과시에 열을 올렸습니다. "왜 안식일 지키지 않는가? 왜 십일조를 내지 않는가? 왜 금식은 하지 않는가?" 그러면서도 낙타와 같이 큰 것은 꿀꺽 꿀꺽 삼켰습니다. 즉, 공의와 자비와 믿음같이 너무나 중요한 것은 무시해 버렸습니다. 정작 중요한 것은 경시하고, 사소한 것은 중시한 것입니다.

모순투성이의 믿음

서기관보다 나은 의는 마음과 행동이 일치하는 순종의 삶을 가리킵니다. 교회 안에도 이런 말씀을 듣고서 이해를 하지 못하고 혼란을 겪는 사람들이 간혹 있습니다.

"예수님만 믿으면 구원받는다고 하지 않았나? 인간은 죄성을 가지고 있기 때문에 어차피 완전한 순종은 불가능하다는 것이 율법의 가르침이라고 했는데, 꼭 순종을 그렇게 강조할 필요가 있는가? 그것은 믿음의 은혜와 역할을 오히려 깎아 내리는 것이 아닌가?" 만일 이렇게 생각하는 분들이 계시다면 기독교를 오해하고 있는 것입니다.

오늘날 교회에 출석하는 많은 사람이 믿음 자체가 어떤 것인가를 잘 모르고 값싼 은혜만을 생각하기 때문에 그 신앙생활이 세상 사람의 삶과 구분이 안 되는 것입니다. 말은 잘하면서 행동으로는 순종하지 않기 때문에 가는 곳마다 냄새를 피우는 것입니다. 말씀대로 살려고 하는 모습을 잘 보여주지 못하기 때문에 역겨움을 일으키는 것입니다. 우리가 믿는 믿음은 그런 것이 아닙니다.

날마다 새벽 예배에 나가서 두세 시간씩 기도하는 시어머니가 있다고 가정해 봅시다. 기도를 그렇게 많이 할 정도로 믿음이 좋다면 여러 가지 면에서 며느리를 감동시킬 만한 것들이 뒤따라야 할 것입니다. 그런데 말씀하시는 것을 들어 보면 칼로 가슴을 찌르는 것 같은 소리를 아무렇지도 않게 하고, 욕심은 목에까지 차서 날마다 돈타령만 해 댄다고 합시다. 만약 그런 시어머니를 모시고 산다면 우리는 그런 믿음을 인정할 수 있겠습니까?

어떤 부인이 날마다 가방을 들고 교회에 드나들면서 전도사처럼 살고 있다고 합시다. 늘 성경을 펴 놓고 읽으면서 '주여' 소리를 입에 달고 살 정도로 믿음이 좋다면, 말씨도 달라지고, 마음 씀씀이도 달라지며 원수라도 사랑할 수 있을 만큼 변화된 모습을 보여주어야 합니다. 그런데 조금만 기분이 상해도 소리를 고래고래 지르고, 돈 문제만 나오면 눈에 쌍심지를 켜고 달려든다고 합시다. 그 남편은 이런 모습을 보고 역겹게 느낄 것입니다.

그렇다면 거룩하신 하나님의 눈에는, 말씀에 순종하지는 못하면서 날마다 "믿는다. 믿는다" 하고 입으로만 떠드는 사람이 얼마나 더 답답하게 보이겠습니까? 그렇게 모순투성이의 믿음은 거짓된 믿음이고 천국과 관계없는 믿음입니다.

순종의 의는 믿음의 의와 구별되는 것이 아닙니다. 그것은 하나입니다. 마치 나무와 열매의 관계와 같습니다. 믿음으로 의롭게 된 사람은 반드시 순종하는 의의 열매를 따게 되어 있습니다. 성경에 "그로 말미암아 우리가 은혜와 사도의 직분을 받아 그 이름을 위하여 모든 이방인 중에서 믿어 순종케 하나니"(로마서 1:5)라고 했습니다. 믿으면 그 다음에 순종이 자연스럽게 따라 온다는 것입니다. "순종의 종으로 의에 이르느니라"(로마서 6:16하)라는 말씀이 있습니다. 믿음으로 의롭게 된다고 앞에서는 말했는데 왜 다시 순종으로 의롭게 된다고 하는 것입니까? 모순이라는 생각이 들 것입니다.

만일 이런 생각이 든다면 그것은 믿음을 잘못 이해하고 있는 것입니다. 성경은 분명히 믿음으로 순종케 되고, 순종함으로써 의에 이른다고 말씀하고 있습니다. 그러므로 우리가 말하는 믿음 안에는 주님께 전적으로 순종하는 순종의 자세가 포함된 것입니다.

성령이 주시는 힘

예수님을 처음 믿은 사람이 순종할 수 있는 자리까지 어떻게 갈 수 있습니까? 그것은 예수님을 믿고 하나님 앞에 의롭다고 인정받은 사람에게는 하나님께서 성령을 선물로 주시기 때문에 가능한 것입니다. 예수님을 믿는 사람은 성령을 모시고 있습니다. 뜨거운 체험을 한 적도 없는데 성령이 정말 내 안에 계시는지 잘 모르겠다고 하는 사람들도 있을 것입니다. 그러나 예수님이 하나님의 아들이라는 것이 자연적으로 믿어지고, 성경을 볼 때 하나님의 말씀으로 받아들여지면 그 사람은 이미 성령을 모시고 사는 사람입니다.

성령을 모시고 사는 사람에게는 놀라운 변화가 일어납니다. 즉, 하나님의 말씀을 지킬 수 있는, 율법을 지킬 수 있는 능력을 소유하게 되는 변화입니다. 성령님은 생각의 틀을 바꾸십니다. 마음을 바꾸십니다. 성령을 모시기 전에는 이 우주의 중심이 자기 자신입니다. 자기가 왕입니다. 아침에 눈을 뜨면 먼저 생각하는 것이 이런 것입니다. "어떻게 하면 오늘 하루를 기분 좋게 살까, 어떻게 하면 마음에 원하는 것을 이룰 수 있을까?" 이렇듯 모든 관심의 초점이 자기만족, 자기 꿈, 자기가 설정한 목표에 맞추어져 있습니다.

그런데 성령을 받고 나면 자신도 모르게 "오늘 내가 어떻게 하면 하나님을 기쁘시게 할까"로 생각이 바뀝니다. 생각이 바뀌고 마음이 바뀌면 행동은 자연스럽게 따라옵니다. 그리고 하나님이 말씀에 순종하는 사람을 기뻐하신다는 것을 잘 알기 때문에 말씀에 순종합니다.

또한 하나님을 기쁘시게 하려면 행동보다도 마음이 더 중요하다는 것을 알기 때문에 순종을 해도 차원 높은 순종을 합니다. 예를 들어 성경이 살인하지 말라고 했기 때문에 실제로 남을 죽이지만 않으면 평생 그 말씀에 순종하는 것입니다. 그러나 예수님을 믿는 사람은 여기서 머무르지 않습니다. 마음속으로라도 살인하지 말아야겠다는 데까지 나아갑니다. "내 마음에 오셔서 영광받기를 원하시는 하나님이 내 마음을 들여다보시고 불쾌하게 여기시면 어떻게 하나?" 여기까지 생각하게 됩니다. 그러므로 살인하지 말라고 하신 하나님을 기쁘게 해 드리기 위해서는 죽이고 싶도록 누군가를 미워하는 증오를 조금도 내 마음에 용납하지 않습니다. 성령이 주시는 순종할 수 있는 능력을 받으면 이렇게 순종할 수 있습니다.

즐거운 순종

"나 같은 것을 구원해 주신 예수님을 너무나 사랑해서 그분을 어떻게 하면 기쁘게 해 드릴까?" 하는 것이 믿음이라고 한다면, 순종은 어려운 것이 아닙니다. 순종은 즐거워서 하는 것입니다. 하나님을 사랑하기 때문에 자원해서 기쁘게 하는 것이 믿는 사람의 순종입니다.

텔레비전에서 방영되었던 일일연속극의 내용입니다. 병원 약국에서 근무하는 미모의 약사가 같은 병원에 있는 어느 의사와 아름다운 꿈을 가지고 결혼했습니다. 그런데 막상 결혼을 하고 나니 이 남자에게 문제가 있었습니다. 변태적인 성격인데다가 알코올 의존증 기질이 있었던 것입니다. 날마다 부인을 때립니다. 남편에게 맞으면서도 잘 살아 보려고 버터 보았지만 결국 두 달 만에 이혼해 버렸습니다.

이혼을 하자마자 같은 병원의 또 다른 의사가 이 여인을 너무나 사랑해서 구혼했습니다. 처음에는 정성을 다해 자신에게 사랑을 쏟는 그를 보면서 도의상 도저히 결혼할 수 없다고 생각했지만 우여곡절 끝에 결혼을 하게 되었습니다. 자기는 이혼녀이었으나 남편은 총각이었습니다. 게다가 인기 있는 의사라는 직업을 가지고 있고, 아무것도 부족함이 없는 사람이었습니다. 시댁 부모님의 극심한 반대도 있었습니다. 그런데도 자신과 결혼해 주었으니 얼마나 고맙겠습니까? 무엇이든지 다 주고 싶었을 것입니다.

결혼 하자마자 독립해 나가서 살아도 되는데, 일부러 자기가 우겨서 시댁에 들어왔습니다. 결혼을 반대하던 시어머니가 얼마나 못살게 굴겠습니까? 아무리 가까이 다가가 보려고 해도 상대도 해주지 않습니다. 어느 때는 밤중에 대문 밖에 세워 놓고 문을 잠가 버려서 밤새도록 밖에서 떨게 만들기도 합니다. 이런 오만 가지 구박을 다 받으면서도 그것을 힘들게 여기지 않고, 남편을 위해서 정성을 다해 시집살이를 합니다.

그것을 보고 "그래, 진정으로 사랑하는 사람을 위해서는 순종하는 것이 짐이 아니지" 하는 생각을 했습니다. 나를 사랑하사 나를 위하여 자기 몸을 버리신 예수님 때문에 믿음으로 의롭다 함을 받는 큰 축복을 받았는데, 무엇으로도 갚을 수 없는 큰 은혜를 입었는데, 그분이 좋아하는 것에 순종하는 것이 어찌 짐이 되겠습니까?

순종, 세상을 이기는 힘

답답하게도 교회 안에는 이런 긍정적인 신앙생활에 대해서는 잘 모르고 부정적인 신앙생활에 익숙해 있는 사람들이 있습니다. "죄악이 가득한 세상인데 오늘도 죄를 안 짓고 어떻게 살 수 있나? 어쩔 수 없지 않은가? 마음은 원이로되 육신이 연약해서 잘 안 되는 것을. 그리고 죄를 지었다 할지라도 예수님을 부르고 회개하면 다 씻어 주신다고 약속하셨으니 괜찮겠지." 하루를 이런 식으로 시작합니다.

이것은 죄로 하여금 마음 놓고 들어오라고 문빗장을 완전히 열어 놓는 것입니다. 범하지 않아도 될 죄들을 하루 종일 습관적으로 범하고 잠자리에 들어갈 때면 마음이 조금 아픕니다. 그래서 허리를 흔들어 가며 하루 종일 범한 죄를 회개합니다. 눈을 뜨고 나서도 혹시 빠진 것이 없는지 죄 목록을 다시 한 번 죽 짚어 보고 또 회개하고 잠자리에 듭니다. 다음날 일어나면 똑같은 짓을 또 반복합니다.

이것은 정상적인 신앙생활이 아닙니다. 그럼에도 불구하고 많은 성도가 이런 삶에 익숙해 있습니다. 자기가 순종하지 아니할 때마다 그저 은혜의 뒤에 숨는 것이 재주가 되어 버렸습니다. 십자가 뒤에 숨는 것이 능사가 되어 버렸습니다. 그러나 이것은 기독교 신앙생활의 본질이 아닙니다. 주님이 원하시는 것은 그런 패배자의 삶이 아닙니다.

우리에게는 순종할 수 있는 성령의 능력이 있다고 했습니다. "오늘도 내 안에 성령이 계신다. 그러므로 나는 할 수 있다. 죄와 싸워 이길 수 있다. 하나님이 기뻐하시는 일이라면 손해를 보아도 얼마든지 순종할 수 있다." 이런 믿음의 고백으로 하루를 시작하면 웬만한 죄의 유혹은 왔다가도 질려서 다 도망가게 되어 있습니다. 이것이 기독교의 신앙입니다.

성경은 다음과 같이 말씀하십니다. "예수께서 그리스도이심을 믿는 자마다 하나님께로서 난 자니 또한 내신 이를 사랑하는 자마다 그에게서 난 자를 사랑하느니라 우리가 하나님을 사랑하고 그의 계명들을 지킬 때에 이로써 우리가 하나님의 자녀 사랑하는 줄을 아느니라 하나님을 사랑하는 것은 이것이니 우리가 그의 계명들을 지키는 것이라 그의 계명들은 무거운 것이 아니로다 대저 하나님께로서 난 자마다 세상을 이기느니라 세상을 이긴 이김은 이것이니 우리의 믿음이니라"(요한일서 5:1~4). 이는 "너희들은 하나님의 사랑을 받기 위해 태어난 하나님의 자녀이다. 그리고 너희들은 하나님을 지극히 사랑하는 사람이다. 하나님을 사랑하는 자에게는 계명을 지키는 것이 어려운 일이 아니다. 하나님의 계명은 무거운 짐이 될 수 없다. 그러므로 이 세상을 이기는 자가 누구인가? 믿음을 가진 자다. 왜냐하면 믿는 자는 하나님을 사랑해서 말씀에 순종하고 세상을 좇지 않기 때문이다"라는 의미입니다. 바로 이것이 신앙생활입니다.

병원 vs 팻말

한계령은 경사가 몹시 가파르고 길도 꼬불꼬불해서 운전하기가 매우 힘든 길 중의 하나입니다. 그래서 사고가 빈번한 곳이기도 합니다. 그것을 보고 어떤 사람은 이런 주장을 할 수 있습니다. "한계령 골짜기에 큰 병원을 짓자. 그리고 일류 의사들을 대기시키자. 최신식 시설을 갖춰 놓고 언제든지 한계령에서 굴러 떨어지면 빨리 데리고 와서 치료해 주자."

그러나 또 한 사람은 이런 의견을 내놓을 수 있습니다. "아니다. 그것은 잘못된 방법이다. 부정적인 방법이다. 가파른 길을 올라가는 코너마다 팻말을 세워라. '여기는 사고다발 지역이기 때문에 매우 위험하지만 조심해서 운전하면 안전합니다' 또는 '여기서는 다른 곳에 한눈팔면 위험합니다. 잘 보고 운전하시면 조금 후에 정상에 올라갈 수 있습니다. 여러분 힘내세요' 하는 등의 팻말을 세워서 올라가는 사람들이 주의하면서 기분 좋게 올라가도록 만들자." 어느 쪽이 좋습니까? 병원을 차려야 합니까? 아닙니다. 팻말을 세우는 것이 정상입니다.

　신앙생활도 그렇습니다. 성경에는 죄를 지으면 회개하라는 말씀도 있지만, 그것보다도 하나님이 강조하시는 것은 이런 것입니다. "너는 성령의 사람이다. 조금만 정신 차리고 이 세상을 살면 하나님 앞에 기분 좋게 순종하면서 승리할 수 있다." 성경이 가르치는 것은 바로 이것입니다. 그러므로 믿음의 사람은 순종합니다. 패배자의 삶을 살려고 하지 마십시오. 서기관과 바리새인들보다도 더 나은 의는 순종하는 믿음을 가진 사람의 의입니다.

둘 아닌 하나

"이러므로 그의 열매로 그들을 알리라"(마태복음 7:20). 좋은 믿음을 가졌으면 좋은 열매가 있어야 합니다. 바른 믿음을 가진 사람은 순종합니다. "나더러 주여 주여 하는 자마다 천국에 다 들어갈 것이 아니요"(마태복음 7:21상). 속된 말로 입만 나불대는 믿음으로는 천국에 못 들어간다는 말입니다. "다만 하늘에 계신 내 아버지의 뜻대로 행하는 자라야 들어가리라"(마태복음 7:21하). 예수님이 말씀하시는 믿음 속에는 아버지의 뜻대로 행하는 삶이 포함되어 있습니다.

　서기관과 바리새인보다 더 나은 의는 믿음의 의요, 순종의 의입니다. 이것은 둘이 아니라 하나입니다. 우리에게 이와 같은 의를 주신 하나님께 감사해야 합니다. 우리는 즐겁게 순종하며 살려고 힘쓰면서 날마다 기도로 하루하루를 출발하는 거룩한 백성으로 살아야 합니다. 성령께서 우리로 하여금 이와 같이 승리자의 삶을 살도록 인도해 주실 것입니다.

　그리고 우리만 천국에 들어가면 안 됩니다. 교회 밖에는 천국을 놓치면 영원히 끔찍한 손해를 볼 사람들이 너무나 많습니다. 이들을 내버려 두지 맙시다. 혼자 천국에 들어가는 것보다 함께 들어가는 것을 하나님이 기뻐하십니다. 그들을 주님 앞으로 인도해서 믿음의 의요, 순종의 의를 갖게 하고 예수 그리스도를 통해서 하나님 나라에 들어갈 수 있는 영광을 함께 누리는 우리가 되어야 합니다.

꼭! 이것만은 기억하자!

예수님의 재림과 심판은
사람이 천국으로 갈 것인가 지옥으로 갈 것인가를 판가름하는,
영원한 운명을 결정짓는 사건이 될 것이다.

'예수님만 믿으면 그만' 이라는 식의 안이한 생각을 가지고
세상에서 제 마음대로 살면서
적당히 신앙생활하는 것은
기독교의 본질과는 거리가 멀다.

말씀에 순종하지 못하면서
날마다 '믿는다 믿는다' 하고
입으로만 떠드는 모순투성이의 믿음은
거짓 믿음이며 천국과 관계없는 믿음이다.

우리에게는 순종할 수 있는
성령의 능력이 있다.
조금만 정신 차리고 살면
즐거운 순종을 하면서
승리하는 삶을 살 수 있다.
즐거운 순종을 위해
날마다 기도로 하루하루를 출발하는
거룩한 백성으로 살자.

14
분노는 살인을 낳는다
마태복음 5:21~26

"옛 사람에게 말한바 살인치 말라 누구든지 살인하면 심판을 받게 되리라 하였다는 것을 너희가 들었으나 나는 너희에게 이르노니 형제에게 노하는 자마다 심판을 받게 되고 형제를 대하여 라가라 하는 자는 공회에 잡히게 되고 미련한 놈이라 하는 자는 지옥 불에 들어가게 되리라 그러므로 예물을 제단에 드리다가 거기서 네 형제에게 원망 들을만한 일이 있는줄 생각나거든 예물을 제단 앞에 두고 먼저 가서 형제와 화목하고 그 후에 와서 예물을 드리라 너를 송사하는 자와 함께 길에 있을 때에 급히 사화하라 그 송사하는 자가 너를 재판관에게 내어주고 재판관이 관예에게 내어주어 옥에 가둘까 염려하라 진실로 네게 이르노니 네가 호리라도 남김이 없이 다 갚기 전에는 결단코 거기서 나오지 못하리라."

예수님의 말씀 중에는 우리와 너무나 동떨어진 듯한 내용이 있습니다. 그런 말씀은 무거운 중압감과 부담감을 주는 것이 특징이어서 두 번 다시 읽고 싶지 않게 만듭니다. 이 본문을 대하는 사람도 누구나 이와 비슷한 느낌을 가질 것이라고 생각합니다. 예수님의 말씀을 직접 들었던 당시의 제자들이나 청중도 비슷한 반응을 보였을 것입니다. 어쩌면 뒤통수를 한 대 얻어맞은 기분이었을지도 모릅니다.

그 사람들은 구약 성경에서 하나님이 살인하지 말라는 계명을 주신 것을 아주 잘 알고 있었습니다. 그들은 사람만 죽이지 않으면 자신은 살인하지 말라는 계명을 잘 지키고 있는 것이며, 양심의 가책을 전혀 느낄 필요가 없다고 생각했습니다.

구약 성경을 보면 하나님께서 살인죄를 엄하게 다루셨다는 것을 알 수 있습니다. 우리가 잘 아는 것처럼 하나님께서는 사람을 만드실 때 자기 형상을 따라 만드셨습니다(창세기 1:26, 27). 이 말의 의미는 하나님과 이목구비가 닮도록 만드셨다는 것이 아니라 하나님이 가지고 계신 본성의 많은 부분을 사람에게 이양시켜 주셔서, 하나님의 자녀다움을 소유할 수 있도록 해 주셨다는 것입니다.

그런데 살인은 바로 우리에게 주어진 소중한 하나님의 형상을 파괴하는 행위로 하나님은 보셨습니다. 따라서 누구든지 사람을 죽이면 가차 없이 사형에 처했습니다. 창세기에 "무릇 사람의 피를 흘리면 사람이 그 피를 흘릴 것이니 이는 하나님이 자기 형상대로 사람을 지었음이니라"(9:6상)라고 말씀하고 있습니다. 즉 살인을 하면 그 사람이 자기 피를 흘려야 된다는 것입니다. 생명을 생명으로 대치하게 한 것입니다. 이는 하나님께서 자기 형상대로 사람을 지으셨기 때문이라고 분명히 말씀하십니다.

당시 예수님의 말씀을 듣고 있던 제자들이나 청중은 이 말씀을 이미 잘 알고 있었습니다. 그래서 속으로 사람을 죽인 적이 없으니 다행이라고 생각했고, 한 걸음 더 나아가서 그렇기 때문에 자신은 하나님 앞에 의인이라고까지 생각하기에 이르렀습니다.

최종적 유권해석

마태복음 5장 22절에 "나는 너희에게 이르노니"라는 말씀은 엄청난 선언입니다. "너희들이 구약 성경을 통해서 살인하지 말라는 계명을 배웠고, 서기관과 바리새인들을 통해서 살인하지 않는 것은 사람을 죽이지 않는 것이라는 정도로 배워왔겠지만, 내가 이제 이 계명에 들어 있는 참 뜻을 너희에게 보여 주겠다." 예수님은 우리가 알고 믿는 바와 같이 하나님이십니다. 그가 율법과 계명을 주셨습니다. 그러므로 이 선언은 계명을 주신 당사자가 육신을 입고 세상에 오셔서, 이 계명에 담겨 있는 하나님의 진의가 무엇인가를 밝혀주시겠다는 의미입니다. 바로 하나님께서 최종적인 유권해석을 하시는 것입니다.

"형제에게 노하는 자마다 심판을 받게 되고." 이 말씀에서 '심판'이라는 것은 사람을 죽인 자가 받는 사형을 가리킵니다. 그러므로 형제에게 노하면 살인자가 받는 벌을 받을 것이라는 말입니다. "형제를 대하여 라가라 하는 자는 공회에 잡히게 되고." 형제를 향해서 '라가'라는 욕설을 하는 자는 살인자가 받는 공회의 심판을 받을 것이라는 이야기입니다. 형제를 향해 미련한 놈이라고 모독하는 자는 지옥 불에 들어간다고 합니다. 살인자는 지옥에 간다고 성경은 분명히 이야기하고 있습니다.

헬라어의 화를 낸다는 표현에는 두 가지가 있습니다. 하나는 '두모스(thumos)'이고 다른 하나는 '오르게(orge)'라는 말입니다. '두모스'는 가랑잎이 활활 타다가도 금방 꺼지는 것처럼 기분이 나쁠 때 감정이 폭발하여 불끈 화를 냈다가 자기도 모르게 금방 식어 버리는 것을 말합니다. 누구나 다 가지고 있을 만한 기질입니다. 주님께서는 이런 것을 말씀하시는 것이 아니라 오히려 '오르게' 쪽을 말씀하십니다. 그것은 어떤 사람에 대해서 한번 화를 냈다 하면 그 화를 마음에 계속 담고 있는 것입니다. 그리고 두고두고 그것을 키워가는 것입니다. 분노를 마음에 계속 쌓아가면서 증오로 발전하도록 내버려 두는 것입니다.

분노가 증오로 바뀌고 나면 그 대상에 대해서는 항상 말이 험하게 나옵니다. 그를 대할 때마다 마음이 불편합니다. 좋은 눈으로 보지 않습니다. 그러므로 '라가'라는 욕설을 할 수 있는 것입니다. '라가'의 의미는 오늘날로 이야기하자면 '머리가 텅 비었다'와 비슷한 것입니다. 이 말은 물론 사람의 인격을 모독하는 것입니다. '미련한 놈'은 더이상 다른 설명이 필요치 않을 정도로 그 뜻이 분명합니다. '곰보다도 못한 미련한 놈'이라고 하면 인격을 짓밟는 것입니다. 마음에 분노가 쌓이고 그 분노에 미움이 섞여 있다 보니 자기도 모르게 '이 머리가 빈 깡통아. 곰처럼 미련한 놈아' 하고 말로써 사람을 깔아뭉개는 것입니다.

주님은 형제를 향해 마음속에 분노를 가지고 있는 것 자체가 살인하는 행위요, 말 속에 분노를 담는 것도 살인이라고 말씀합니다. 왜냐하면 하나님께서는 행동 전에 우리의 마음의 태도를 먼저 주시하시기 때문이라는 것입니다. 우리는 칼을 들고 사람을 찔러서 피를 흘려야 살인인 줄 알지만 하나님께서는 손에 칼을 들기 전에 벌써 마음에 칼을 갈고 있는 사람도 살인한 자와 똑같이 보신다는 말입니다.

마음이 문제다

하나님께서는 사람을 외모로 보시지 않습니다. 하나님은 사람의 마음의 중심을 보십니다. "여호와께서는 뭇 마음을 감찰하사 모든 사상을 아시나니"(역대상 28:9중)라고 분명히 명시하셨고, "사람의 행위가 자기 보기에는 모두 깨끗하여도 여호와는 심령을 감찰하시느니라"(잠언 16:2)고 말씀하셨습니다.

"행동으로 살인하지 않았으니 나는 괜찮다. 나는 의롭다"고 생각할지 모르지만 마음의 깊은 곳을 감찰하시는 하나님의 눈에는 살인자가 될 수 있습니다. 마음속에 남을 미워하고 증오하는 감정이 있으면 하나님은 이미 살인자로 간주하시기 때문입니다.

요한일서에서는 다음과 같이 결론적으로 말씀합니다. "그 형제를 미워하는 자마다 살인하는 자니"(3:15상). 이 얼마나 놀라운 말씀입니까? 하나님이 얼마나 두려우신 분입니까? 누가 하나님의 눈을 피할 것입니까? 멀리 있어도 우리 생각을 통찰하시고 우리의 감정을 읽으시는 하나님의 눈을 누가 피할 것입니까? 그러므로 마음에 분노를 쌓아놓고 있는 사람을 살인자라고 규정하시는 말씀 앞에 우리는 두려워 떨면서 무릎을 꿇고 "아멘" 해야 합니다. 살인하지 말라는 하나님의 계명 속에 들어 있는 이 중요한 뜻을 마음에 깊이 담아야 합니다.

분노가 살인이다

분노가 살인이라고 하는 이 말씀이 얼마나 진리인가를 우리는 실제 생활에서 자주 보고, 체험합니다. 미국의 문화를 일컬어 흔히 분노의 문화라고들 합니다. 미국 사람들은 화를 잘 냅니다. 감정이 폭발하면 앞뒤를 가리지 못합니다. 그래서 그들이 제일 잘 하는 것이 무엇입니까? 총을 들고 나가는 것입니다. 분노를 이기지 못하고 총을 들고 난사하여 한 해 동안에만 2만 명이 넘는 사람을 희생시키고 있습니다. 분노가 곧 살인입니다. 마음에 분노를 품은 사람은 살인자입니다.

그것이 진리라는 것을 실감하면서 깜짝 놀랄 때가 가끔 있습니다. 요즘 우리 사회에 큰 물의를 일으키고 있는 문제가 있는데 바로 러브호텔입니다. 차를 타고 지나가다 보면 막 가슴을 치고 싶어집니다. 저렇게 아름다운 산자락 밑에 고즈넉한 초막집이 있어도 마음이 차지 않을 텐데 러브호텔이 서 있다니 말입니다. 학생들이 우글거리는 학교 주변에 러브호텔이 줄줄이 서 있습니다.

이처럼 도대체 말이 되지 않는 곳에 러브호텔을 허가해 준 행정당국과 공무원들의 행태를 도저히 용납할 수가 없습니다. 솔직히 그들에 대해 분노하고 있고, 그들을 미워하고 있습니다. 하나님께서 이런 저를 살인자라고 하실 지도 모르겠습니다.

차를 타고 가다가 러브호텔을 보면 불쑥 이런 말이 나옵니다. "불이 나 나 버렸으면 좋겠다." 그러고 나서는 놀랍니다. 왜냐하면 정말 밤중에 불이 났다고 합시다. 객실 50개에 둘씩 약 100명이 그곳에 들어가 있다고 한다면, 불이 났을 때 도대체 얼마나 많은 사람이 죽어 나오겠습니까?

제 속에 있는 분노가 수십 명을 죽이고도 남을 정도로 엄청나다는 생각을 하니 "하나님, 옳습니다. 형제를 향하여 화를 내는 것 자체가 살인이라는 말씀이 참으로 옳습니다" 하고 수긍하게 되었습니다. 주님의 이런 교훈 앞에 초연할 사람이 누구며 자유로운 사람이 누구 입니까?

감추어진 분노

본문에 나오는 형제라는 말이 또 한번 당혹감을 줍니다. "형제에게 노하는 자, 형제를 대하여 라가라 하는 자, 형제를 보고 미련한 놈이라고 욕하는 자." 성경에서 형제라는 말은 아주 가까운 사이를 가리킵니다. 눈을 뜨면 날마다 보는 사람들입니다. 자주 만나야 하는 사람들입니다. 가족일 수도 있고, 친구일 수도 있고, 교우일 수도 있고, 이웃일 수도 있습니다. 이런 사람을 형제라고 합니다.

탁월한 기독교 저술가 맥스 루카도는 이런 사람들, 즉 우리가 날마다 보아야 하고, 살을 비비고 살아야 하고, 그래서 분노하기 쉽고, 욕하기 쉽고, 상처주기 쉬운 사람들을 일컬어 "꼼짝 없이 매인 사람들"이라고 재치 있게 표현했습니다.

듣고 보니 정말 꼼짝 없이 매였습니다. 그래서 매임 병이라는 질환을 앓고 있습니다. 매임 병의 증세는 자꾸 짜증이 나고, 쉽게 화가 나고, 속에 쌓이는 것이 점점 많아지는 것입니다. 이런 감정은 남남이나 다른 사람들 사이에서는 거의 생기지 않습니다. 형제처럼 아주 가까운 사람들과의 사이에서 생깁니다. 나도 모르게 형제에게 화를 내고, 좋지 않은 감정을 가지고 있다는 것을 항상 숨기고 쳐다볼 수 있습니다.

심리학자들의 말을 들으면 오늘날 전체의 약 80% 정도의 부부가, 마음에 숨겨 놓거나 쌓아 놓고 있는 분노 때문에 문제를 일으킨다고 합니다. 미국의 어느 상담가는 이런 이야기를 들려줍니다. 자기를 찾아와서 상담하는 부부나 개인의 이야기를 한참 듣다 보면, 도대체 문제의 핵심이 무엇인지 종잡을 수가 없고, 감을 잡을 수 없을 때가 있다고 합니다. 그럴 때면 마음속에 가만히 숨겨 놓고 있는 분노가 있는지를 한번 체크해 본다고 합니다. 그러면 80%가 적중을 한다고 합니다.

모든 문제의 뿌리가 그 분노 속에 있는 것입니다. 아내가 남편을 향해서 삭이지 못하는 분노가 있습니다. 남편이 아내를 볼 때마다 치밀어 오르는 화가 있습니다. 자식을 볼 때 그렇습니다.

예수님의 말씀과 같이 형제에게 노하는 자마다 살인하는 자라고 한다면, 오늘 우리가 하루에 몇 번씩 아내를 죽이는 것인지 모릅니다. 몇 번씩 남편과 자녀를 죽이는 것인지 모릅니다. 마음에 쌓여 있는 분노가 증오의 감정과 뒤섞여서 결국은 나도 모르는 사이에 어떤 사람을 공격할 수 있게 되는 것입니다.

분노는 나를 죽입니다

시한폭탄과 같은 이 무서운 감정은 남만 죽이는 것이 아니라 자기도 죽이는 것입니다. 미국에서 나온 어느 잡지의 기사를 읽으면서 생각을 깊이 한 적이 있습니다.

1983년 조지아 주 클레이턴 카운티에서 재판이 열렸습니다. 피고는 캘빈 존슨이라고 하는 흑인 남자였습니다. 백인 여자를 성폭행했다는 죄로 기소를 당했습니다. 미국 재판에는 배심원 제도가 있어서 배심원들의 평결이 대단히 중요한 역할을 합니다. 그날도 배심원들이 회의를 하고 있는데 전부 백인이있습니다. 한 40분 정도 시로 의논을 하더니 기소된 흑인 남자가 진범이라고 단정을 했습니다. 흑인 여자 네 사람이 찾아와서 피고의 알리바이를 제시했는데도 배심원들은 묵살해 버렸습니다. 재판관은 무기징역을 선고했습니다.

캘빈 존슨은 그 앞에서 최후 진술을 이렇게 했습니다. "하나님이 내 증인입니다. 나는 잘못 기소되었습니다. 나는 죄가 없습니다. 이제부터 나는 감옥에서 나의 억울함을 하나님이 벗겨 주시도록 예수 그리스도의 이름으로 날마다 기도할 것입니다." 그리고는 그는 감옥으로 갔습니다.

그 후 16년이 지난 1999년 6월, 캘빈 존슨은 다시 재판정에 서게 되었습니다. 그런데 다시 열린 재판은 그를 무죄 석방시키기 위한 것이었습니다. 유전자(DNA) 검사 결과 진범이 아니라는 것이 16년 만에 밝혀졌습니다. 판사는 그를 석방시켰습니다.

그 시간 그는 손에 조그마한 신약 성경을 꼭 쥐고 서 있었습니다. 무죄 석방이라는 판사의 말을 듣고 묵묵히 재판정을 나오고 있는데 기자들이 한꺼번에 몰려들어 그를 붙들고 정신 없이 질문을 퍼부었습니다. "존슨 씨, 당신을 16년간이나 감옥에 집어넣어 썩게 만든 그 판사와 배심원들을 증오하지 않습니까? 보복하고 싶지 않습니까? 그리고 모순이 많은 미국의 사법 제도에 대해서 뭐라고 한마디 하고 싶은 말이 없습니까?"

그 때 존슨의 대답은 이것이었습니다. "아니요. 내 마음에 타오르는 분노와 증오를 담고 있으면 그것은 나를 죽입니다. 나에게 중요한 것은 내가 사는 것입니다. 지금 나에게 필요한 것은 나가서 일자리를 구하는 것입니다." 그러면서 그 자리를 떠났다고 합니다.

가슴속에 증오를 담고 있고 복수를 하고 싶은 마음을 가지고 있으면 남을 죽일 수 있습니다. 그렇지만 남을 죽이는 동시에 자기도 죽이는 것입니다. 존슨은 자신의 손에 꼭 쥐고 있던 신약 성경을 읽으면서 "형제를 향하여 노하는 자마다 살인하는 자"라고 하시는 주님의 말씀 앞에 자신도 살고 다른 사람도 사는 길이 무엇인가를 발견했던 것입니다.

최우선 과제

마음에 형제를 향한 분노를 안고 있는 사람은 예배드릴 자격도 없다고 하십니다. 하나님께서 그의 예배를 받으시지 않는다고 합니다. "그러므로 예물을 제단에 드리다가 거기서 네 형제에게 원망 들을만한 일이 있는줄 생각나거든"(마태복음 5:23). 원망들을 일이 있습니까? 내 마음에 분노가 있을 수도 있지만 내가 다른 사람의 마음에 분노를 일으킬 수도 있습니다. 어쨌든 서로가 마음에 분노를 안고 있으면 불행해지는 것입니다.

"예물을 제단 앞에 두고 먼저 가서 형제와 화목하고 그 후에 와서 예물을 드리라"(마태복음 5:24). 예배를 드리다가 내가 다른 사람을 미워한다고 생각되면 예배드리기 전에 그 사람에 대한 분노와 미움을 먼저 처리하고 나서 예배를 드리라는 것입니다. 또 예배를 드리러 오다가 나 때문에 다른 사람이 마음에 원한을 갖고 이를 갈고 있을 것이라는 생각이 들면 먼저 사화(송사(訟事)의 당사자끼리 화해하여 풀어 버림)하고 화해하고 와서 예배를 드려야 하나님께서 받으신다는 것입니다.

유대인은 제사만 지내면 어떤 죄든지 다 용서 받는다고 믿었습니다. 그러나 하나님께서는 그렇지 않다고 말씀하십니다. 죄인 줄 알면서도 스스로 회개하지 않고 가슴에 그대로 담고 있으면 그 사람의 예배는 받으시지 않는다고 하십니다. 예수님은 "너희가 사람의 과실을 용서하지 아니하면 너희 아버지께서도 너희 과실을 용서하지 아니하시리라"(마태복음 6:15)고 분명히 이야기하셨습니다. 고의적으로 범하는 죄를 안고 예배를 드리는 사람이 있다면 그 예배가 하나님을 기쁘시게 할 수 없다는 것입니다. 그러므로 마음에 형제를 향하여 분노를 갖고 있는 사람은 먼저 분노부터 처리하고 하나님 앞에 예배드리고 예물을 드려야 합니다.

또한 형제를 향하여 마음에 담고 있는 분노가 있다면 하루 빨리 처리하라고 말씀하십니다. "너를 송사하는 자와 함께 길에 있을 때에 급히 사화하라"(마태복음 5:25). 미루지 말라는 것입니다. 어떤 문제로 인해 서로 미워하고 분노하고 대적하는 관계가 됐습니다. 그래서 서로 소송을 걸었습니다. 어쩌다가 재판 날 두 사람이 길을 가다가 만났다고 합시다. 그러면 재판하는 자리까지 가기 전에 먼저 사화하고 화해하라는 것입니다. 마음에 있는 분을 삭이고 서로 용납하라는 말입니다. 재판할 때까지 미루지 말라는 것입니다. 왜냐하면 마음에 형제를 향한 분노와 증오를 담고 있으면 이것 자체가 살인이기 때문입니다.

하나님이 미워하는 살인죄를 가슴에 품고 오래 있을 필요가 없습니다. 하나님을 두려워한다면 이것을 처리하는데 빠르면 빠를수록 좋습니다. 시한폭탄과 같은 그런 위험한 것은 빨리 뇌관을 제거해서 자기도 살고 남도 살도록 해야 합니다. 살인하지 말라고 하는 말씀 속에 들어 있는 본질적인 의미가 바로 이런 것들입니다.

자기 의

살인하지 말라고 하시는 계명을 완벽하게 지키는 사람, 지금까지 단 한 번도 살인하지 않은 사람은 아무도 없을 것입니다. 하나님이 요구하시는 의를 만족시킬 만한 사람은 우리 중에 하나도 없습니다.

그러므로 우리는 자기 의를 철저히 배격해야 합니다. 예수님께서 살인하지 말라는 계명을 해석하시기 전까지 우리는 살인하지 않았다고 생각했습니다. 살인자가 아니라고 믿었습니다. 그만큼 우리는 의롭다고 생각했습니다. 내게는 남보다 선한 데가 있다고 분명히 스스로 자부했습니다.

그러나 예수님의 말씀 앞에 조용히 다가가서 내 마음 속에 있는 모든 것을 다 공개해 놓고 보니 살인자는 다른 사람이 아닌 바로 나 자신이라는 것을 알았습니다. 우리는 하나님 앞에 내 놓을 수 있는 의라는 것은 나에게 털끝만큼도 없다는 것을 발견하게 됩니다.

아직도 자기는 남보다 선하고, 그래도 의롭다는 은근한 교만을 가지고 교회에 나오는 사람들이 있습니다. 이런 사람들은 실제로 그만큼 의로워서 그런 생각을 하는 것이 아닙니다. 하나님의 말씀 안에 담겨 있는 도덕적 표준이 얼마나 높고 고상하고 완전한가를 모르기 때문에, 즉 한 마디로 무지하기 때문에 스스로 착각하고 있는 것입니다. 자기 의를 버려야 합니다. 계명을 바로 이해하면 계명은 살아나고 나는 철저히 죽어 버립니다. 하나님 앞에 우리가 내 놓을 의는 하나도 없다는 것을 인정해야 합니다.

예수님의 의

예수님은 이 세상에 오셔서 하나님이 원하시는 의를 인간 스스로 이룰 수 없다는 것을 너무나 잘 아셨기에 우리의 모든 죄를 다 짊어지고 십자가에서 저주를 받으셨습니다. 우리로 하여금 예수님 자신의 의를 의지하게 만드시려고 우리가 행하지 못하는 하나님의 계명을 세밀한 부분까지 철저히 순종하셨습니다.

그러므로 우리가 하나님의 이름을 부를 때마다 예수님 뒤에 숨어야 합니다. 예수님이 없으면 우리는 하나님의 이름을 부를 수도 없습니다. 우리가 하나님을 향하여 나아갈 때마다 예수님의 의로운 옷을 빌려 입어야 합니다. 내 옷을 입고는 하나님 앞에 가지 못합니다. 이것 때문에 우리가 예수님을 믿는 것입니다. 나에게는 의가 없습니다. 그러므로 전적으로 예수님의 의에 의지해야 합니다. 그분을 믿고 그의 옷자락을 꼭 붙들고 하나님 앞에 나아가야 합니다.

예수님처럼 되기

우리는 자칫 잘못하면 이런 생각을 하기 쉽습니다. "하나님의 계명 앞에, 하나님이 요구하시는 절대적 표준 앞에 의인은 아무도 없다. 하나님의 요구를 들어줄 만한 능력이 나에게는 도무지 없으니 포기해야겠다. 예수님만 믿으면 된다고 하셨으니 예수님만 믿자. 그리고 하루에 열두 번도 더 형제를 미워하는 일이 있어도 그것 때문에 마음에 개의치 말자. 인간이기에 마음은 원이로되 육신이 약할 수밖에 없지 않은가? 그럴 때마다 예수님의 이름을 부르고 예수님 앞에 회개하고 용서를 받으면 된다. 화가 날 때는 화내고 용서받을 때는 용서받자. 이것이 신앙생활이다."

안타깝게도 한국 교회가 그 동안 이렇게 가르쳐 왔기 때문에 지금 많은 문제가 일어나고 있습니다. 여기서 한 단계 더 나아가야 합니다. 하나님이 우리를 용서하셨습니다. 하나님이 우리를 예수 안에서 의로운 자로 받으셨습니다. 그러므로 하나님이 우리에게 요구하시는 중요한 목표가 하나 있습니다. 바로 하나님의 맏아들 예수님처럼 되는 것입니다.

예수님은 세상에 계시는 동안 그 역시 365일 꼼짝 없이 매인 사람들을 데리고 사셨습니다. 그들에게 시달리며 사셨습니다. 완전하시고 거룩하신 예수님의 눈에는 그들이야말로 허물 투성이었습니다. 아마 예수님께서 죄성을 가지고 있었다면 하루에도 수백 번씩 화가 나서 못 견디셨을 것입니다. 용서할 수 없는 일이 너무 많았습니다.

그러나 그런 사람들에게 시달리면서도 시종일관 용서하셨습니다. 그들의 더러운 부분을 만져주고 터진 곳을 싸매주면서 불쌍히 여기셨습니다. 막힌 담을 허는 것은 약자의 책임이 아니라 강자의 책임이라는 것을 예수님은 우리에게 행동으로 보여 주셨습니다.

예수님은 강자입니다. 그러므로 자기가 모든 것을 책임지고 처리하시면서 사람 사이에 막힌 담을 헐었습니다. 서로 용서할 수 있는 길은 잘못된 쪽에서 벌을 받도록 히는 데 있지 않고 잘못한 것이 없는 쪽에서 무조건 불쌍히 여기는 데 있다는 것을 가르쳐 주셨습니다.

그 예수님이 우리 안에 거하십니다. 그 예수님이 나를 다스리십니다. 그러므로 우리는 예수님처럼 되고 예수님처럼 살자는 목표를 정하면 살인자가 되지 않습니다. 이 목표를 잃어버리면 우리는 죄를 짓고 회개하는 악순환에서 벗어나지 못할 것입니다. 그러나 이 목표가 있기에 하나님의 계명을 지킬 수 있고 또 그 이상의 수준으로 거룩한 삶을 추구할 수 있다는 것을 믿고 확신해야 합니다.

최고의 도우미

성령에 대해서 잘 모르던 구약 시대 사람들은 형제에 대한 증오가 가슴에 일어나고 분노가 일어나도 어떻게 처리해야 될지 몰랐습니다. 그러나 우리는 다릅니다. 예수님을 믿고 의롭다 함을 받은 다음에 하나님께서 우리 안에 성령을 선물로 주셨습니다. 성령님은 우리를 돕는 보혜사, 즉 도우미입니다. 성령님은 우리의 연약함을 도와주십니다.

이 사실을 믿고 예수님처럼 되기를 간절히 사모하면서 성령님께 전적으로 의지하며 기도하십시오. "성령님, 저를 도와주십시오. 예수님처럼 제 마음이 분노로 가득 차지 않게 해주십시오. 예수님처럼 무조건 용서할 수 있게 해주십시오. 예수님처럼 남을 불쌍히 여길 수 있도록 해주십시오. 저는 작은 예수가 되기를 원합니다. 저는 살인자가 되기를 원하지 않습니다." 그러면 성령님은 우리를 도와주십니다.

우리의 육신이 연약하여 할 수 없던 일을 성령님은 하게 하십니다. 과거에는 율법을 완전하게 지킨다는 것은 상상할 수도 없는 일이었지만 성령님께 전적으로 의지하면 율법을 지키고 하나님 앞에 거룩하다는 칭찬을 들을 정도로 발전할 수 있습니다.

성령님께 전적으로 의존하고 안 된다는 생각을 버리십시오. "사람은 별 수 없어. 그렇게 거룩하게 보이던 목사도 날마다 화내는 것을 보니 별수 없더라. 설교는 거룩하게 할지 몰라도 사람들이 안보는 데 가서는 똑같이 화내고 행동할거야. 그러니 그저 날마다 잘못하면 하나님 앞에 가서 용서 받으면 돼. 예수님의 이름을 부르면 돼." 이런 부정적인 시각으로 자기를 바라보는 것을 지금 당장 중지하십시오.

작은 예수

우리는 성령을 모시고 있습니다. 성령님은 항상 우리에게 예수님처럼 할 수 있다고 말씀합니다. '작은 예수'가 될 수 있다고 합니다. 형제를 향하여 분노를 가질지라도 그 분노가 쌓이지 않도록 금세 사랑으로 녹이고 모든 사람을 그리스도 안에서 용납할 수 있다고 말씀합니다.

부정적인 시각을 버리고 긍정적인 시각을 가져야 합니다. 성령을 향해서 날마다 두 손 들고 기도하면 매일 우리에게 하나님의 은혜가 임하여 과거에 용서하지 못했던 사람도 용서할 수 있습니다. 쳐다만 봐도 화가 나던 사람을 향해서도 불쌍한 마음을 가질 수 있습니다. 오래 묵은 원한도 어느새 뿌리가 뽑히는 놀라운 은혜를 체험할 수 있습니다. 이럴 때 나도 살고 다른 사람도 사는 것입니다.

이럴 때에 우리는 살인하지 말라고 하신 하나님의 말씀을 지킴으로써 행복을 누리고 사는 복된 사람이 될 수 있습니다.

꼭! 이것만은 기억하자!

살인은 하나님의 형상을 파괴하는 행위이다.
예수님은
형제를 향해 분노를 품는 것을
살인이라고 하셨다.

하나님의 눈은
우리의 마음의 깊은 곳을 감찰하신다.
마음에 담긴 분노는
타인뿐만 아니라 자기 자신까지 죽이는 힘이 있다.

분노는
무엇보다 최우선으로 해결해야 할 과제이다.
분노는
우리의 예배를 방해할 뿐 아니라
하나님과의 관계도 방해한다.

연약하다는 핑계 뒤로 숨어서는 안 된다.
성령의 도우심을 의지하고
예수님처럼 되고
예수님처럼 살겠다는 의지와 목표를 가지고
앞으로 나아가야 한다.

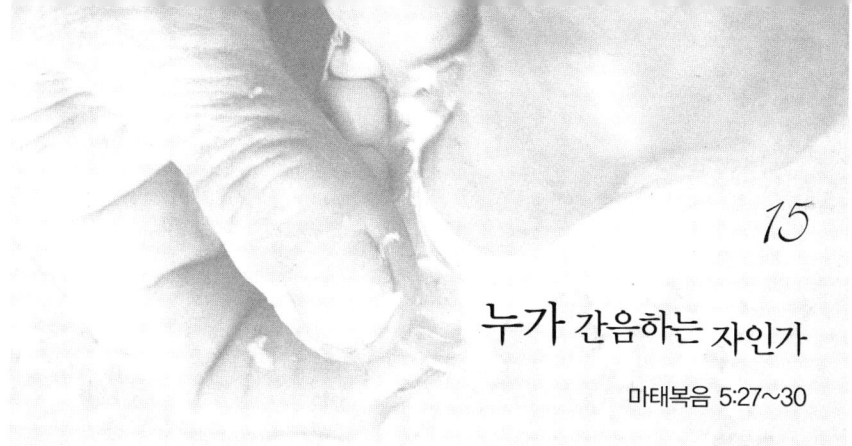

15
누가 간음하는 자인가
마태복음 5:27~30

"또 간음치 말라 하였다는 것을 너희가 들었으나 나는 너희에게 이르노니 여자를 보고 음욕을 품는 자마다 마음에 이미 간음하였느니라 만일 네 오른눈이 너로 실족케 하거든 빼어 내버리라 네 백체 중 하나가 없어지고 온 몸이 지옥에 던지우지 않는 것이 유익하며 또한 만일 네 오른손이 너로 실족케 하거든 찍어 내버리라 네 백체 중 하나가 없어지고 온 몸이 지옥에 던지우지 않는 것이 유익하니라"

어느 인기 여가수의 외설적인 정사 장면이 찍힌 비디오가 상업용 인터넷에 동영상 파일로 올려져 세상을 떠들썩하게 한 사건이 있었습니다. 한 번 내려 받을 때 2만 2,000원을 카드로 결제하게 하는 방식으로 불과 며칠 만에 40억 원대의 수입을 올렸다는 소문이 있었습니다. 그 정도의 액수라면 최소한 18만 명 이상이 접속하여 그 동영상을 내려 받았다는 계산이 나옵니다.

그런데 문제는 거기서 끝나지 않았습니다. 이 파일을 내려 받은 17세의 W군이 자신이 개설한 인터넷 홈페이지 게시판에 전체 내용을 올려서 아무나 무료로 볼 수 있도록 한 것입니다. 삽시간에 15만여 명의 네티즌들이 그것을 내려 받아서 보았다고 합니다. 어떤 대기업에서는 사원들이 대낮에 몰래 그 사이트에 접속하느라고 법석을 떠는 통에 회사의 메인 서버가 다운되어 버리는 웃지 못 할 일들도 벌어졌다고 합니다.

이것이 바로 우리의 현실입니다. 이제 갓 스무 살을 넘긴 인기 여가수가 어떤 남자와 불장난 한 것이 담긴 동영상 때문에 벌어진 이런 일들을 보면서 사람들은 어떤 반응을 보입니까? 사생활 침해가 도를 넘어선 것이 아닌가 하는 것을 놓고 논란을 벌이고 있습니다. 아무리 연예인이고 공인이지만 사생활은 지켜 주어야 하지 않느냐는 것입니다. 그와 같은 성행위가 얼마나 악한 것인가 하는 문제에는 관심을 두지 않습니다. 사생활을 심하게 노출시켰다는 것만 가지고 문제를 삼는 사람들이 대부분이라는 말입니다. 익명성이 보장되는 인터넷의 이점을 최대한 이용하여 남몰래 그런 추잡한 성생활을 은근히 엿보는 것을 즐기고 있는 자기 자신이 얼마나 정신적으로, 영적으로 깊이 병들었는지를 심각하게 고민하는 사람도 보이지 않습니다. 그만큼 세상이 달라져 버렸습니다. 이것이 오늘날 우리가 살고 있는 세상입니다.

우리는 24시간 무차별적으로 성(性)의 공격을 받고 있습니다. 인터넷에 들어가는 사람들 중에 포르노를 볼까 말까 하는 망설임으로 고민하는 경우가 허다하고, 청소년들은 아예 비판의식도 갖지 못한 채 속수무책으로 거기에 끌려 들어가고 있습니다. 폰팅, 성매매, 러브호텔 등 성 이야기로 도배질 한 주간지들과 차마 눈을 뜨고 보기 힘들 정도로 외설스런 비디오 등의 매체들이 오늘날 우리 삶 구석구석, 스며들어갈 수 있는 공간이라면 하나도 빼놓지 않고 깊숙이 침투하고 있습니다. 이것이 우리의 현실입니다.

위기의 성 의식

20세기 중반까지만 해도 부정한 관계를 통한 성 행위가 간음이며 악이라고 대부분의 사람들이 인정을 했습니다. 그러나 오늘날은 인간의 윤리 규범을 연구하고 있다는 윤리학자들조차도 간음을 악이나 죄라고 규정하는 경우가 극히 드물다고 합니다.

두 사람이 서로 합의해서 성 행위를 했는데 어떻게 그것이 악이냐는 것입니다. 낭만적인 사랑을 나눌 수 있는 조건만 갖추어진다면 성 행위는 자유로운 것이며 누구든지 할 수 있다는 식의 의식과 가치관이 지식인들 사이에 팽배해 있고, 그것이 점점 일반화되어 가고 있는 세상입니다.

한평생 변치 않고 정절을 지키면서 부부간에만 서로의 성을 주고받겠다고 하는 엄숙한 결혼 서약이 언제든지 번복 가능한 것으로 전락해 버릴 정도로 인간다움을 상실해 버린 무력한 세대, 이것이 오늘 우리 세대의 모습입니다. 간음이 왜 죄인지 조차도 분별을 못하는 혼란 속에 빠져 있습니다.

문제의 심각성은 하나님의 자녀요, 하나님의 말씀으로 날마다 거룩한 교육을 받는다고 하는 성도들도 세상 사람들과 별 차이가 없다는 데 있습니다. ASAP라는 미국의 한 연구 기관은 성범죄와 이혼에 대한 기독교인들의 일반적인 의식과, 실제로 성범죄를 저지른 경험이 있는지에 대하여 조사한 뒤에 다음과 같은 결론을 내렸습니다. 목사나 평신도나 구분 없이 믿지 않는 사람과 비교해 보았더니 별 차이가 없더라는 것입니다. 두 부류 모두 비슷하게 생각하고, 비슷하게 받아들이고, 비슷하게 죄를 범한다는 것입니다.

이처럼 세상 흐름에 익숙해지다 보니 우리 자신이 얼마나 둔감해져 있는지 모릅니다. 웬만한 성 문란을 보아도 놀라지 않습니다. 예전 같으면 놀라자빠졌을 사람들도 무심하게 쳐다 보고만 있습니다. 그만큼 자신도 모르게 둔감해진 것입니다. 예수님을 믿는 우리까지 그렇게 되어 버렸습니다. 우리는 대단한 영적 위기를 만나고 있습니다.

심판대 앞에 선 성

하나님께서 성범죄를 대단히 엄하게 다루시고 있다는 사실은 성경 말씀을 통해 잘 알 수 있습니다. 히브리서 13장 4절에서 "모든 사람은 혼인을 귀히 여기고 침소를 더럽히지 않게 하라 음행하는 자들과 간음하는 자들을 하나님이 심판하시리라"고 말씀하십니다. 사실 하나님께서는 모든 죄를 심판하시는데, 왜 하필 음행하는 자와 간음하는 자를 심판하신다고 강조하시는가에 대한 의문이 생길 수 있습니다.

그러나 말씀에 비추어서 성경의 역사를 조금만 추적해 보면 그것이 진리라는 결론을 어렵지 않게 내릴 수 있습니다. 하나님께서 인간을 창조하신 후에 심히 후회하시는 장면이 창세기 6장에 나오는데 그 이유가 바로 성 문란입니다. 그 당시 사람들이 얼마나 성적으로 타락했던지 더 이상 두고 볼 수가 없어서 노아 가족만 남겨 놓고 물로 세상을 심판하셨습니다.

하나님께서 무슨 이유로 소돔과 고모라 성을 갑자기 유황불로 뒤집어엎어서 역사 속에서 완전히 사라지게 만드셨습니까? 성경의 앞뒤를 자세히 읽으면서 그 내막을 살펴보면 성적 타락이 주 원인임을 알 수 있습니다.

두 가지 사건만 보아도 하나님께서 성 문란, 성적 타락에 대해서 얼마나 엄하게 다루시는지를 알 수 있습니다. 그렇다면 오늘 이처럼 성적으로 문란해진 세상을 하나님께서 얼마나 오래 내버려두실까요? 우리는 하나님의 심판을 피할 수 있을까요? 이와 같은 위기의식을 가지고 예수 그리스도께서 주시는 메시지를 진지하게 마음에 담고 묵상하고 성령이 주시는 깨달음과 성령의 책망하심과 치유하심을 기대해야 합니다.

새로운 표준

십계명 가운데 흔히 7계라고 하는 일곱 번째 계명은 간음하지 말라는 내용을 담고 있습니다. 하나님께서는 이 명령을 엄하게 주셨습니다. 이 일곱 번째 계명을 연구하고 가르치던 당시 유대의 지도자들은 이성 간에 육체적으로 부정한 행동만 하지 않으면 그 계명을 범하지 않는 것이라고 생각했습니다. 그래서 남녀가 금지된 선을 넘어서 직접적으로 부정한 행동을 하지 않은 이상 7계명이 자신과는 관계가 없다고 생각했고, 이것 때문에 그들은 항상 자신이 의롭다고 자부했습니다.

이와 같은 이유로 어떤 바리새인들이 성전에 들어와 기도할 때 두 손 들고 "하나님이여 나는 다른 사람들 곧 토색 불의 간음을 하는 자들과 같지 아니하고 이 세리와도 같지 아니함을 감사하나이다"(누가복음 18:11)라고 기도합니다. 바리새인들은 육체적으로 죄를 범하지 않았다는 점을 강조하고 있습니다.

그러나 이 계명을 주신 예수 그리스도께서 그 속에 담겨 있는 진정한 의미가 무엇인가를 밝혀 주셨습니다. 이 계명 속에 담겨있는 새로운 표준, 하나님이 원하시는 새로운 기준이 무엇인가를 예수님께서 드디어 밝혀 주셨습니다.

그것은 마음으로 음욕을 품는 자는 이미 간음을 했다는 것입니다. 행동 이전에 마음에 음란한 생각을 담고 있거나 더러운 감정을 가지고 이성을 본다면 벌써 그 자체가 7계명을 범했다는 것이 예수님의 해석입니다.

하나님께서는 행동보다도 마음에 있는 동기를 먼저 보십니다. 동기가 나쁜데 어떻게 행동이 선할 수 있겠습니까? 마음이 이미 잘못 되었다면 행동이 선하다고 해도 그 행동을 선한 것으로 하나님은 인정하시지 않습니다.

"여자를 보고 음욕을 품는 자마다 마음에 이미 간음하였느니라"(마태복음 5:28). 이 말씀을 자연스런 성 본능이 악하다는 말로 오해를 해서는 곤란합니다. 젊은이들이 이성에 대해서 관심을 갖거나, 성적인 충동이 일어나는 것을 악이라고 규정하는 것이 아닙니다. 부부간에 성적 매력을 느끼는 것을 죄라고 하는 것도 아닙니다. 여자가 남자를 보면서 혹은 남자가 여자를 보면서 마음에 금지된 정욕을 허용하는 것이 간음이라는 것입니다.

아! 다윗

다윗은 하나님으로부터 얼마나 큰 사랑을 받은 사람이었는지 모릅니다. 어려서부터 성실하고 깨끗하며 하나님을 찬양하는 아름다운 그의 삶은 성경을 읽는 이마다 부러움을 느낍니다. 그래서 다윗이라는 애명을 가지고 있는 사람이 많은가 봅니다. 그런데 그에게 옥의 티가 있습니다. 그는 성적으로 한 번 크게 죄를 범했습니다.

낮잠을 실컷 자고 난 어느 오후, 다윗은 궁궐의 옥상에 올라가서 한가롭게 거닐고 있었습니다. 유대의 주택 구조가 정확하게 어떤 것인지 자세히 조사해 보지는 않았지만 대충 알고 있는 바로는, 옥상에서 활동을 많이 할 수 있도록 건물이 지어졌었다고 합니다. 당시 다윗의 궁전이 그리 신통치는 않았어도 일반 주택보다는 높았을 것입니다. 옥상에 올라가면 예루살렘이 한눈에 내려다보입니다. 멀리 있는 것도 그런대로 볼 수 있었을 것입니다.

해가 서쪽으로 기우는 시간에는 햇살마저 황금빛을 띱니다. 추한 것도 아름답게 보이도록 만드는 아주 매력적인 시간입니다. 그런데 그 때 한 여자가 실내에서 목욕을 하기가 불편해서 그랬는지 바깥에 나와 목욕을 하고 있었습니다. 설마 보는 사람이 있으랴 하고 주변을 두리번거리다가 사람이 안 보이자 옷을 벗고 몸을 씻었던 것 같습니다.

하필 그 시간에 다윗이 그것을 보게 되었습니다. 따스한 오후 햇살을 받은 젊은 여성의 나신은 3차원의 육체미였을 것이고 대단히 매혹적이었을 것입니다. 분명 거리가 멀수록 더 매력적으로 보였을 것입니다.

자신이 아무리 왕이라지만 다윗에게 있어서 그 여자는 금지된 영역의 성입니다. 어쩌다가 보았어도 눈을 빨리 돌리고 보지 않아야 합니다. 즉시 집안으로 들어가야 합니다. 그리고 더 이상 생각하지 말아야 합니다. 다윗에게는 아내만 해도 열 명이 넘게 있습니다. 그런데 한참 쳐다보면서 감상을 하는 것입니다. 이것이 벌써 마음이 잘못 되어가고 있다는 징조입니다. 자꾸 관심을 더 가집니다. "누굴까? 참 예쁘다." 결국 신하를 불러서 그 여인이 누군지 알아보라고 시킵니다. 이것이 망할 조짐입니다. 발을 들여 놓아서는 안 될 자리에 점점 더 깊이 발을 들여 놓는 것입니다.

그러나 그때까지만 해도 다윗은 여자를 궁으로 불러들여서 나쁜 짓을 하지는 않았습니다. 따라서 서기관들이나 바리새인들이 해석하는 바에 의하면 다윗은 아직도 간음죄를 범하지 않은 의로운 사람입니다. 그러나 예수님께서 가르쳐 주시는 표준에 의하면 다윗은 이미 7계명을 범한 죄인입니다.

베드로후서에 있는 말씀대로 음심이 가득한 눈을 가지고 마음으로 범죄하기를 쉬지 않는 사람이 되어 버렸습니다(2:14). 그러므로 그는 이미 여자를 궁으로 불러들이기 몇 시간 전에 벌써 간음죄를 범한 죄인입니다.

마음으로 간음하는 사람은 적절한 상황만 주어지면 언제든지 행동에 옮길 가능성을 가지고 있는 사람입니다. 도둑은 기회만 있으면 쉽게 훔칩니다. 밤낮 훔치는 생각만 하기 때문에 기회만 주어졌다 하면 생각을 행동으로 옮기는 것은 그리 어려운 일이 아닐 것입니다. 마음으로 음란한 생각이나 부정한 생각을 늘 하고 있는 사람에게는 기회가 주어지면 생각을 행동으로 옮기는 것이 그리 어렵지 않습니다. 따라서 주님은 이미 마음으로 잘못된 것은 곧 계명을 범한 것이라고 보신 것입니다.

마음 단속

주님의 표준에 맞추어서 간음을 범하지 않으려면 마음을 지키는 데 총력을 기울여야 합니다. 밤이면 문단속을 합니다. 예민한 사람들은 문을 잠그고 들어왔다가도 불안해서 다시 나가 혹시나 문이 열렸는지 확인하고 옵니다. 너무나 세상이 악하기 때문에 그럴 수 있습니다. 그러나 이 세상에서 거룩하게 살기를 원하는 사람은 문단속만 잘한다고 되는 것이 아닙니다. 마음의 단속을 철저하게 해야 합니다.

잠언에 "무릇 지킬만한 것보다 더욱 네 마음을 지키라 생명의 근원이 이에서 남이니라"(4:23)라는 말씀이 있습니다. 이 세상에는 지켜야 할 것이 많이 있지만 그 가운데서 특별히 마음을 지켜야 합니다. 생명의 근원이 거기에서 나오기 때문입니다.

예수님께서는 "만일 네 오른눈이 너로 실족케 하거든 빼어 내버리라"(마태복음 5:29)고 과격하게 말씀하십니다. '실족케 한다'는 유혹한다는 말입니다. 이 말은 본래 낚시 바늘에 미끼를 걸어서 물 속에 던져 놓고, 그 낚싯대를 잡고 살살 유인하며 흔드는 것을 가리키는 단어입니다.

그러므로 마태복음 5장 29절의 말씀은 "네 오른쪽 눈이 이렇게 살금살금 너를 유인하는 미끼 역할을 한다면 빼어내 버려라. 두 눈을 다 가지고 지옥에 들어가는 것보다 차라리 한 눈만 가지고 천국에 들어가는 것이 낫다"는 뜻입니다. 또한 30절은 "만일 네 오른손이 너로 실족케 하거든 찍어 버려라. 차라리 오른손 없이 천국에 들어가는 것이 두 손을 가지고 지옥에 들어가는 것보다 낫다" 뜻의 말씀입니다.

얼마나 과격한 말씀입니까? 마음을 지키기를 원합니까? 그렇다면 마음의 빗장을 열고 음란한 생각을 받아들이게 만드는 것이라면 손이라도 찍어 버리고, 눈이라도 빼 버리라는 이야기입니다. 그렇지만 아무리 다 뽑아봐야 두 번밖에 더 뽑겠습니까? 아무리 찍어도 두 번밖에 더 찍겠습니까? 만약 두 눈을 다 뽑았다고 합시다. 보지 않는다고 간음죄를 범하지 않겠습니까? 눈에 안 보인다고 마음으로 항상 거룩한 생각만 합니까? 그렇지 않다는 것을 우리는 너무나 잘 알고 있습니다. 두 손이 없다고 해서 마음으로 간음죄를 범하지 않는 것은 아닙니다.

마가복음에서는 사람의 마음속에 악한 것이 있다(7:21)고 말씀합니다. 그 중에 대표적인 것이 간음이요, 음란이요, 음탕이라고 했습니다. 모든 성적인 부정한 생각들과 감정들이 이처럼 속에서부터 치밀어 올라오는데 손을 자르고, 눈을 뽑는다고 해결이 되는 것은 아닙니다.

사막에서 35년

초대 교회에 성 안토니라고 하는 유명한 성자가 있었습니다. 그분은 젊은 나이에 어떻게 하면 하나님의 거룩하심을 좇아 거룩하게 살 수 있을지를 생각했습니다. 그런데 사회생활을 하다 보니 보는 것마다 죄요, 느끼는 것마다 죄요, 듣는 것마다 죄라는 사실을 깨달았습니다. 이래서는 도무지 주님이 원하시는 거룩한 생활을 할 수 없다고 판단한 그는 모든 것을 다 뒤로 하고 사막으로 들어갔습니다. 그곳에서 35년 동안 고행을 했습니다.

그가 고행한 기록들이 역사책에 남아 있는데 그야말로 처절한 몸부림이었습니다. 안 본다고 해서 죄를 범하지 않았으면 아마 그는 지상 천국에서 살았을 것입니다. 그런데 보지 않는 그 자리에 더 무서운 유혹이 있다는 것을 그는 알았습니다. 밤마다 마귀에게 시달렸습니다. 정욕 때문에 몸부림치고 씨름했습니다. 엎치락뒤치락 하기를 35년, 그가 고행을 끝내고 나서 결론적으로 한 말이 35년 동안 시달렸다는 것이었습니다. 인간은 별 수가 없는 것입니다. 예수님의 말씀을 글자 그대로 이해하면 안 됩니다. 그것은 마음을 단속하기 위해서 최선의 노력을 다하라는 것입니다. 눈을 뽑는 사람처럼, 손을 찍으려고 하는 사람처럼 비장한 결심을 가지고 마음을 지키라는 말입니다.

무엇에 한번 홀려서 마음이 달려가기 시작하면, 그 달려가는 마음을 붙잡기 위해 문을 걸어 잠근다는 것이 거의 불가능하다는 것을 우리는 경험으로 잘 알고 있습니다. 생각하지 않으려고 애쓰면 애쓸수록 더 생각나기 마련입니다. 이래서는 안 된다고 몸부림을 치면 칠수록 더 집착하게 됩니다. 얼마나 무서운 것인지 모릅니다. 따라서 이렇게 마음이 완전히 굴레를 벗어 버리고 달려 나가기 전에 먼저 지켜야 합니다. 그러려면 눈을 뽑듯이, 손을 찍듯이 결단을 하고 마음을 지켜야 한다는 것입니다.

벼랑 끝에 서 있는 사람들

수많은 청소년과 대학 · 청년부의 젊은이들 같은 N세대를 생각하면 걱정이 앞섭니다. "컴퓨터 앞에 앉을 때마다 포르노 사이트에 들어가 보고 싶은 충동을 어떻게 누를까? 어쩌다가 우연히 한번 보았다고 하면 그 다음부터 안 보고는 못 견딜 텐데, 그 젊고 혈기 왕성한 그들이 어떻게 그 유혹을 피할까? 어떻게 손이 거기에 가지 않도록 할까? 어떻게 눈이 그것을 보지 않도록 할까?"

그들을 위해 기도합니다. "하나님, 성에 관한 잡다하고 더러운 이야기로 도배질을 해 놓은, 저 길가 가판대의 주간지들을 피할 수 있도록 우리 젊은이들을 도와주십시오. 수능 성적이 나쁘고 어쩌다가 대학까지 낙방을 해서, 마음 둘 곳을 모르고 텅 빈 가슴으로 밤거리를 돌아다닐 때 이들을 향하여 손짓하는 갖가지 성적 유혹들을 뿌리칠 수 있도록 도와주십시오. 어떻게 하면 이들이 마음을 지킬 수 있습니까?"

잘 모르기는 해도 아마 성 중독증에 빠져있는 젊은이들도 없지 않아 있을 것입니다. 남이 모르지만 성적으로 나쁜 습관에서 헤어나지 못하고 밤낮없이 씨름하고 고통하는 자들이 있을 것입니다. 이들을 생각하면 기도할 수밖에 없습니다. 성도 가운데 결혼 생활에 권태를 느끼고 사는 분들을 걱정하고 그들을 위해서 기도합니다. 왜냐하면 그들은 이미 성적으로 유혹을 받을 수 있는 길목에 서 있기 때문입니다. 배우자를 향해서 마음에 꺼지지 않는 불만을 품고 사는 남자와 여자들은 대단히 위험한 자리에 서 있다는 것을 알아야 합니다.

평소 많은 이성에 둘러 싸여 있는 곳에서 하루 종일 근무해야 하는 젊은이들에게 상당히 어려운 시험들이 자주 일어날 수 있다는 것을 인정해야 합니다. 모두가 부러워할 만큼 성공했습니까? 경제적으로 아무 걱정이 없을 만큼 재물을 쌓았습니까? 그래서 자기도 모르게 긴장이 풀리고 "더 늦기 전에 좀더 재미있게 살 수는 없을까? 이렇게 따분하게 내 인생을 보내고 말 것인가?" 하는 은근한 생각이 슬며시 듭니까? 이런 분들은 지금 대단히 위험한 벼랑에 서 있다는 것을 알아야 합니다.

미국의 예를 살펴봅시다. 1년 수입이 2만 달러이면 빠듯하게 살 정도의 형편입니다. 중류층보다도 못합니다. 이 정도의 수입을 가지고 사는 사람 가운데서도 혼외정사를 하는 사람이 열 명 중에 세 명입니다. 그런데 돈을 더 벌게 되어 연 6만 달러 이상 고액을 받는 자리에 오르게 되면, 배우자 몰래 혼외정사를 하는 사람이 열 명 중에 일곱 명이나 된다고 합니다. 살만하다 싶으면 긴장이 풀어지고 즐기고 싶어집니다. 그러다 보면 마음의 빗장을 풀어 버리고 온갖 나쁜 것을 다 받아들이게 되는 것입니다.

이런 부분에서는 신분이나 노소(老少)에 따른 차이가 전혀 없습니다. 목사라고 더 경건한 것도 아니고 평신도라고 덜 경건한 것도 아닙니다. 젊다고 더 위험하고, 늙었다고 더 안전한 것도 아닙니다. 오늘날과 같은 상황에서는 아무도 안심할 수 없고, 아무도 장담할 수 없습니다.

십자가 앞으로

가장 우선적으로 해야 할 일은 일단 우리 자신의 의를 포기하는 것입니다. "나는 그래도 간음하지 않았어. 나는 그런 추악한 짓은 평생 생각도 안 해 보았어." 이러면서 스스로 의로운 체 하지 말라는 말입니다. 예수님의 표준에 맞추어 보면 마음으로 간음하지 아니한 사람이 어디 있겠습니까?

현장에서 간음하다가 붙잡혀 온 여자가 있었습니다. 사람들이 그 여자를 예수님 앞에 끌고 와서 율법대로 돌로 쳐죽여야 하는지 물었을 때 예수님은 이렇게 대답하셨습니다. "죄 없는 자가 먼저 돌로 쳐라." 이 말은 "너희 중에 간음하지 않은 사람이 있으면 먼저 돌로 쳐라"라는 의미입니다.

예수님은 그들의 마음을 전부 읽고 있었습니다. 그들의 과거를 다 알고 있습니다. 한 사람도 이 말씀에서 자유로운 사람이 없습니다. 예수님의 눈에는 모두가 다 죄인이요 간음한 사람입니다. 예수님의 불꽃같은 눈초리를 느끼면서 "나는 그런 일을 한 일이 없습니다" 하고 돌을 들어 칠 사람이 누가 있습니까? 자기도 모르게 돌멩이를 내려놓고 모두 다 슬금슬금 도망가고 말았습니다.

우리 모두 똑같습니다. 죄 없는 사람이 누구입니까? 돌을 들어 칠 사람이 누굽니까? 아무도 없습니다. 그러므로 우리 모두 하나님 앞에 "주여, 죄인입니다" 하고 철저하게 회개할 필요가 있습니다. "나는 이런 일을 범하지 않았기 때문에 의롭다"고 하는 자기 의를 다 포기해야 합니다. 그리고 예수 그리스도의 십자가를 붙들어야 합니다. 우리가 다 죄인이기 때문에 주님이 십자가에서 죽으셨습니다. 우리가 다 간음죄를 범할 수 있는 사람이요, 실제로 범한 사람들이기 때문에 예수님이 십자가에서 피를 흘리셨습니다.

오늘도 그는 십자가에서 우리를 맞이하고 계십니다. 누구든지 자기 죄를 가지고 주님 앞에 달려가는 사람은 주님이 그를 피 묻은 손으로 끌어안으시고 그 모든 죄를 마음에서부터 씻어 주십니다. 회개하고 깨끗함을 받아야 합니다.

하나님의 말씀을 기준으로 놓고 볼 때 비록 성적으로 부정한 짓은 하지 않았다 하더라도, 마음으로 이미 세상 사람과 비슷하게 닮아가는 상황 속에 있습니다. 마음을 지키기 위해 마음에 있는 악을 주님 앞에 내어놓고 회개해야 됩니다. "주여 나를 구원해 주옵소서. 나를 고쳐 주옵소서." 그리고 주님께서 여인에게 "나도 너를 정죄하지 아니하노니 너는 가서 죄를 범치 말라"고 하신 음성을 들어야 합니다.

마음을 지키는 비결

성령님은 거룩한 영입니다. 그는 악한 자들로부터 우리를 지켜 주십니다. 금지된 이성에게 마음을 빼앗기고 더러운 공상에 빠지는 것을 막아 주십니다. 그래서 우리 마음에 슬금슬금 일어나는 간음에 대하여, 더러운 감정에 대하여 "아니요!"라고 단호하게 말할 수 있는 용기와 힘을 주십니다.

그렇다고 해서 소극적인 자세로 그냥 주저앉아서 "성령이여, 도와주십시오" 하는 식은 안 됩니다. 눈을 뽑으려고 작정한 사람처럼, 손을 잘라 버리려고 비장한 각오를 한 사람처럼 성령님께 매달려야 합니다. 이것이 적극적인 태도입니다. "성령님, 도와주십시오. 내 육체를 쳐서 복종시키기 원합니다. 내가 성령의 영으로 내 몸을 쳐서 죽이려고 합니다." 이러한 적극적인 자세를 가지고 주님 앞에 매달리는 자를 성령님께서 도와주십니다.

이와 같이 적극적으로 성령님의 도움을 구하기를 원한다면, 또 실제로 성령님의 도움을 받기를 원한다면 매일 경건의 훈련을 게을리 하면 안 됩니다. 디모데후서에는 "경건에 이르기를 연습하라"(4:7)고 말씀합니다. '연습하라'의 원어는 옛날 헬라의 운동선수들이 땀을 뻘뻘 흘리면서 훈련하는 장면을 이야기하는 것입니다.

그 당시 옷들은 다 거추장스러웠습니다. 운동을 제대로 하려고 하면 요즘처럼 몸에 딱 붙는 옷을 입는 것이 좋겠지만 그때는 그런 옷이 없었습니다. 구한말 우리나라 사람들이 운동경기를 하는 장면을 찍어놓은 사진을 보면 복장 때문에 얼마나 거추장스러웠을까 하는 생각이 듭니다. 헬라 선수들이 정말 최선을 다해 훈련하려고 한다면 선택은 단 하나밖에 없었습니다. 옷을 홀랑 벗어 버리고 연습하는 것입니다. 벌거벗은 채 땀을 뻘뻘 흘리면서 체력을 단련하고, 남보다 좀더 나은 기량을 쌓기 위해 죽을 고생을 하며 자기 수련을 하는 것을 '연습하라'는 단어로 표현했던 것입니다.

경건한 생활을 하기 위해서는 옷을 벗어 던지고 땀을 흘리며 연습하는 사람들처럼 훈련을 해야 합니다. 날마다 훈련해야 합니다. 그래서 성령께서 우리의 생각과 마음을 완전히 장악하실 수 있도록 해야 합니다. 이것이 마음을 지키는 비결입니다.

훈련 없는 승리는 없다

삶의 어느 영역에서나 뛰어난 사람들, 남보다 앞서는 사람들, 기록을 갱신하는 사람들은 모두 피땀 흘리는 훈련을 한 사람들입니다. 예술계

나, 체육계를 보십시오. 비즈니스 세계를 보십시오. 훈련 없는 승리는 없습니다.

영어의 표현 양식에 새로운 혁명을 일으켰다고 칭송을 받는 헤밍웨이 같은 대문호도 그의 일생 동안 엄청난 자기 훈련을 한 사람이었습니다. 말년에 가서는 방종한 생활로 인해 그의 삶이 몹시 흐트러져 있었음에도 불구하고 매일 아침 여섯 시 반이면 어김없이 일어나서 책상에 앉는 훈련을 게을리 하지 않았습니다. 편안한 옷을 입고 원고지를 앞에 놓고 펜을 들고서 글 쓰는 연습을 했다고 합니다.

한 단어 한 단어를 찾아내어 그 단어의 의미를 깊이 생각하고 적절하게 사용함으로써 문장을 만들어 내는 훈련이 얼마나 힘들었겠습니까? 그렇게 다섯 시간이 넘도록 훈련해서 써 내려간 원고가 겨우 두 장, 단어 수로 하면 500단어도 되지 않았다고 합니다. 이처럼 피눈물 나는 자기 훈련을 하기 때문에 세계적인 대문호가 된 것입니다.

영적 생활도 마찬가지입니다. 그러나 거기에는 한 가지 다른 점이 있습니다. 세상의 다른 영역에서 대가가 되는 사람은 선천적으로 타고난 재능이 있습니다. 예술가들에게는 문학적인 감각이 뛰어나다든지, 음악을 듣는 특별한 청각을 소유했다든지 하는 무엇인가가 있습니다.

그런데 경건 운동을 하는 우리들은 타고난 것이 없습니다. 왜냐하면 모든 인간은 선한 것이 하나도 없이 태어났기 때문입니다. 모두 부패한 본성을 가지고 태어났기 때문에 타고난 무엇을 의지해서는 잘 될 수가 없습니다. 그러므로 죽기를 각오하고 훈련하는 것 외에는 선택의 여지가 없습니다.

비결 하나. 말씀

마음을 지키기를 원한다면 무엇보다도 정기적으로 성경을 읽는 훈련을 해야 합니다. 하나님의 말씀을 가까이 놓고 그 말씀에 여러분의 마음을 맡기십시오. "내가 주의 법을 어찌 그리 사랑하는지요 내가 그것을 종일 묵상하나이다"(시편 119:97). 주님의 말씀을 너무나 사랑하기 때문에 마음에서 잊어버릴 수가 없습니다. 그래서 하나님의 말씀을 내 마음에 담고 즐거워하고 묵상하는 것입니다. 그랬더니 "주의 계명이 항상 나와 함께하므로 그것이 나로 원수보다 지혜롭게 하나이다"(시편 119:98)라고 고백합니다.

하나님의 말씀을 읽고 마음에 담고 묵상하면, 그 말씀을 항상 가까이 두고 살게 됩니다. 그러면 그 말씀 때문에 원수보다 더 지혜롭게 됩니다. 음란한 생각을 하게 만드는 마귀보다도 한 수 더 앞서 지혜롭게 대처할 수 있도록 만듭니다.

우리를 유혹하는 세상적인 문화가 많이 있지만 말씀을 통해서 준비된 사람은 하나님이 주시는 지혜를 가지고 환경과 상황에 따라 잘 대저할 수 있습니다. 마음의 빗장을 열지 않고 지킬 수가 있습니다. 하나님의 말씀을 정규적으로 읽고 묵상하고 듣고 사랑해야 합니다. 그 말씀에 우리의 마음을 맡겨야 합니다.

하지만 현대인들은 하루 종일 주님의 말씀을 한 마디도 제대로 마음에 담을 생각을 하지 않습니다. 형식적으로 읽기는 하지만 금방 다 잊어버립니다. 말씀을 묵상하는 경건한 공간을 가지는 것조차도 허용하지 않습니다. 만일 이런 식으로 하루하루를 살면, 어떤 잡다한 생각이 마음에 들어와 자리를 잡을지 아무도 모르는 것입니다. 그러다 잘못하면 죄의 유혹에 끌려가게 됩니다. 철썩 같이 믿었던 남편, 아내, 자식이 끌려갑니다. 끌려간 다음에는 구제할 수 없습니다.

비결 둘. 기도

우리는 마음을 지키기를 원한다면 기도하는 훈련을 해야 합니다. 주님은 시험에 들지 않게 깨어 있어 기도하라고 하셨습니다(마태복음 26:41). 가끔 낮 시간에 지하 본당에 들를 때가 있습니다. 그렇게 본당에 들를 때면 다른 사람들의 눈에 잘 띄지 않는 기둥 뒤쪽 구석에 앉습니다.

 그렇게 앉아있다 보면 젊은이들이 한두 명씩 들어와서 한참 기도하고 가는 모습을 어렵지 않게 목격할 수 있습니다. 그때마다 얼마나 흐뭇한지 모릅니다. 어떤 때는 나이 드신 부부가 손을 잡고 들어 오셔서 한참 동안 엎드려 기도하고 가십니다. 중년의 부인이 혼자 들어오기도 합니다. 그 모습을 보면서 그래도 저렇게 기도하기를 힘쓰는 사람은 승리할 수 있다는 생각을 하게 됩니다. 깨어 기도하는 사람만이 승리하는 삶을 살 수 있는 것입니다.

 성경 유다서는 "사랑하는 자들아 성령으로 기도하라"(1:20)고 말씀합니다. 기도하는 사람은 감히 음란한 마귀가 와서 빗장을 열고 시험하지 못합니다. 기도하는 사람은 언제나 하나님께서 지켜주시기 때문입니다.

비결 셋. 가치 있는 일

마음을 지키기를 원한다면 가치 있는 일에 몰두하는 훈련을 해야 합니다. 우리 가운데 할 일이 너무 없는 사람이 있습니까? 그대로 있으면 안 됩니다. 날마다 눈 뜨고 나면 시간이 남아돌아서 오늘은 무엇을 할까 고민하는 사람이 있다면 위험합니다. 사는 것이 너무 따분하다는 생각에 항상 끌려 다니는 분은 조심해야 합니다. 그런 상태로 가만히 있으면 큰 일 납니다.

가치 있고 땀 흘릴 필요가 있다고 생각되는 일을 찾아 거기에 시간을 바쳐야 합니다. 당신의 물질과 모든 아름다운 지성과 마음을 드려야 합니다.

교회는 음란한 마귀가 와서 우리의 마음을 휘젓지 못하도록 하기 위해서 거룩하고 아름다운, 좋은 사역과 프로그램들을 많이 준비하고 있습니다. 중보기도 하는 곳도 있습니다. 전도하는 곳도 있습니다. 장애인을 위해서 봉사할 수 있는 곳도 있습니다. 성경 공부를 비롯해 다양한 프로그램이 있습니다. 그런 가치 있고 보람된 일에 몰두하면 마귀는 도망갑니다. 거룩한 일에 집중하면 마귀가 우리의 마음을 지배하지 못합니다.

소돔과 고모라에 이런 우화가 전해졌다고 합니다. 어떤 노인이 소돔과 고모라 성에 서서 아침부터 저녁까지 외쳤답니다. "이 성은 망합니다. 여러분, 회개하세요. 이렇게 음란하면 안 됩니다. 회개하세요." 그런데 아무도 듣지 않았습니다. 누군가가 찾아와서 물었답니다. "할아버지, 아무도 듣지도 않는데 왜 혼자서 소리를 지르면서 날마다 그렇게 고생을 하십니까?" 노인의 대답이 이것입니다. "내가 이 소돔과 고모라 사람처럼 되지 않기 위해서 날마다 와서 외치는 것입니다. 내가 입을 열지 않고 다물어 버리면 나도 모르는 사이에 이 사람들처럼 될까 두려워서 날마다 외치는 것입니다."

세상 사람 vs 거룩한 백성

우리가 하나님의 말씀을 붙들고 묵상하기를 쉬지 아니하면, 절대로 세상 사람처럼 되지 않습니다. 무릎 꿇고 기도하기를 힘쓰면 절대로 세상 사람처럼 되지 않습니다. 거룩한 일, 보람 있는 일에 시간과 정성을 바치고 하루를 보내려고 노력하면 아무리 세상이 음란하고 더러워도 그들과 같이 되지 않습니다. 마음을 지킬 수 있습니다. 거룩한 하나님의 백성이 될 수 있습니다.

하나님은 이 세상을 보시며 슬퍼하고 계실 것입니다. 그런데 예수님을 믿는 우리들까지 세상과 비슷하게 닮아간다면 하나님의 탄식은 얼마나 깊어질까 생각해 봐야 합니다. 누가 이 땅에 하나님의 거룩한 복음을 전하고 이 세상을 구원할 수 있겠습니까? 우리까지 세상 사람처럼 되면 이 땅에 하나님 나라를 세우고자 하시는 그 원대하고 거룩한 꿈을 누가 이루어 드리겠습니까?

그러므로 우리의 마음을 지킵시다. 우리 자신을 지킵시다. 교회를 지킵시다. 그래서 이 세상을 구원하는 하나님의 거룩한 자녀가 될 수 있기를 소망해야 합니다.

꼭! 이것만은 기억하자!

우리는 24시간 무차별적으로 성의 공격을 받고 있다.
윤리학자들조차 간음을 악이나 죄로
규정하지 않으려 하는 시대를 살고 있다.

더욱 심각한 것은 하나님 자녀들이
세상 사람들과 별 차이가 없다는 것이다.
그러나 예수님은 음욕을 품는 자는
이미 간음한 것이라는 새로운 표준을 제시하신다.

마음으로 간음하는 사람은 적절한 상황만 주어지면
언제든지 행동에 옮길 가능성이 있다.
주님의 표준에 맞추어서 간음의 죄를 범하지 않으려면
마음을 지켜야 한다.
모든 성적인 부정한 생각과 감정은 눈을 뽑는 것처럼,
손을 찍어내는 것처럼 잘라 버려야 한다.

경건한 생활을 하기 위해서는
성령님께서 우리의 생각과 마음을
완전히 장악할 수 있도록 해야 한다.
믿음을 지키기 원한다면 말씀을 붙들고 묵상해야 한다.
무릎 꿇고 기도하기를 힘써야 한다.
거룩한 일에 집중해야 한다.
기억하자.
훈련 없는 승리는 없다.